Albert S. Gatschet

Zwölf Sprachen aus dem Südwesten Nordamerikas

Wortverzeichnisse

Albert S. Gatschet

Zwölf Sprachen aus dem Südwesten Nordamerikas
Wortverzeichnisse

ISBN/EAN: 9783743354616

Manufactured in Europe, USA, Canada, Australia, Japa

Cover: Foto ©Paul-Georg Meister /pixelio.de

Manufactured and distributed by brebook publishing software (www.brebook.com)

Albert S. Gatschet

Zwölf Sprachen aus dem Südwesten Nordamerikas

ZWÖLF SPRACHEN

AUS DEM

SÜDWESTEN NORDAMERIKAS

(PUEBLOS- UND APACHE-MUNDARTEN; TONTO, TONKAWA,
DIGGER, UTAH.)

WORTVERZEICHNISSE

HERAUSGEGEBEN, ERLÄUTERT UND MIT EINER EINLEITUNG ÜBER BAU,
BEGRIFFSBILDUNG UND LOCALE GRUPPIRUNG DER AMERIKANISCHEN
SPRACHEN VERSEHEN

VON

ALBERT S. GATSCHET.

WEIMAR
HERMANN BÖHLAU
1876.

VORWORT.

Einen neuen Band mit Indianervocabularien zu veröffentlichen, zu einer Zeit, wo wir Mangel an brauchbaren Sprachlehren und verständlichen Texten, dagegen Ueberfluss an kurzen und trockenen Wortverzeichnissen der amerikanischen Sprachen haben, wird wohl manchem Sprachkenner als ein unfruchtbares, wenn nicht verwegenes Beginnen erscheinen. In der That sind solche wenig geeignet, uns nachhaltiges Interesse für eine Sprache einzuflössen, wenn man selbst für das Volk, das sie spricht, sich sehr interessiren mag und in der That kann nichts das belebende grammatische Band und den lebensvollen Sprachlaut der Texte ersetzen, durch die das einzelne Wort erst in seinem wahren Lichte und in seinen, oft mannigfachen Bedeutungen mit Klarheit vor unser geistiges Auge tritt.

Ein kurzer Hinblick auf die Entstehungsweise des Buches wird dem Leser die Gründe auseinandersetzen, weshalb ihm zur Stunde nicht mehr als das Vorliegende geboten werden konnte. Die thatsächliche Urheberschaft der Schrift gehört nicht dem Verfasser, sondern Herrn Oscar Loew an, der als Chemiker die seit Jahren von der Bundesregierung nach dem Westen der Vereinigten Staaten unter Leitung von Lieutenant G. M. Wheeler ausgesandten Vermessungs- und Forschungsexpeditionen begleitet hat. Ohne dazu beauftragt zu sein, oder andern Vortheil davon zu erwarten, als den die Sprachwissenschaft daraus ziehen kann, widmete er die wenigen Stunden der karg zugemessenen Rastzeit der Expedition in den Pueblos, Ansiedlungen und Indianeragenturen der Aufnahme von Wörtersammlungen. Die Schwierigkeiten correcter Aufnahme einer grössern Anzahl von Wörtern in einer ganz fremden Sprache mit der unter solchen Umständen erforderlichen Geschwindigkeit sind selbst für einen Linguisten keine geringen. Der Bildungsstand der Dolmetscher ist ein sehr verschiedener, die Laute sind oft eigenthümlicher Natur und schwer zu Papier zu bringen und nothwendige Kreuz- und Querfragen, Berichtigungen und drgl. zerstreuen nicht selten die Aufmerksamkeit der Betheiligten.

Mit gleich lobenswerther Uneigennützigkeit und ebenso hohem Eifer für die Wissenschaft haben sich die übrigen Herren Contribuenten, wie Dr. Yarrow, Dr. med. White, Hr. von Rupprecht und Richard Komas, ein junger Utah-Indianer, an dem Zustandekommen dieser Sammlungen betheiligt. Dem Verfasser, dem die schwierige Aufgabe zufiel, das Gesammelte zu ordnen und wissenschaftlich zu verwerthen, gereicht es daher zu nicht geringer Befriedigung, denselben hiermit öffentlich seine Anerkennung entgegen zu bringen. Obschon demselben das Studium der Indianersprachen anfangs ganz fremd war, so ging er doch mit Lust und Liebe an die Arbeit und hat in seiner Darstellung versucht, das Interesse des Lesers nicht bloss auf die behandelten Localdialekte allein zu richten, sondern demselben den Blick auf deren Stellung zur Gesammtheit der amerikanischen Sprachen in klarer Weise zu eröffnen, zugleich aber auch den merkwürdigen Bau und den Gedankengang in denselben dessen staunendem Verständnisse zu entschleiern.

Einige der behandelten Sprachen haben bereits eine eingehendere Behandlung erfahren, wie z. B. die Apache-, Tehua- und Quéres-Dialekte durch Professor Buschmann in Berlin. Bisher waren indess nur in sehr unvollständiger Weise bekannt: das Moqui, das Taos, das Utah und das Idiom jener nordcalifornischen Digger-Indianer, die O. Loew eigentlich erst recht ans Licht gezogen, deren Stammesname jedoch auch jetzt noch in Dunkel gehüllt ist. Ganz unbekannt war bisher die Sprache der fälschlich Tonto Apaches genannten Tontos im südlichen Arizona, sowie die der texanischen Tonkawas, die Loew auf einer Expedition, die er 1872 im Dienste einer Minencompagnie begleitete, besucht und studirt hat.

Der Verfasser hat sich mehrfach bestrebt mittelst Correspondenz an Adressen im Westen und Südwesten die vorhandenen Wörter- und Sätzevorräthe zu vermehren, erlangte jedoch damit keinen weitern Erfolg als die Zusendung des allerdings sehr werthvollen Wortverzeichnisses des im Sprachgebiete der Apaches lebenden Dr. White. Gefördert wurde das Werk namentlich durch die grosse Zuvorkommenheit des Herausgebers der „American Linguistics", Herrn John Gilmary Shea, 537 Pearl Str., New York, der dem Verfasser bereitwillig seine werthvolle, an einschlägigen Werken reiche Bibliothek zur Verfügung stellte.

Die fünfzehnspaltige Worttafel ist zur leichtern Vergleichung von Benennungen unter sich verwandter Dinge, wie Thiere, Pflanzen, Farben, Zahlen in der Reihenfolge der G. Gibbs'schen Tabellen nicht alphabetisch, sondern nach Materien angeordnet. Die von der Smithsonian Institution in Washington zur Aufnahme von Vocabularien vertheilten Gibbs'schen Wortreihen sind von unsern Sammlern zu diesem Zwecke an Ort und Stelle benutzt worden.

New York, August 1875.

Der Verfasser.

INHALT.

	SEITE
Vorwort	III
Einleitung	1
Lautbezeichnung und Abkürzungen	4
Literatur	5
Bau der amerikanischen Sprachen	7
Begriffsbildung	20
Uebersicht der wichtigsten amerikanischen Sprachfamilien und ihrer Dialekte	28
Sprachen Nordamerikas	28
Sprachen Mexicos und Centralamerikas	34
Sprachen Südamerikas	35
Die Sprachen des Südwestens der Vereinigten Staaten	37
Die Pueblos und ihre Sprachen	40
Geschichtliches über die Pueblos	43
Isleta	45
Jemes	47
Tehua	49
Taos	53
Moqui	55
Zuñi	59
Quéres (Quéres und Acoma)	60
Apache (Apache und Návajo)	62
Tonto	69
Tonkawa	72
Digger Indianer	76
Utah	80
Kiowa	83
Comanches	84
Pima	85
Sammlung von Wörtern und Sätzen	87
Worttabellen der zwölf Sprachen und Dialekte	97
Anmerkungen zu den Worttabellen	117
Anhang	144
Abbildungen von Felsinschriften	149

EINLEITUNG.

Es lässt sich dreist behaupten, dass unsere wissenschaftliche Kenntniss der amerikanischen Sprachen in intensiver und mehr noch in extensiver Hinsicht kaum über ihre Anfänge hinaus gediehen ist. Diese Bemerkung wird wohl Keiner besonders auffällig finden, der mit dem heutigen Zustande der Sprachwissenschaft näher bekannt ist. Ist es ja doch kaum einige Jahrzehnte her, seitdem überhaupt die richtige Methode der Sprachforschung, nämlich die naturwissenschaftlich-genetische, sich nach längern Kämpfen allgemeinen Eingang verschafft hat, und wie weit zurück sind wir noch in der Erforschung selbst solcher europäischer Sprachen, die eine bedeutende und alte Literatur besitzen! Bei den amerikanischen Sprachen kommen aber manche andere Hindernisse dazu: die unkritische Behandlung derselben durch spanische und englische, obwohl meistentheils höchst fleissige Forscher; die höchst mangelhafte Bezeichnungsweise der eigenthümlichen Sprachlaute, wohl das bedeutendste Hinderniss bei wissenschaftlicher Vergleichung dieser Sprachen; der Mangel an scharfbestimmten grammatischen Regeln in Folge der Schwierigkeit, sich diese Sprachen gründlich anzueignen; endlich die erdrückende Unzahl der Sprachen und Dialekte im Verhältniss zur geringen Anzahl der Forscher. In der That sind wir bei den meisten Sprachen, die uns überhaupt bekannt sind, nur auf magere, oft unkritisch abgefasste Vocabularien angewiesen, die den Forscher ebensowohl irre leiten als ihm nützen können; von den Sprachen Nordamerikas ist wohl überdiess kaum erst die Hälfte, von denen Südamerikas schwerlich mehr als ein Zehntel oder Fünfzehntel, meist auf diese Weise zu unserer Kenntniss gelangt. Eingehende Behandlungen einzelner Idiome durch Männer der Wissenschaft, wie die Arbeiten von Rev. Riggs über das Dakota und von J. J. Tschudi über das Kechua in Perú gehören zu den erfreulichen Ausnahmen.

1

Eine barocke Idee, die lange auf die richtige ethnographische Würdigung und zum Theil auch auf die sprachliche Erforschung der amerikanischen Völkerschaften den hinderlichsten Einfluss ausgeübt hat und noch jetzt in manchen Köpfen spukt, soll hier beiläufig erwähnt werden. Hugo Grotius stellte, auf gewisse mexikanische Einrichtungen sich stützend, die Vermuthung auf, dass die Azteken und andere Amerikaner Abkömmlinge der zehn Stämme Israels seien, die zur Zeit oder nach der babylonischen Gefangenschaft durch ganz Asien und die aleutische Inselreihe hindurch nach Amerika ausgewandert seien. Ohne auf die Besprechung der vielen hebräisch-amerikanischen Wortähnlichkeiten, die seine Nachbeter aufstellten, einzugehen, ist doch die Thatsache von historischem Interesse, dass Smith, der Gründer der Mormonensecte, die Entstehung und Auffindung des Buches „Mormon" auf diese grundlose Hypothese gestützt hat.

Buschmann hat in mehreren seiner einschlagenden Arbeiten Parallelen hervorgehoben, die sich zwischen Wörtern aus Indianer- und aus europäischen und asiatischen Sprachen ziehen lassen, bezeichnete sie jedoch mit Recht als zufällige, d. h. als solche, deren Causalzusammenhang weit über unser mögliches Wissen hinausgeht. Diesen möchte ich hier einige ebenso „zufällige" amerikanisch-europäische An- oder Gleichklänge beifügen:

Yuma: *aha* Wasser, Tonkawa: *akh*, lat. *aqua*, ahd. *aha, acha, owa*; *oge* im Utah, *iy* im Tupi (Brasilien).

Tonkawa: *uknën* Hund, skr. *kvan*, gr. κύων, lat. *canis*.

Tehua II.: *nakhŭ* Nacht, lat. *nox*, Gen. *noctis*.

Pueblos: *penta, paula*; skr. *pantscha*, gr. πέντε, fünf.

Kiowa: *apáto* gehen, gr. πατέω.

Tehua II. *dá* Elennthier; angelsächs. *da* Damhirsch; engl. *doe*. —

Mam (Guatemala) *ruká* Hand; slav. *ruka, rçka*.

Kechua: *urcu (paco)* Alpaca-Widder: lat. *hircus*.

Kechua: '*huasi* Haus, ahd. *hûs*.

Hayti-Sprache: *starei*, Stern, engl. *star*, lat. *stella* aus *ster-ula*.

Die Entscheidung der wichtigen Frage, ob der amerikanische Mensch eingewandert oder ein Product des Continentes sei, auf dem er schon seit Jahrtausenden gelebt haben muss, wollen wir hier nicht anstreben; sie gehört überdiess mehr der Anthropologie als der Sprachforschung an. Es genüge, auf die Thatsache hinzuweisen, dass Amerika von mehreren unter sich nicht unwesentlich verschiedenen Racen bewohnt wird, dass jedoch die Sprachen aller, mit Ausnahme derer des äussersten Nordens, in ihrer Anlage gleichartig beschaffen sind.

Bei Betrachtung einer amerikanischen Sprachenkarte wird man finden, dass sich die dortigen Sprachfamilien meist entweder über sehr grosse oder sehr

kleine Gebiete erstrecken. Das Hauptthal und die Nebenthäler des Marañon, so-
wie die ganze Westküste des Süd- und des Nord-Continentes, namentlich aber das
Gebiet des Staates Californien, zeigen eine ausserordentliche Menge sehr kleiner
Sprachgebiete mit theilweise sehr entwickelten Sprachen, während im Osten Nordamerikas und in den La Plata-Ebenen Südamerikas einzelne Sprachstämme ihr
Gebiet zu ungeheurem Umfange, dort über die Felsengebirge hinaus bis an die
Sierra Nevada und die Coast Range, hier bis an die himmelhohe Wand der Andes
ausgedehnt haben. Die Ursache dieser Erscheinung liegt in der Natur der Land-
schaften. In weiten, dünnbevölkerten Ebenen fühlen sich die Stämme zur Jagd
und zum Kriegerleben hingezogen und vernichten, verdrängen oder unterjochen
schwächere Nachbarstämme; in dicht bewaldeten, durch hohe Bergzüge gesicher-
ten Gegenden fristen friedlichere, kleinere Stämme ihr Dasein und ernähren sich
durch Fischfang, Wurzelgraben u. s. w. Mit der Ausbreitung der Stämme hält
aber auch die ihrer Sprachen Schritt.

Bei Beurtheilung der Affinität der einzelnen Sprachen unter sich kommt
es nicht auf die geringere oder kleinere Anzahl der gleich- oder ähnlichklingenden
Wörter überhaupt an, sondern es ist unter diesen eine sorgfältige Auswahl zu
treffen. Es ist klar, dass ein Volk solche Dinge und Begriffe, die es täglich sieht,
hört und braucht, weniger leicht mit einem fremden, neuen Ausdruck belegen
wird, als solche, die ihm neu vorkommen oder selten sind. Solche Begriffe sind
nun vornehmlich die Zahlen von eins bis zehn, die Namen der Farben und die
persönlichen Fürwörter; solche Personen oder Dinge: Vater, Mutter, Sohn, Tochter,
Mann, Frau, Kopf, Mund, Nase, Auge, Ohr, Hand, Blut, Herz, Fuss, Wasser,
Erde, Stein, Sonne, Mond und Sterne. Ebenso genau als diese Ausdrücke müssen
aber auch das Lautsystem und der grammatische Bau der Sprache, die Endungen,
Präfixe und Suffixe beobachtet und verglichen werden.

Nach dem Grade, in welchem diese Merkmale in zwei Sprachen übereinstimmen, ist alsdann auch auf den Grad der Urverwandtschaft oder Affinität zurückzu-
schliessen. Dabei halte man jedoch fest im Auge, dass die Gesetze der Lautverschiebung in den amerikanischen Sprachen weit freier sind als in den indogermanischen.

•• ⸺

LAUTBEZEICHNUNG.

In den Worttafeln und, was die zwölf behandelten Sprachen anbetrifft, auch im Texte wurden meist solche Buchstaben und Zeichen verwendet, die in allen europäischen Sprachen die gleiche Geltung besitzen.

a, e, i, o, u, wie im Deutschen.

ä, ö, ü wie *ä, ö, ü.*

ã, ẽ, ĩ, õ, ũ dumpf und durch die Nase gesprochen, *ã, õ, ũ* also nasales *ã, õ, ü.*

ů, ein Zwischenlaut zwischen *o* und *u,* nasal ausgesprochen.

kh wie deutsches *ch* in machen, trachten; χ in ταραχή.

ñ wie *nj.*

ŗ vocalisch gesprochenes *r, rh,* ein Apache-Kehllaut.

ş (nur im Apache), summendes, langgezogenes *ss.*

sh wie deutsches *sch* in schwimmen, engl. *sh* in *shun.*

tch wie deutsches *tsch.*

v ersetzt das deutsche *w.*

y statt deutsches *j*; *yulona:* wie *julona.*

x und *z* meist durch *gs, ks — ds, ts* ersetzt.

Der Wortton wird durch Acut (´), Dehnung durch (ā) bezeichnet.

Die übrigen Consonanten werden ausgesprochen wie im Deutschen; *g* als Kehllaut-Media.

'– ist ein Lautanstoss, ein Hüsteln, das in der Mitte des Wortes einer kurzen Pause gleichkommt (', spiritus lenis).

- ist bloss silbentrennend und steht meist da, wo Hiatus stattfindet.

, ist worttrennend.

(-) bezeichnet, dass das in der Klammer befindliche Wort oder Wortfragment nicht zur Vergleichung gezogen werden soll.

Abkürzungen.

L. = Osc. Loew; R. = Fr. Frhr. v. Rupprecht; Wh. = Dr. J. B. White (als Gewährsmänner).

ä. = ähnlich (Sprachverwandtschaft wahrscheinlich).

di. = dialektische Nebenform.

gl. = gleichklingend (Sprachverwandtschaft unerwiesen).

N. = sprachliche Nebenform.

v. = sprachverwandt.

LITERATUR.

Zu den wichtigsten, von mir benutzten Quellenwerken, Vocabularien-Sammlungen und sachbezüglichen Aufsätzen in Zeitschriften gehören folgende:

Archaeologia Americana. Transactions and collections of American Antiquarian Society. Worcester and New York, 1820—60, 4 vols. 8°.

James H. Simpson, A. M., Journal of Military Reconnaissance from Sa. Fé, New Mexico, to the Navajo Country, made in 1849. Philadelphia 1852. 8°. Illustrirt und sehr werthvoll. Enthält auf S. 128 kurze Vocabularien der Pueblo-sprachen, Zuñi, Moqui, Návajos, Jicorillas, Utahs.

Randolph B. Marcy und Geo. B. McClellan, Exploration of the Red River of Louisiana, in the year 1852. Washington 1853. 8° (mit Comanche- und Wichita-Vocabular).

Reports of Explorations and Surveys to ascertain the most practicable and economical route for a railroad from the Missis. R. to the Pacific Ocean, made in 1853—54. Vol. III. Washington 1856 (Senate Executive Docum. No. 78). Ein Theil dieses Bandes enthält einen Report upon the Indian Tribes, by Lieut. A. W. Whipple, Th. Ewbank und Prof. W=W. Turner, mit folgenden Wortverzeichnissen: Delaware und Shawnee, Choctaw, Kichai und Hueco, Riccaree, Caddo, Comanche, Kioway, Návajo und Pinaleños, Kiwomi, Cochitemí, Acoma, Zuñi, Pima und 4 Yumadialekte (S. 56—95).

Berghaus' Geograph. Jahrbuch, 1851, S. 48—62 „Ueber Verwandtschaft der Komantschen, Schoschonen und Apatschen", mit Kom. Vocabular.

Carl Scherzer, Ueber Sprachen Centralamerikas, in: Sitzungsberichte der Academie der Wissensch. in Wien, 1856. 8°. Band 15 (Vocabularien) und 17.

Joh. Carl Ed. Buschmann hat in den Abhandlungen der kön. Academie der Wissensch. in Berlin eine grössere Zahl Schriften über die Sprachen des Westens von Nordamerika veröffentlicht und darin die meisten der in obigen Schriften enthaltenen Vocabularien abdrucken lassen. Darunter: Spuren der azte-kischen Sprache im nördlichen Mexico 1859; die Völker und Sprachen Neu Mexicos und des britischen Nordamerika 1857. Athapask. Sprachstamm 1854. 1859 und das Apache 1860 etc.

Davis, W. W. H., El Gringo or New Mexico and her people; New York, 1857. 8°. — Kleines Návajo-Vocabular, S. 419 und 420.

Hubert Howe Bancroft, The native races of the Pacific states of North America. Five volumes. New York (Appleton) 1874. 8°. Behandelt alle Ur-stämme von Alaska bis zum Isthmus; der dritte Band handelt über die Sprachen der Westküste.

Petermann's Mittheilungen, 1873, S. 453 — 67 (Tonkawas); 1874, S. 401—416; 453—461: O. Loew, Lieut. Wheeler's Expedition nach Neu Mexico und Arizona.

Oscar Loew, the Moquis Indians of Arizona, in: Popular Science Monthly (New York, Appleton) 1874. 8°. S. 351—56 (illustr.).

Francis Klett, the Zuñi Indians of New Mexico, in: Pop. Sc. Mo. 1874, S. 560—91 (illustr.).

Shea, J. Gilmary, American Linguistics. New York, Cramoisy Press 1861—74. In dieser Sammlung erschienen Wörterbücher und Sprachlehren, meist im 18. Jahrhundert von spanischen Jesuiten redigirt, von folgenden westlichen Sprachen: Heve, Mutsun, San Antonio, Chinook, Yakama, Selish, Pima oder Névome und das Minitari oder Hidatsa von Wash. Matthews, 1873. Durch Herausgabe dieser Lehrmittel ist das Studium der westlichen Sprachen der Union in umfassender Weise gefördert worden.

Schoolcraft's grosses Sammelwerk über die Indianer der Verein Staaten, 6 Bde., 4°. Philadelphia 1845—1860. — Transactions of Amer. Ethnolog. Society, New York 1845—48, 2 Vols. 8°. — mit vielen Vocabularien. —

Mehreres über die Literatur der amerikanischen Sprachen findet sich in Bancroft (Einleitung, Bd. I), in Ludewig, H. E., the literature of Am. Aborig. Languages, London 1858 und in Theod. Benfey, Geschichte der Sprachwissenschaft in Deutschland, München 1869. 8° (Cotta).

Von den Verhältnissen und dem meist kümmerlichen Zustande der heutigen Indianer geben anschauliche Schilderungen die Reports of the Smithsonian Institution in Washington, 8° (jährlich ein Band) und die Annual Reports of the Commission of Indian Affairs, Washington; 8°. —

BAU DER AMERIKANISCHEN SPRACHEN.

Die Richtigkeit der Schleicher'schen Ansicht, wonach die Sprachwissenschaft oder Glottik den Naturwissenschaften beizuordnen ist, zeigt sich ganz besonders deutlich beim Studium der Sprachen, die den unvollkommenern Sprachstufen angehören. Denn indem Alles, selbst der menschliche Geist, dem Wirken der Naturgesetze unterworfen ist, und die Aeusserung desselben in der Sprache die physikalischen Erscheinungen des Schalles, also der bewegten Luft hervorruft, so muss nothwendig Inhalt wie Form der Sprache Gegenstand der concreten Naturbetrachtung sein. Je tiefer wir zu den unvollkommenern Sprachstufen hinabsteigen, desto mehr bemerken wir das Ringen des Inhalts mit der Form, ja wir empfinden es gleichsam mit, wenn wir das wegen unvollkommenster Sprachmittel halb erfolglose, und darum mit Geberden begleitete Streben nach Deutlichkeit anhören. Dass die Sprachen Amerikas jedoch bei weitem nicht auf der niedrigsten Stufe sprachlicher Entwicklung stehen, wird nachstehende Eintheilung der Sprachen des Erdballes nachweisen, worin um der Vollständigkeit unserer Darstellung willen eine nähere Präcisirung ihres Baues versucht wurde.

Alle erforschten Sprachen sind ihrer Erscheinungsform nach systematisch classificirt worden und jede derselben gehört, diesem System zufolge, einer der drei Classen an: der isolirenden oder nebensetzenden, der agglutinirenden oder anfügenden; der flectirenden oder abwandelnden. — Während auf der ersterwähnten, primitivsten Sprachstufe alle Wörter im Satze unverändert neben einander stehen und nur durch ihre Stellung die gegenseitige Beziehung ausdrücken, wie im Chinesischen, fassen die anfügenden Sprachen das Wortelement, das auch sie nicht, oder doch nur ausnahmsweise verändern, stets als Theil eines Satzes auf. Die Beziehungsausdrücke verwachsen hier fester mit der durch sie näher bestimmten Bedeutungswurzel und verlieren dadurch meistentheils an Ton- und Lautfülle.

Während in der ersten Sprachstufe sich nur erst isolirte Aggregate gleichberechtigter Elemente zeigten, treten hier mehrere Elemente zu einem Worte zusammen, indem sie sich als Nebenbegriffe der Bedeutungswurzel unterordnen. Hier zeigen sich auch schon die Anfänge einer Abwandlung des Nomens und es lässt sich meist ein Verbum finitum deutlich unterscheiden. Zu einem vollendeten Organismus wird das Wort indess erst in der dritten Sprachstufe, der flectirenden, denn hier wird die Begriffsbeziehung durch Anfügung von Begriffssilben an die Bedeutungswurzel, welcher meist der Wortton zufällt, hauptsächlich aber durch innere Abstufung und Veränderung der letztern in ihren Vocalbestandtheilen und in ihrem Consonantengerüste vermittelt. —

Die zweite Sprachstufe, die man auch die anbauende, zusammenfügende genannt hat, umfasst weitaus die meisten der bis jetzt bekannten Stammsprachen der Erde, deren man allein über 800 zählt. Ihre grosse Zahl veranlasste die Systematiker, sie in Unterabtheilungen einzuordnen. Combinirende Sprachen nannte man daher die, welche neben der engern Anfügung auch noch das Merkmal der ersten Sprachclasse, das lose Nebeneinandersetzen der Wörter, zeigen, während diejenigen Sprachen, welche bloss das Merkmal der anfügenden Sprachstufe zeigen, einverleibende (incorporirende) geheissen wurden. In den letztern entwickelt sich das einzelne Wortgebilde oft in so übertriebener Weise auf Kosten dessen, was wir Satz nennen, dass dieser völlig im Worte aufgeht und der Sinn verdunkelt wird, indem das Zeitwort das directe und alle indirecten Objecte, ja auch die angeredete Person, ihr Verhältniss zum Sprechenden, Negationen und andere Modalitäten an sich selbst bezeichnen kann.

Zu den combinirenden Sprachen zählen namentlich die Idiome der grossen finnisch-uralischen Sprachengruppe und mehrere südasiatische und südafrikanische Sprachen, während der einverleibenden Classe, ausser dem Baskischen in Europa fast alle amerikanischen Sprachen angehören. Um auf diese Stufe der Ausbildung zu gelangen, müssen sie einstmals die Vorstufe der Isolirung durchgemacht haben, gleichwie die höchst entwickelte, flectirende Form, die nur zwei Sprachfamilien, die indogermanische und die semitische, aufweist, in ihrer Urzeit sich aus der isolirenden durch die anfügende Form hindurch zu ihrer jetzigen vollkommnern Gestalt fortentwickelt haben muss, ein Rückschluss, den uns die Wissenschaft mit Sicherheit an die Hand giebt.

Ein Irrthum wäre es indess, anzunehmen, dass Sprachen einer höhern Sprachstufe nicht auch hin und wieder Merkmale der niedrigern an sich tragen können. Bei der Abwandlung der Objectpronomina zeigen die semitischen Sprachen Formen, die denen der „Transiciones" in den incorporirenden amerikanischen Sprachen völlig ähnlich sind, und im Deutschen, Latein, Griechischen sind die Privativpartikeln *ün-*, *in-*, *ár-* nur incorporirte, dem Worte eigentlich gar nicht mehr angehörige Bestandtheile.*) Mehrere hinterindische Sprachen stellen so entschiedene Uebergänge zwischen der isolirenden einsilbigen und der agglutinirenden Sprachgattung dar, dass es kaum möglich ist zu entscheiden, welcher von beiden sie beizuzählen sind.

Das eigentliche Wesen der Incorporation und die oft damit verbundene, uns unnütz scheinende Ueberfülle von Beziehungslauten lässt sich am Besten an Beispielen klar machen. „Ich habe meinem Sohne (seine) Sünden vergeben" lautet im Aztekischen: *oniktlatlacolpopolhuia in nopiltsin.* Letztere zwei Worte bedeuten: „meinem Sohne". Im ersten Worte ist *o* das Zeichen des Perfectums, *ni* heisst „ich", *tlatlacol* ist abgekürzt aus *tlatlacolli* „Vergehen, Sünde" und besitzt kein Pluralzeichen, da abstracte Begriffe, wenn sie nicht personificirt gedacht werden, im Aztekischen ohne ein solches bleiben. *Popolhuia* bezeichnet den Begriff des „Vergebens" und mit *k* in der zweiten Silbe ist angezeigt, dass sich die Handlung des Verbs auf eine Person, und zwar nur eine einzige, erstreckt. In der Sahaptin-Sprache der Nez-Percés im Washington-Territory wird „er reiste in einer Regennacht vorbei" ausgedrückt wie folgt: *hishaptautualawihnan kaunanima.* Mag man nun diesen Wortcomplex graphisch durch Zwischenräume in zwei oder in mehrere Wörter abtheilen, immerhin enthält *wihnan* den Verbal- und eigentlichen Bedeutungsbegriff, dem sich alle übrigen logisch unterordnen, nämlich den des Fussreisens. *hi* ist Pronominalpräfix mit der Bedeutung „er", *shap* ist Causativpartikel, *tau* Verbalpartikel „nächtlicher Weile", *tuala* „Regen", *wihnan* ist substantivirter Verbalbegriff von *wihnasa* zu Fuss reisen, *kau* Partikel, abgekürzt aus dem Zeitwort *kokauna* „vorbeikommen", *na* Aoristpartikel, die Entfernung von dem Sprechenden anzeigend, *nima* Partikel, die wieder auf den Sprechenden zurückweist.

Mehrere dieser Wortbestandtheile scheinen uns nach unserm analytischen Sprachurtheile bloss da zu sein, um das Verständniss zu erschweren und zu verwirren; der amerikanische Naturmensch drückt aber alle physischen Verhältnisse, die ihm von Bedeutung sind, bei jeder Handlung aufs genauste aus, vernachlässigt dagegen oft andere völlig, die uns wichtig vorkommen, wie die Unterscheidung zwischen Einzahl und Mehrzahl. Nach Art des griechischen Mediums sagen die Algonquins: Sie besitzen Kochtöpfe: *odyarauraun akkikon*, worin *akkikon* das Object, *odya* „besitzen", *rau* „für sich", *raun* „sie" bedeuten. Der Azteke sagt, wenn er ein Haus sieht, in einer von der unsrigen abweichenden Ausdrucksweise:

---

*) Das griechische Medium ist ebenfalls eine incorporirende Sprachform.

„ich es sehe das Haus."*) Aus dem oben angeführten Sahaptin-Beispiele geht das Princip der Incorporation von Wörtern und zahlreichen Partikeln in ein Wort mit besonderer Deutlichkeit hervor, und es lässt sich wohl sagen, dass die Lehre von der Conjugation des amerikanischen Verbums alle Fälle der Incorporation in diesen Sprachen erschöpfend behandelt.

Der Naturmensch kämpft mit der Ueberfülle der Beziehungs- und Nebenbegriffe, die sich ihm in Folge seines lebhaften Naturgefühles auf einmal aufdrängen; es fehlt ihm jedoch das gehörige Maass, er ermangelt der Fähigkeit der Abstraction. So kann sich z. B. mancher Indianerstamm gewisse Begriffe nicht ohne gewisse andere, die damit in Verbindung stehen, denken, und da er beide Begriffe stets vereint ausspricht, so entstehen dadurch zusammengesetzte Wörter mit einfacher Bedeutung. Die Moquis, Choctaws und Tamanacas besitzen kein eigenes Wort für Finger, wie wir, sondern nennen sie Söhne der Hand (Moq. *mala-tchi*, Ch. *ibbak-ushi)* und viele Stämme nennen bekanntlich den Mond die Nachtsonne oder die „Nachts-wandelnde-Sonne". Beim Zählen von runden Gegenständen fügen die Azteken eine andere Endung an ihre Zahlwörter, als wenn sie Dinge zählen, die der Länge nach aufgereiht sind oder aufrecht stehen, und wiederum eine andere, wenn die Artikel über einander gelegt oder unter sich verschieden sind. Aehnliches findet im Selish, im Nisqualli (einem Selish-Dialekte), im Delaware und in mehreren polynesischen Sprachen statt, und der Zählende erachtet es somit für dienlich, die Qualität des Gezählten der Zahl beizufügen. Mehrere Sprachen Südamerikas besitzen kein eigenes Gattungswort für Baum, Pflanze, Fisch, Thier, wohl aber einen Ueberfluss von Ausdrücken für jede specielle Art von Bäumen, Pflanzen, Fischen oder Thieren. Einige Idiome des Nordens haben kein Zeitwort „fischen", dagegen solche für jede einzelne Art des Fischfangs, mit dem Netze, Licht, Harpune, durch Eislöcher u. s. w. Der Begriff „lieben", „hassen" ohne Object ausgesprochen ist den meisten Indianern ein undenkbares Ding, er muss sich nothwendig das Object dazu ergänzen und sagt daher: „ich und du Freund, er und er Feind." Uns scheint der Begriff „kochen" an und für sich deutlich genug; nicht so dem Tehua, denn dieser sagt stets: „Rohes-kochen", „Bitter-kochen" *(să-na-kokhi).* Der Naturmensch individualisirt, der Culturmensch generalisirt in seiner Sprache.

Obwohl zugestanden werden muss, dass die agglutinirende Sprachstufe, sowohl in der combinirenden als in der incorporirenden Abtheilung, einzelne hochausgebildete Sprachen besitzt, wie Türkisch, Finnisch, einzelne dravidische Sprachen,

---

*) Da das Aztekische Nomen keine Casusflexion besitzt, so steht das Fürwort es hier bloss, um „das Haus" als Accusativ zu kennzeichnen und vom Nominativ zu unterscheiden. —

das Araukanische oder Chilidugu, so haften doch den unvollkommenern Idiomen
gewisse Eigenheiten an, die uns das Erlernen derselben beträchtlich erschweren.
Abgesehen von eigenthümlichen Kehl-, Nasal- und Schnalzlauten, dem Fremden
oft unnachahmlich und bei schriftlicher Fixirung eigene Zeichen erfordernd, weisen
mehrere amerikanische Sprachen eine verwirrende Anzahl von Bildungsarten des
Plurals beim Nomen auf, und hierin thun sich namentlich die Algonquin-Dialekte
besonders hervor.

Viele Sprachen unterscheiden genau zwischen älterm und jüngerm Bruder,
älterer und jüngerer Schwester, und besitzen dafür wurzelhaft verschiedene Ausdrücke, vermuthlich weil wichtige Familienrechte an die Altersstufe geknüpft sind.
So heisst „älterer Bruder" im Moxo *nechabi*, „jüngerer" *nuati*; im Kechua nennt
eine Schwester ihren Bruder *tura*, ein Bruder seinen Bruder *huaucke*. Ein Vater
nennt im Guarani sein Kind, sei es nun Sohn oder Tochter, *ta-i*, eine Mutter
membi und Aehnliches findet Seitens der Kinder bezüglich der Eltern in mehreren
Sprachen Mexicos, Central- und Südamerikas statt. Im Aztekischen nennt der
Vater den Sohn *tepiltsin*, *telelputch*, die Mutter nennt ihn dagegen *nocomeuh* und
im Chilenischen beobachten wir etwas ganz Aehnliches.

Es führt uns diess auf die namentlich in den Ebenen des östlichen Südamerika, jedoch auch in Mexico und andern Gegenden auftretende auffällige Erscheinung, dass die Frauen sich vielfach ganz anderer Ausdrücke bedienen als die
Männer. Wir finden freilich auch bei uns, dass die Frauen nicht selten andere
Ausdrücke gebrauchen als die Männer, weil sie sich meist einer anständigern und ·
gesittetern Sprache befleissigen; doch dort findet diess bei Bezeichnung von Sachen
und Begriffen des alltäglichsten Gebrauches statt. Die aztekischen Mexicaner gebrauchen z. B. als Vocativ von Peter (oh Peter!) *Pedroé*, die Mexicanerinnen
Pedré; die Mexicaner als Verneinungspartikel *i-io*, *iyo*, die Mexicanerinnen *a*, und
aus Südamerika (Galibi, Tupi, Guarani, Moxo etc.) liessen sich viele Beispiele anführen. Eine genauere Untersuchung muss ergeben, ob diese Worte aus einer
andern Sprachenfamilie geborgt sind oder nicht; denn sollte diess der Fall sein,
so wäre Appun's Vermuthung („Ausland" 1871) gegründet, dass diese Ausdrücke
von kriegsgefangenen, andern Stämmen angehörenden Weibern herrühren, die
einige Wörter aus ihrer Muttersprache beibehielten und sie auf ihre Töchter fort-
erbten. Damit lässt sich zusammenstellen die Existenz einer eigenen Sprache der
Etiquette neben der täglichen Umgangssprache bei den Chiquitos und die Erwähnung einer eigenen Hofsprache der Incas, die ausser den Mitgliedern der Kö-
nigsfamilie Niemand sprechen und erlernen durfte (einzige Stelle bei Garcilaso de
la Vega Coment. real. I., lib. 8, cap. 1, fol. 166 der Ausg. von 1609), die daher,
als geheiligtes Erbstück aus alter Zeit verehrt, vielleicht von Manco Capac selbst

aus dem Norden mitgebracht worden ist. Die Minitaris am Missouri besitzen
in ihrer Sprache mehrere Fremdwörter, welche von ihrem Dakota-Dialekte völlig
abweichen und die sie selbst als Wörter der Ananawês oder Amahamis, eines jetzt
erloschenen Stammes, der lange mit ihnen zusammenwohnte, bezeichnen. Man
vergleiche damit auch die Erwähnung einzelner Namen und Ausdrücke bei Homer,
welche der Dichter selbst als bloss von den Göttern gebraucht angiebt, während
die Sterblichen sich dafür anderer Ausdrücke bedienten.

Den meisten Sprachen Amerikas fehlen einzelne der Lautelemente, die
unser Alphabet ausmachen. Am häufigsten vermisst man b, d, f, r; die Labialen
b, p, m fehlen z. B. im Irokesischen ganz; b, d, g, r und die Aspiraten im Aztekischen; b, f, kh, s, z in der araukanischen Sprache. Andere Sprachen zeigen
aber gerade an diesen Lauten Ueberfluss, und diejenigen, welche sie nicht besitzen,
ersetzen diesen Mangel vollauf durch andere, dem Westeuropäer vielfach unbe-
kannte Laute. Bei der aus tiefer Brust hervordringenden Aussprache, die den
meisten Stämmen eigen ist, müssen auch die Hauch- und Kehllaute im Lautsystem eine hervorragende Stelle einnehmen. Das Kechua oder Quichhua in Perú
unterscheidet deren sechs, es fehlen ihm dagegen die drei Mediae b, d, g und
die Aspirate f. Hauchlaute,[*] rauhe Kehllaute und Zischlaute sind in den
Sprachen des Nordens, namentlich auch in den Tinne-Sprachen, stark vertreten
und in Consonantenanhäufungen, für uns fast unaussprechbar, leistet wohl das
Tlatskanai das Unerreichbare.[**] Harter consonantischer Auslaut in Silben und
Wörtern scheint sich mehr in Hochländern und im hohen Norden und Süden des
Continents (Britisches Nordamerika; Chile) vorzufinden; vocalische und weiche
consonantische Ausgänge dagegen den dem Golf von Mexico zunächstgelegenen
Gebieten eigen zu sein. An Wohllaut und Vocalfülle wird das Tarasco wohl nur
von wenigen einheimischen Sprachen erreicht, und die Sprachen der sesshaften In-
dianer sind im Allgemeinen wohltönender und methodischer aufgebaut, als die der
Jäger-, Fischer- und wilden Nomadenstämme. —

Der Sprachgeist schaltet sehr frei und ungebunden in Bezug auf das, was
wir Lautverschiebung nennen. Gewiss trägt die Nachlässigkeit der Aussprache
viel dazu bei, dass die Mediae oft schwer von den Tenues zu unterscheiden sind;
wir finden jedoch im Galibi nicht nur ein von dem nachfolgenden Vocal durch
euphonische Gründe veranlasstes Vertauschen oder Alterniren des g mit k, des b

---

[*] Die Kechuas gebrauchen einen ihrer Kehllaute als Schibboleth und erkennen an der
Aussprache desselben jeden Landesfremden mit grösster Sicherheit, selbst wenn er sich über
zwanzig Jahre bei ihnen aufgehalten hat.

[**] „Sprache" z. B. heisst in diesem Tinne-Dialekte: χotschotχltschitχltsaha.

mit *p*, sondern auch des *l* mit *r*, des *s* mit *sh* und Ausstossen von Consonanten zu Anfang, in der Mitte oder zu Ende des Wortes. Im Chilenischen alterniren *th* mit *tch*, *n* mit *ñ*, *r* mit *d*, *dsch*, *l* mit *ll*, *ä* mit *i* und *o* mit *u*. Im Sahaptin (Nez-Percés) sind *n* und *l* unter sich vertauschbar; Weiber und Kinder bevorzugen *l*. Im Hidatsa lässt sich eine Dentalreihe und eine Labialreihe von willkürlich (?) vertauschbaren Consonanten unterscheiden; erstere besteht aus den Lauten *d*, *n*, *l*, *r*, letztere aus *m*, *b*, *w*. So wird aus *Minitári*, dem gewöhnlichen Namen des Hidatsa-Stammes: *Miditádi*, aus *inóparu* „zweitens": *ibipadu*, aus *'hémi* „einsam" *héwi*. Merkwürdigerweise bedienen sich die Frauen häufiger der Umwandlung von *d* in *l* oder *n*, während die Männer die in *r* bevorzugen. Dafür ist das Hidatsa von der sonst so häufigen Nasalirung der Vocale frei. Diese Erscheinung, die sich „Lautverschiebung innerhalb einer und derselben Sprache" nennen liesse, ist in den Sprachen Amerikas häufig; weit häufiger noch ist die Lautverschiebung bei verwandten Sprachen unter sich, die als durchgreifendes Gesetz die consonantischen Laute auch der indogermanischen Sprachen beherrscht. Beweise davon werde ich z. B. bei Behandlung der Pueblo-Sprachen anführen und es sei schon hier auf die unten folgende Tehua-Phraseologie hingewiesen.

Die Stellung des Worttons im Worte ist in den einzelnen Sprachen höchst verschieden. Auf der letzten Silbe pflegt er im Guarani und Moxo zu ruhen, das Hidatsa verlegt ihn auf die vorletzte und im Zuñi zieht er sich möglichst nach dem Anfang des Wortes zurück. Gewisse Endungen im Isleta, Jemes, Taos und Moqui haben den Charakter eines Demonstrativpronomens oder gar einer Interjection und werden mit stark emphatischem Hochtone ausgesprochen.

Gehen wir zur Betrachtung der For menlehre der amerikanischen Sprachen und zwar vorerst zur Bildung des Nomens über, so fällt uns in mehreren derselben die grosse Anzahl der Bildungsweisen des Plurals auf, deren Auswahl namentlich davon abhängt, ob das Nomen ein belebtes oder ein unbelebtes Wesen bezeichnet. Appellativa von Personen, Thieren und Dingen, die als personificirt oder belebt gedacht werden, sowie die mit ihnen verbundenen Adjectiva besitzen nämlich in vielen Sprachen eine eigene, durch Suffixe, Reduplication der ersten Silbe etc. gebildete Pluralform, während unbelebte Dinge einer solchen ermangeln und sich wie z. B. das Aztekische mit dem Beisatze: „viel, manche" behelfen müssen. Die Algonquin-Sprachen besitzen eine sehr beträchtliche Menge von Pluralendungen, deren Auswahl sich nach der Natur der Endsilbe des Nomens richtet, während z. B. das Idiom der Warm Spring Indianer (Oregon) bloss zwei Pluralformen, das der Tonkawa bloss eine, weitaus die meisten Sprachen, worunter die Apache-Dialekte und viele der unten behandelten, gar keine eigentliche Pluralzeichen besitzen.

Eine eigene Dualform findet sich beim Substantivum nur selten, wie im Eskimo und im Araukanischen, um so häufiger jedoch beim Fürwort. Ein bestimmter Artikel „der" fehlt in den meisten Sprachen, und wird da, wo er existirt, wie bei uns aus einem Demonstrativpronomen gebildet, dessen Bedeutung sich abschwächt, oder eine Partikel übernimmt die Function des Artikels.*) Bei den ausgebildeten Sprachen ist die Bildung von Nominalsprossformen oft eine sehr ausgedehnte. Im Aztekischen kann die Bedeutung eines jeden Nomens durch folgende vier Endungen modificirt werden: -pol involvirt Ausschreitung oder Ueberfluss, -ton, -tontli Verachtung; -tzin, -tzintli Hochschätzung, Respect und -pil bildet Diminutiv- und Koseformen.

Nomina agentis werden auf verschiedene Weise aus Stämmen, die ebensowohl Verbal- als Nominalstämme sein können, gebildet, durch Suffixa, Präfixa etc. Die Sprache der Moskitos bildet solche aus Stämmen, die mit Consonanten beginnen, durch Reduplication und die Endsilbe -ra wie folgt: daukaia machen, dadaukra Macher, Urheber; wasbaia pfeifen, wuwasbra Pfeifer; smalkaia lehren, smasmalkra Lehrer.

Was wir in den indogermanischen Sprachen symbolisch als grammatisches Geschlecht bezeichnen, hat seinen Ursprung in der Festsetzung gewisser Declinationsendungen bei den Nomina gewisser Bedeutungsclassen und findet in Amerika sein Analogon in dem Unterschiede zwischen Appellativen belebter Wesen und unbelebter Dinge. Declinationssysteme mittelst Postpositionen, die aus suffigirten Präpositionen allmälig zu Casuszeichen geworden sind, zeigen im Singular sowohl als im Plural bisweilen sieben bis acht Casus, nicht selten wird auch das beigesetzte Adjectiv (oder auch dieses allein) declinirt. Bei den Nez-Percés lautet z. B. die Declination wie folgt: init Haus, ininm eines Hauses, initp'-h einem Hause, inina ein Haus (Acc.) initpa in, auf einem Hause, initki vermittelst eines Hauses. initpkinih von einem Hause, initain zum Zwecke eines Hauses. Das Guarani besitzt acht, das Araukanische sechs Casusformen. Das Aztekische weicht bloss im Vocativ vom Nominalstamme ab (Pedro: Peter; Pedroé: oh Peter!), andere Sprachen bloss im Accusativ. Die meisten Idiome besitzen gar keine Casusdeclination, einzelne derselben haben sie jedoch wohl erst im Laufe der Zeit eingebüsst.

Eine eigene Comparativform oder eine Partikel: „mehr" giebt es beim Adjectiv wohl bloss in den seltensten Fällen und es muss daher ein umschreibender Satz gebildet werden. Superlative werden meist durch ein Adverb „sehr, stark" angedeutet, und die Stellung des Adjectivs im Satze muss nachhelfen.

*) An die Stelle des unbestimmten Artikels tritt nicht selten die Endung unbelebter Nomina, wo eine solche vorhanden ist.

Die Formen des persönlichen Pronomens sind in den meisten Sprachen zahlreich und ihre Rection eine oft ziemlich verwickelte. Vorerst ist genau zu unterscheiden zwischen dem Subjectpronomen, das absolut steht und oft emphatisch betont wird (wie im Französischen *moi, je n'irai pas!*), daher auch häufig längere Formen aufweist, wie im Aztekischen *né, néhua, néhuatl*, ich, und dem beim Verbum als Subject stehenden (Aztek. *ni-chihua* ich mache), sowie dem Objectpronomen, das gleich nach dem Subjectpronomen zu stehen kommt (Azt. *ni-mitz-machtia* ich lehre dich). Hier wird selten, selbst nicht in der dritten Person, zwischen den beiden Geschlechtern unterschieden,[*] um so schärfer ist dagegen die Unterscheidung zwischen den Fällen, die bei „wir, uns," auftreten können. Bei wir wird ein exclusives Fürwort gebraucht, wenn der Sprechende den Angeredeten von der Theilnahme an der Handlung oder dem Zustande, den das Zeitwort ausdrückt, ausschliesst, ein inclusives, wenn dieser daran theilnimmt. Dasselbe gilt nicht selten auch von der ersten Person des Pluralis beim Verbum finitum. Am weitesten geht hier wohl das Cherokee, dessen „wir" eigene Formen hat für: ich und du, ich und er, ich und ihr zwei, ich und er, ich und sie, ich und sie zwei, wir zwei und du etc.

Das Possessivpronomen nimmt seine Stelle meist vor dem Substantiv ein, zu dem es gehört, und dass es häufiger angewendet wird als bei uns, geht daraus hervor, dass die meisten Pueblo-Indianer bei den Gliedmaassen des menschlichen Körpers das „mein" stets als fast unzertrennliche Beigabe mit anführen. Im Aztekischen heisst *calli* Haus und so lautet „mein, dein etc. Haus" *nocal, mocal, ical; tocal, amocal, incal*. Im Hidatsa bedeutet das Possessivpronomen *ma (m-), di (d-), i:* mein, dein, sein, dass der Besitz ein unübertragbarer ist, *mata, dita, ita* dagegen die Uebertragbarkeit desselben.

Relativpronomen und Fragepartikeln fehlen einigen Stämmen ganz, doch entschädigt sie die Wortstellung im Satze einigermaassen für diesen Mangel. Andere verschmelzen die Fragewörter in derselben Weise wie die besitzanzeigenden Fürwörter mit dem Nomen zu einem Worte.

Ueber die Zahlwörter s. „Erklärungen zu den Worttafeln," und: „Begriffsbildung." —

Wir finden mehrfach, dass nicht bloss Nomina in den Indianersprachen zu Zeitwörtern umgestempelt werden können, sondern es ist diess hin und wieder selbst bei Partikeln der Fall. Die Nez-Percés z. B. wandeln die Partikel *kuh*, wenn, vielleicht, folgendermaassen ab: Sing.: *kuh, kum, ku*; Plnr.: *kuh* (oder *kunanm:* incl.),

---

[*] Von den nördlichen Indianern machen bloss die Wyandots oder Huronen einen Unterschied: *ihaton* er sagt, *isaton* sie sagt. —

kupam, ku. Selbst in solchen Sprachen, wo ein Verbum finitum vorhanden ist, wie im Hidatsa, können ausser dem Nomen auch Adverbien, Präpositionen und andere Redetheile zu intransitiven Verben umgestempelt werden; bei Fürwörtern, Conjunctionen und Interjectionen ist diess dort nur ausnahmsweise der Fall. Mittelst Suffixa kann ein solches Zeitwort im Hidatsa alsdann auch in ein Transitivum verwandelt und als solches conjugirt werden. Negativpartikeln werden meist dem Zeitworte incorporirt und bestehen nicht selten, wie in den romanischen Sprachen, aus zwei getrennten Theilen. So lautet im Guarani: „ich werde lehren": *amboéne*; „ich werde nicht lehren": *n-amboe-yc-éne*.

Das Zeitwort der Indianersprachen besitzt einen meist ein- oder zweisilbigen Stamm und unterscheidet sich von dem indogermanischen nicht nur durch die, freilich nicht immer strict durchgeführte, Unveränderlichkeit des Stammes, sondern auch dadurch, dass die zur Flexion desselben verwendeten Beziehungssilben dem Stamme vor- und nachgesetzt werden können, während bei obiger Sprachgruppe Nachsetzung allein stattfindet. Kein Beispiel ist mir gerade gegenwärtig, wo Conjugationselemente auch als Infixe in die Wurzel hineingestellt werden können, wie in einigen asiatischen Sprachen geschieht.

Wohl die grosse Mehrzahl der amerikanischen Sprachgruppen besitzt ein eigentliches Verbum finitum, indem sie deutlich zu diesem Zwecke bestimmte Personalpronomina dem Stamme vor- oder wie im Kechua nachsetzen und zur Bezeichnung der Zeiten, Modi und anderer Verhältnisse eigene Partikeln, Wörter und Wortfragmente vor-, ein- oder anfügen. Zu einem Verbum substantivum hat es freilich nicht jede Sprache gebracht und dasselbe wird meist ersetzt durch Demonstrativ- und Personalpronomina, durch die Wortstellung im Satze u. s. w. Im Selish lautet z. B. gut *khaest*, ich (bin) gut: *kinkhaest*, du (bist) gut: *kienkhaest*; er (ist) gut wird durch das blosse *khaest* ausgedrückt. Aehnliches findet in dieser Sprache betreffs unseres Zeitwortes „haben" statt: *eselekhu* zwei Häuser: *kinese-lekhu:* mir (sind), oder: ich habe zwei Häuser. Das Algonquin scheint jedoch ein wirkliches Zeitwort „sein" in *ieau*, das Kechua in *ka*, das Tonkawa in *tcheno* zu besitzen.

Hidatsa, Sahaptin, Aztekisch, Kechua und andere Sprachen zeigen in der dritten Person des Singulars (mitunter auch des Plurals), das Zeitwort ohne sein Personalpronomen und in der Präsensform, wo eine solche vorhanden ist, den reinen Stamm. Eine eigene Passivform findet sich nur selten und das Activum zeigt auch meist bloss zwei oder drei deutlich unterscheidbare Tempusformen. So heisst im Delaware *pendamen* er hört, *pendamenep* er hat gehört, *pendamenish* er wird hören, *pendaxen* er wird gehört (vergl. Moqui, Tehua etc.). Während die Caribensprache vielleicht die einfachste Temporalflexion besitzt, zeigt das Selish neben dem Präsens schon einen Aorist, ein Perfectum und zwei Futura und für jede dieser Zeiten zwei verschiedene Formen, von denen die eine den Begriff des Verbums schlechthin, die andere die Actualität desselben anzeigt und zu diesem Zw -ats-ish incorporirt, wie folgt: *kin-iitsh* ich schlafe; *ki-atsiitshish* ich schlafe gerade jetzt; *mkiniitsh* ich werde schlafen; *mkiatsiitshish* ich werde schlafend sein. Das Caribische drückt die Zukunft einer Handlung durch die Partikel „für" *(puto)* aus. —

Das Heve in Sonora und das Aztekische haben im Indicativ fünf, das Sahaptin-Idiom der Nez-Percés, das sich überhaupt durch eine äusserst reiche Conjugation auszeichnet, sogar neun Zeiten, worunter ein Perfectum der längst und der jüngst vergangenen Zeit und ein Futurum der nahen und der entfernten Zukunft.

Letztere Sprache besitzt übrigens eine wohl einzig in ihrer Art dastehende, durch alle Tempora und Modi durchgehende doppelte Conjugationsform, von denen die eine die Richtung der Handlung gegen den Sprechenden hin, die andere die Richtung derselben als von dem Sprechenden ausgehend, bezeichnet. So heisst die Aoristform: ich sah dich, ich sah ihn, ich sah sie in der ersten Form *a hahnima, ahnima, anashnima*; in der zweiten: *a hahua, ahahua, anashahua.* Bei vielen Zeitwörtern, wie gerade auch bei dem vorliegenden, muss diese Unterscheidung auf sehr subjectiven Gründen beruhen; dennoch findet sie sich überall, sogar beim Verbum sein *(irash, hiirash)* und werden *(irilsasha).*

Das Aztekische schiebt zwischen dem persönlichen Fürworte und dem Stamme bei nichtcomponirten Activzeitwörtern, die wie Neutra conjugirt werden, *te* ein, wenn die Handlung sich auf eine Person, *tla* wenn sie sich auf etwas Unbelebtes oder ein Thier bezieht; *tetla* wird gebraucht, wenn das Object der Handlung nicht näher bestimmt wird. So heisst *tchuiteki* ich habe eine Person, *tlahuiteki* ein Thier geprügelt; *tetlapopolhuia* ich habe vergeben, ohne zu bestimmen, wem oder welche Sache. Diese Sprache incorporirt gerne Nomina nach Abwerfung der Substantivendungen *-tl, -tli, -li, -in* u. s. w. in die Zeitwörter wie *nicakchihua* „ich schuhmachere", aus *ni* ich, *cactli* Schuh, *chihua* machen. Solche Composita werden nach der Weise der Neutra oder Intransitiva flectirt.

Die entwickeltern Sprachen Amerikas, wie das Guarani und viele Sprachen der Stillen-Meeresküste, besitzen eine ganz besondere Neigung zur Bildung von sog. Gerundiv-Zeitwörtern mittelst gewisser Präfixe und Suffixe. Diese von spanischen Grammatikern herrührende Bezeichnung begreift in sich Causativ-, Frequentativ-, Compulsiv- u. a. Formen. Das Aztekische bildet

aus *pohua* zählen: *nitlapohuatiuh* ich will zählen gehen;

- - - *nitlapohuani* ich bin gewohnt zu zählen;

- - - *onitlapohuaco* ich bin mit Zählen fertig geworden;

aus *nemi* leben: *nemitia* beleben, lebendig machen;
- *caki* hören: *cakilia* ein Bittgesuch gewähren;
- *cochi* schlafen: *cocochitia* schlafen (von hohen Persönlichkeiten);
- *choca* weinen: *chochoca* heftig und anhaltend weinen.

In Zahl und Mannigfaltigkeit der Modi und Voces leisten die amerikanischen Sprachen nach dem Baskischen wohl das Höchstmögliche. Nicht nur sind Gerundien, Verbaladjective u. dgl. neben den oft gar nicht vertretenen Participien und dem Infinitiv meist zahlreich vorhanden, sondern es finden sich neben dem Indicativ, Subjunctiv und Imperativ noch eigene Usitative, Suppositive, Optative und Potentiale. Im Sahaptin z. B. lauten die Modalformen des Präsens von *hahnash*, sehen, wie folgt:

Indicativ: ich sehe ihn: *in akisa ipna*.
Locativ: ich sehe ihn dort: *in aksanki ipna*.
Usitativ: ich bin gewohnt ihn zu sehen: *ahnah*.
Locativer Usitativ: ich bin gewohnt ihn dort zu sehen: *ahnakanki*.
Suppositiv: wenn ich ihn sehe: *kuk in akinah ipna*.
Subjunctiv: ich würde ihn sehen: *aksanah*.
Locativer Subjunctiv: ich würde ihn dort sehen: *aksaktana*.
Imperativ: sieh ihn: *ahakim ipna*.
Infinitiv: sehen: *hahnash*.

Jede dieser Formen hat für den Fall, dass die Handlung nicht vom Subject ausgeht, sondern auf dasselbe hinzielt, einen Doppelgänger in einer der oben erwähnten Nebenformen. —

Zu allen diesen, durch ihre Mannigfaltigkeit verwirrenden Gebilden, die sich bei den formenreichern Sprachen noch vermehren liessen, kommt nun noch das System der von den spanischen Missionären und Grammatikern Transiciones genannten Einschiebsel und Anhängsel der Objectpronomina. Bei activen Zeitwörtern treten sie an alle Tempora und Modi und vermehren oft nicht wenig das bereits zu bedeutender Länge, ja zu einem vollen Satze angeschwollene Wort. Die Stelle dieser Fürwörter ist nicht, wie im Semitischen, zu Ende des Wortes, sondern meist vor demselben, und wenn das Subjectpronomen voransteht, zwischen diesem und dem Verbalstamme. So heisst z. B. im Aztekischen „ihr lebret sie" *ankinmachtia*, worin *kin* das Objectpronomen darstellt. Durch diess Mittel werden auch Passiv- und Reflexivformen gebildet und die möglichen Combinationen sind ausserordentlich zahlreich. Das Aztekische bildet sein Passiv entweder durch ein angehängtes *lo* (*nipohualo*: ich werde gezählt) oder durch die Transiciones:

ich werde geliebt: *nech-tlazotla* (sie) mich lieben.
ihr werdet geliebt: *amech-tlazotla* (sie) euch lieben.

Adverbien werden incorporirt, selbstständig oder als Suffixe gebraucht und von Nomina, Adjectiven oder andern Adverbien gebildet. Wie genau die Adverbialbezeichnung in einzelnen Sprachen oft sein kann, zeigen Beispiele aus der Sprache der südlichen Guarani: dort! heisst *pè*, wenn der bezeichnete Ort in Sicht liegt, *cupì:* wenn er ausserhalb des Gesichtsfeldes befindlich ist; „morgen" heisst *oyrá*, *oyrandē* wenn ein Zweifel ausgedrückt wird, ob die besprochene Handlung wirklich morgen stattfinden wird; *ariré*, *curico-é* wenn sie bestimmt morgen stattfinden soll. Als Adverbialsuffixe sind aufzufassen die Temporalbezeichnungen, welche im Guarani sogar an das Nomen treten können, um den Begriff der Vergangenheit, der Vorzukunft und der Zukunft an demselben auszudrücken, z. B. *tera* Dorf, *teranguē* gewesenes Dorf, *terarama* seinwerdendesDorf.

Vorstehende Einzelnheiten mögen genügen, um einen Begriff von der Mannigfaltigkeit des amerikanischen Sprachbaues und der darin herrschenden lautlichen und logischen Gesetze zu geben. Von eben so hohem Interesse ist es aber, die Functionen der Stämme und Sprossformen, d. h. die Art und Weise, wie gewisse Wörter zu ihren Bedeutungen gekommen sind, zu verfolgen. Der nächste Abschnitt über Derivation und Wortcomposition, den ich „Begriffsbildung" betitelt habe, beschäftigt sich mit diesem Gegenstande.

BEGRIFFSBILDUNG.

Ein besonders wichtiges Material zur Erkenntniss des geistigen (und physischen) Zustandes eines Volkes giebt uns sein lexikalischer Sprachschatz an die Hand, indem wir daraus ersehen können, wie es sich seine Begriffe gebildet und entwickelt und wie es bei der Wortbildung und Wortcomposition zu Werke gegangen ist. In allen Sprachen, so auch in den einverleibenden, geht und ging die Bildung der Wörter von wenigen sinnlichen Begriffen aus und findet statt entweder durch Uebertragung derselben auf andere sinnliche oder auf abstracte Begriffe, bei denen man eine Aehnlichkeit mit jenen Urbegriffen bemerkt oder annimmt. Von der Wortcomposition macht der amerikanische Naturmensch den ausgedehntesten Gebrauch und je neuer und ungewöhnlicher ihm eine Sache oder ein Begriff erscheint, desto länger wird gewöhnlich die dafür gewählte Bezeichnung. Die meisten Stämme besitzen Composita selbst für die Zahlen von sechs bis zehn, indem die quinäre Zählmethode an den Fingern der Hand die älteste und naturgemässeste ist und die von uns in den Tabellen aufgeführten Zeitwörter sind grösstentheils Derivata oder Composita, in denen die Wortsilbe, auf die es hauptsächlich ankommt, durch Hochton über die andere dominirt. Was von der Armuth der amerikanischen Sprachen an Wurzeln oder Wortstämmen behauptet wird, mag bei einigen weniger entwickelten Völkerschaften zutreffen; bei den meisten zeigt jedoch die Wortzusammensetzung einen solchen Reichthum von Stämmen, dass man die Erfindungsgabe, die sie schuf, in der That bewundern muss. Freilich sind es nicht, wie bei uns und im classischen Alterthume, Abstracta, die in wuchernder Fülle emporsprossen, sondern concrete Begriffe, die allein in dem Gemüthe des Naturmenschen tiefe Wurzeln schlagen und sich daher auch in mannigfaltigster Art entwickeln.

Was das Lautlich-technische bei Zusammensetzungen anbetrifft, so sind in den meisten Sprachen die Urbestandtheile des Wortes noch ganz oder doch ziemlich deutlich erkennbar. Das Aztekische lässt Substantivendungen fallen: *ixtli* Auge, *cocoya* krank sein: *ixcocoya* an den Augen leiden. — Dagegen entnehmen die Algonquin- und die Selish-Dialekte, selbst bei dreisilbigen Stämmen oft nur eine Silbe aus jedem Worte zur Bildung eines Compositums. So bildet z. B. das Selish aus *pokhpokhot* „alt" und *tshesus* „hässlich" das Compositum: *poius* „hässlich vor Alter."

Um den Weg, den die Begriffsbildung einschlug, zu verdeutlichen, wählen wir zunächst die Indianerbezeichnungen für die Metalle. Während die europäischen Sprachen für die aus der Urzeit bekannten Metalle meist einsilbige Formen zeigen (Eisen macht im Deutschen, Slavischen und Griechischen eine Ausnahme), finden wir in Amerika dafür fast lauter Composita, deren einer Theil häufig eine Farbe andeutet. Die Dakotas nennen das Eisen *maza-sapa*, schwarzes Metall, das Blei *maza-su* Schrot-Metall (*su* Saamen, Schrot), das Silber *maza-ska*, weisses Metall, das Gold *maza-ska-zi*, gelbes Silber (*zi* gelb), und *tsega* Kupfer bildet den Namen des Zinns: *tsega-ska*, weisses Kupfer. Auch eine Anzahl aus Metallen verfertigter Artikel sind mit *maza* Metall zusammengesetzt, wie *mazakan* Flinte, contrahirt aus *maza-wakan*, wunderbares Metall, *mazakan-tanka* Kanone, d. h. grosse Flinte; Ofen *maza-oceti*, Schlittschuhe *maza-okaze*, Hammer *maz-'iyape* (von *a-p'a* schlagen, *iyápa* gegen etwas schlagen) und viele andere. *Maza* ist jedoch selbst kein Stammwort, sondern geht auf *maka* Erde zurück (lat. *ferrum* von *iąa, F'ią̨a?*), welches selbst wieder Composita bildet. So heisst Staub *maka-bomdu*, *maka'-mdu*, Koth *maka-maka'-mdu*; Land, Gegend *maka-ze*, Lehm *maka-zi*, Höhle *mako-rdoka*. *Maka* bezeichnet jedoch auch die Erde als Wohnplatz der Menschen, die Welt, wie denn auch das althochdeutsche *weralt* die Welt als das sich Drehende, somit auch unsern Planeten bezeichnete und als „Welt" noch heute bezeichnet. Auch für das Jahr, als das im Rollen der Welt stets Wiederkehrende, ist im Dakota der Ausdruck *maka* gebräuchlich. Das Hidatsa-Wort *uetsa* Metall bezeichnet auch geprägtes Geld, Dollar, *uetsa-sipisa* Eisen, d. h. schwärzliches Metall, *uetsa-hisisi* Kupfer, d. h. röthliches Metall. Der Azteke nennt das Eisen: schwarzer Fels *(thlic-teputztli)*, das Silber dagegen, das er schon vor Ankunft der Spanier nebst Blei und Zinn in Tasco ausbeutete, „Götter-Excrement": *teo-cuitlatl*. Auch bei den meisten andern Stämmen findet sich in Eisen der Begriff Stein im Sinne von „Erz" vor. Im Tehua heisst dasselbe *kucko, goako*, im Isleta *kuiyoa*, im Acoma *k'u-mashgat-gh'-*, welche Ausdrücke sämmtlich das Pueblo-Wort *ku, k'-u, kea* Fels, Stein enthalten. Die Návajos nennen das Eisen Messerstein, da sie es zuerst an Messerklingen kennen und schätzen lernten (s. u.); die Tehuas nennen die Axt *ku-rle.* Die Choctaws und Tupi besitzen denselben Ausdruck für Eisen und Stein, *tuli* und *itá,* und bei vielen andern Stämmen gilt dasselbe auch für das Salz. Der Utah-Ausdruck *panáka* Eisen kommt in *mipupanum* Axt vor und im Quéres-Worte *o-ko-panáni* findet sich sowohl *ku* Fels, Erz als *panáka* Eisen. Wie die Dakotas nennen die Caddos das Gold: gelbes Silber *(smakiko);* die Tonkawas bloss „gelb" *(makik).*

Die archäologisch wichtige Frage, ob sich nicht in den Indianersprachen Namen von Werkzeugen, wie Beil, Messer etc., vorfinden, die mit dem Worte Stein zusammengetzt sind, wie im Ahd. *saks* zugleich Messer und Stein bedeutet, ist darum schwierig zu entscheiden, weil das Wort Eisen eben meist schon das Wort Stein, Erz enthält. Das beschränkte Sprachmaterial, das mir zu Gebote steht, zeigt hiefür eine Andeutung bloss beim Moqui *(u-a* Stein, *pikairu-a* Axt, *puyu* Messer), während Eisen eine verschiedene Benennung besitzt *(shila).* Návajo hat für Beil *tche-nikhl,* für Stein *se,* für Eisen *tse pesh,* welches letztere demnach Eisenstein oder eher Messerstein bedeuten muss. Im Tonkawa ist der Wortlaut nicht deutlich genug, um Schlüsse zu gestatten. Im Moxo lautet Stein *mari,* Eisen und Messer *tu-morè,* im Kechua Stein *rumi,* Messer *tumi,* Eisen *kellay.* Bei den Kiowas heisst Kessel (Kochtopf) und Stein beides *'tsu;* ihre Kessel bestanden also aus gebrannter Erde oder Steingut. Würde sich in einer grössern Zahl von Indianersprachen ein und dieselbe Wurzel in Stein und Messer oder Beil vorfinden, so würde man berechtigt sein, ein nicht allzu weit von diesem Jahrhunderte zurückliegendes Fortbestehen der Steinzeit in Amerika anzunehmen. —

Der Begriff „Wasser" hat zu einer grossen Menge von Zusammensetzungen Anlass gegeben. Im Taos heisst ein Fluss: Land-wasser, ein See: Wasser des Flusses, eine Insel: Wasser-Land. Das Meer heisst bei vielen Stämmen das grosse Wasser: Aztekisch: *huei-atl,* Diggers: *boke-mem,* Dakota: *mini-wauka,* Hoopa: *tonich-akhow;* im Moxo wird es der grosse See, im Kechua die Mutter-Lagune, der Muttersee genannt. Bei den Utahs heisst es blaues oder grünes Wasser *(pa-are),* bei den Apaches: xiel-Wasser, wie diese auch einen Felsen: Stein-gross, ein Volk: viel-Mensch; ein Dorf: viel-Haus nennen. Bei den Tehuas scheint Meer: *o-k'-ne:* Wasser-Wasser zu bedeuten. Ein Stammwort scheint dagegen (wie Meer, *mare,* slav. *more)* das Guarani-Wort *pará* Meer zu sein, das sich im Namen der Küstenstadt *Pará* (Brasilien) und im Galibi *paraná, balaná* Meer, sowie im Namen des Flusses *Paraná* wiederfindet.

Während sich in den indoeuropäischen Sprachen wohl kein Beispiel findet, wo trinken und Wasser von derselben Wurzel gebildet wäre („sich wässern"), so ist diess in den indianischen Sprachen mehrfach der Fall. So heisst im Dakota *mini* sowohl Wasser als trinken, im Taos steht *pa* neben *apitso*, im Tonto *ahá* neben '*hási*, im Tonkawa *akh* neben -'*khana* und Apache und Návajo haben *istlá*, *estlá* trinken, Apache *tö* (Hoopa *tanan*, Taculli *tu*, *ton* Wasser). Doch bedeuten vielleicht diese Ausdrücke bloss „Wasser trinken", während daneben, wie im Guarani, noch andere Zeitwörter für „Wein trinken", „Milch trinken" existiren dürften. Das Chilenische hat: *in* für „essen" und „trinken", daneben noch *putun* für „trinken" allein. Das Dakotawort *mini* Wasser findet sich noch in folgenden Zusammensetzungen: Minisota, einheimischer Name des Clear Lake und des St. Peters' River im Staate Minnesota, sowie dieses Staatsgebiet selbst bezeichnet „weissliches Wasser", der Missouristrom, Dakota *Minishoshe* „trübes Wasser". Die vom Dichter Longfellow besungenen *Minihahá*-Fälle des Missisippistromes, unweit der Fälle von St. Anthony, bedeuten nicht, wie er erklärt, „lachendes", sondern „gekräuseltes, wallendes Wasser" (von *yuha* kräuseln). *Minihuha*, ein sehr dünnes, feines Linnen- oder Calicogewebe, wurde wegen der Beweglichkeit seines Faltenwurfes nach dem Wasser benannt.

Das Zeitwort *essen* wurde nicht selten nach dem vornehmsten Nahrungsmittel gebildet. So nennen die Comanches Fleisch *teshkap*, essen: *teshkaro*, und damit steht wohl auch tödten: *habekharo* in etymologischer Verbindung. Jemes hat *kiu-ne* Fleisch, *te-kuel-yo* essen, Tonto: *yemata* Fleisch, *ma* essen. Zu dem Worte essen, *hui-yo*, setzt der Tehua gewöhnlich *pivi, tivi, ivi* Fleisch hinzu; im Chilenischen heisst *ilon* Fleisch, *in* essen; es giebt indess auch Sprachen, die für das Essen jeder besondern Speise auch ein besonderes Zeitwort bilden. Der Name der Eskimos bedeutet: „Rohfischesser".

Die Bezeichnungen für zeitliche Maasse enthalten in vielen Sprachen das Wort für Sonne. Im Moxo heisst *saatche*, im Chile *antü* Tag und Sonne zugleich. Das Wort *ara* Tag ist auch im Wort *ku-ara-çi* Sonne (Guarani und Tupi) enthalten, und Kechua besitzt drei Ausdrücke für Sonne: *inti, puntchau* (auch Tag) und *rupay* (Hitze). In den genannten Sprachen findet sich Sonne auch in „Sommer" als Wortbestandtheil wieder; im Chile bezeichnet *antü* auch Zeit, Stunde. Das aztek. *tonatiuh* Sonne stammt von *tona* warm sein. Das Jahr heisst bei den Galibi soviel wie „Stern" (*sericá, siricó*), bei den Tupi ist es nach dem Acajoubaume benannt (*akakhu, akakhu eti*), da dessen Blüthenstand und Fruchtzeit diesem Volke eine Zeitrechnung liefern. — Der Winter heisst im Moxo die Zeit der Wasser, die Regenzeit (*une-muù*), im Acoma und Guarani ist er gleichbedeutend mit „kalt". Im Choctaw bezeichnet „Erstes-des-Sommers" den Frühling, „Erstes-des-Winters" den Herbst.

Zum Pflanzenreiche übergehend, sehen wir, dass Baum und Holz in vielen Sprachen durch dasselbe Wort ausgedrückt wird (Aztekisch, Tehua, Utah, Apache,

Tonto, Galibi, Moxo, Guarani, Chile etc.), öfters ist diess auch mit Wald der Fall, obwohl dieser nicht selten „Berg, Hügel" heisst, weil in manchen Gegenden nur diese bewaldet sind. Für Baumblatt hat das Aztekische dasselbe Wort wie für die Flügel des Vogels *(atlapalli).* Viele Stämme benennen den Tabak mit einem Worte aus ihrer eigenen Sprache und die Tabakspfeife ist dem Choctaw: „Tabak-wo-rauchen".

Den Tehuas scheint der Begriff Heuschrecke unzertrennlich mit dem einer Wolke verbunden zu sein, denn diese heisst *o-kúa,* jene *kū-né* und in der That sieht er sie immer in wolkenähnlichen, weisslichen Schwärmen vom Westen heranziehen. Auch das Schaf heisst ihm *kua,* weil es in Heerden weidet, die in ihm aus der Entfernung die Vorstellung von Wolken hervorrufen. Die Katze heisst im Aztekischen und in den Sonorasprachen „kleiner Löwe", *mizton,* der Wolf im Dakota „der andere Hund", der Büffel „das Rind der Prairie" *(tinta pte).* Die eigentliche Bedeutung des Wortes Tapir ist Kuh *(tapýra* im Tupi), die des Jaguars Hund oder Fuchs (Guarani: *yagua, aguarati),* die des Hirsches *guaçu* „der Grosse" *(guaçu* gross im Tupi). Für Pferd besitzt der Comanche gar kein eigenes Wort, dafür aber solche für Rapp, Scheck, Schimmel u. s. w. in Hülle und Fülle. Ueberhaupt besitzen wohl wenige amerikanische Sprachen Ausdrücke für „Thier" *) und „Pflanze" im Allgemeinen. Das Choctaw nennt das Rebhuhn die grosse Wachtel *(kofi tchito),* der Bär heisst im Delaware der „Rothe" oder „Braune" *(mo'-k).*

Die ursprünglichen Religionsbegriffe der Indianer wurden durch die Berührung mit den Weissen wesentlich verändert. Zum Theil wurden solche jedoch erst neu geschaffen, und viele Nationen haben daher auch die Wörter für Gott, Teufel etc. aus den europäischen Sprachen geborgt. Das höchste Wesen nennen die Choctaws: den grossen Einen *(tchitókaka),* die californischen Pomos: „den Mann oben, den Starken oben, den Häuptling oder Regenten im Himmel", die Galibi und viele andere mit ihnen „den Alten im Himmel" *(tamussi cabu),* die Algonquins *manitu,* die Dakotas „den grossen Geist", *wakán-tanka,* einen bösen Geist *wakán-sitcha.* Das Wort *wakán* bezeichnet überhaupt bei den Siouxstämmen den Inbegriff alles Heiligen, Geistlichen, aber auch den des Wunderbaren und Unbegreiflichen. Die eigentliche Bedeutung dieses Wortes scheint die von uralt *(kán* alt, *wa* verstärkendes Präfix) zu sein, und auch bei uns gilt ja manche Einrichtung für geheiligt, weil sie uralt ist. *Wakán* bezeichnet indess nicht bloss das Transcendentale, sondern auch concrete Dinge, die mit dem nationalen Glauben in Verbindung gebracht werden:

---

*) Das Dakota verwendet zur Bezeichnung aller grössern Vierfüsser das Wort *shunka* Hund, und etwas Aehnliches zeigt sich im Guarani, wo grössere Raubthiere nach dem Hunde benannt sind.

das Pferd heisst iu der Symbolsprache *shúnka-wakán*, der heilige Hund, Geister-
hund, der Blitz *wakán-kai*, „Geistesherabkommen", *wakán-watchipi* ein heiliger
Ceremonientanz. Als *wakán* gelten auch die Frauen während ihrer Monatsperiode.
Vergl. oben „Flinte". Der abstract-concrete Begriff der Hölle leitet sich im Azteki-
schen vom Sterben her *(mictlan* von *miqui*, wonach auch der Pfeil: *mitl*, also
Werkzeug des Todes, benannt ist).

Obwohl die Zahlwörter unten des Nähern behandelt werden sollen, so mögen
doch hier einige Puncte über die höhern Zahlen vorausgeschickt werden. Die
Choctaws umschreiben die Zahl Tausend mit „hundert-alt" *(tahlépa-sipókni)* während die Utahs dafür zehn-zehn-Hände sagen (d. h. 10 × 10 × 10 Finger) und
die meisten Stämme dafür überhaupt nur ein aus europäischen Sprachen geborgtes
oder gar kein Wort besitzen. Das Tehua-Wort für „alt" lautet *sento* und wurde
demnach zur Bezeichnung eines hundertjährigen Menschen vom Spanischen *ciento*
entlehnt, und im Isleta bedeutet ein und dasselbe Wort *khu-auai* alt und entfernt,
indem alles Alte in entfernter Zeit entstanden sein muss. Das Kechua besitzt ein
Wort *hunu* (,,ausgebreitet?") zur Bezeichnung einer Million und bezeichnet, wie
das Araucanische, „tausend" mit *huaranca*. Das Wort „viele" giebt das Moqui
auf originelle Weise wieder mit „von eins bis fünf" *(shukk-panta*, eins-fünf), das
Cuchan einfacher mit „Männer" *(epailke*, von *épatch* Mann, Indianer).

Von grossem Interesse für die Ethnographie ist die Kenntniss der wirklichen
Bedeutung der amerikanischen Stammes- und Völkernamen. Man unterscheide
dabei wohl zwischen denjenigen, die sich die Stämme selbst, und denen, die ihnen
von andern Stämmen oder von Weissen beigelegt wurden. „Indianer" heisst bei
den Ureinwohnern gewöhnlich „Mann", indess scheint der Begriff „Rothhaut"
(hatak-upi-himma im Choctaw, d. h. „Körper-roth") die Völkerschaft der Attacapas,
die früher im Süden Louisianas wohnte, benannt zu haben. Das Wort „Männer"
liegt dagegen in den Stammesbezeichnungen der Illinois, der Lenni-Lenape, der
Apaches, der Tinne (das Wort Apache ist Uebersetzung von *tiné*, *tinné* Mann in
einen Yuma-Dialekt), der Innuit (dem eigenen, nationalen Namen der Eskimos),
der Hoopa (*ko-up* im Pima: Indianer). Die nördlichen Stämme nannten sich nicht
selten nach ihren Totems oder Stammesabzeichen; so die fünf Irokesenstämme,
deren Reste noch im Staate New York fortexistiren: *hotinnonsionni*, d. h. sie bilden
ein Haus; einer derselben galt seinen Nachbarn als Mohawks, während er sich selbst
Ganniagwari Bärin nannte. So war auch Anoka der Totem-Name der Illinois.
Die Jemes-Nation (sprich: Chémes) scheint nach dem Tehua-Worte *k'-ema* Freund
benannt zu sein, während sich der Algonquin-Name für die Sioux, Nadowessier,
aus dem Algonquin-Worte *nadowaisi* Feind erklärt, Dakota dagegen die Sioux
als „Bundesgenossen" oder „Alliirte" bezeichnet. Der Name Tehua, früher auch

Tegua geschrieben, bedeutet, wie Pueblo, „Häuser", indem *té-hua* im Teh. II den Begriff Haus wiedergiebt.*) Acoma bildet den Endtheil des Acoma- oder Quéres-Wortes *kau-aik-ome; kauaik* heisst in denselben Mundarten Ortschaft, *umo* Mann (*ŏ-ma* jung), die wörtliche Uebersetzung von Kauaikome ist daher „Ortschaft der Männer". „Wirkliche Männer", *onkve honue*, nannten sich die Stämme der irokesischen Huronen. Der Begriff einer Familie wird in der Moskitosprache durch „Aehnlichkeits-Leute", *taia-nani*, wiedergegeben.

Mancher ist wohl zur Annahme geneigt, dass in den amerikanischen Sprachen das schallnachahmende Element häufiger als wortbildend auftreten dürfte als in den Sprachen europäischer Culturvölker, in denen man früher manches Wort diesem Ursprung zuschrieb, das sich seither als aus ganz andern Etymis entstanden erwies. In der That finden sich in unsern Vocabularien einige derselben, doch nicht in solcher Anzahl, dass sich durch sie die sog. Dingdong-Theorie eine festere Stütze erringen könnte. So hat das Moqui für den Begriff „heiss" den höchst bezeichnenden, vier Nasallaute enthaltenden Ausdruck *ūtăhŭ-ŭ;* lachen hat im Tonkawa die reduplicirte Form *tchatchaya* und *taolao* singen (Moqui), *intăhintá* lebendig (Apache) scheinen ebenfalls Lautmalereien zu sein. Solche sind namentlich auch die Namen für Donner und Blitz in den meisten Sprachen der alten und neuen Welt (Donner: *tiruruccŏ* Moxo, *tlatlatzinilitzlli* im Azt.; Blitz: *hatátitlá* im Apache); eine solche ist auch der Name des Coyotewolfes, *kucuĕ* Moq., *kŏyo* Tehua, *coyotl* Azt., indem derselbe, seines kläglichen, langgezogenen Geheules wegen, vom Singen, *koyot* im Acoma, *cuica* im Azt., oder vom Heulen, *kohchrá* im Taos, benannt ist. Das tonnachahmende *tiubnimbamban* bezeichnet im Utah einen Kessel oder Topf (vom Klange beim Anschlagen), *tchiltchil* Diggerspr., *tototl* im Azt. einen Vogel (vom Gezwitscher) und *urucurca* in Guarani einen Uhu.

Auch das Element der Reduplication, das bei Bildung des Plurals, Superlativs, bei der Verbalflexion und hie und da zu onomatopoetischen Zwecken verwendet wird, zeigt sich in den amerikanischen Sprachen nur in mässiger Ausdehnung. In der Diggersprache heisst Eis *keke*, Daumen *tchetchemuk*, im Jemes: Frühling *teutenho*, im Moqui Fuss: *gŭgŭ;* alle, ganz: *shoshoyomá*, im Tonkawa: *taklash-tak* gestern, vergl. mit *tagash* Sonne; im Acoma *tsu-ishish* klein. Dakota zeigt Formen wie *šapšapu* ganz schwarz (von *šapa* schwarz), *hdohdodoican* (Triplication) einen grunzenden Kriegsgesang anstimmen, von *hdo* grunzen; *hdehde* zertheilt, zerstreut; Jemes: *sheshosho* trinken. Ente heisst im Aztekischen *tlalalacatl*, also Onomatopöie und Reduplication zugleich; grosse Ebene *pampa-pampa*

---

*) Vergl. damit Teh. II: *tehua-tu* Bohne, d. h. Hauspflanze, Küchengewächs.

im Kechua, Brücke und Schmetterling: *cayruy* und *llampuellampue* im Araukanischen, Pfeil: *takirikiré* im Moxo; Reiserbündel *tlatlatlalpistitentli* im Aztekischen. Verdoppelte Formen aus der Sprache der Warm Spring Indianer sind *kússikússi* Hund (das einfache *kússi* Pferd), *mukhlímukhlí* Fliege, *músmustsin* Kuh, Büffel, *plkhápllhká* Baumblatt, *mitsaimitsai* Wurzel. Einige darunter sind Deminutivformen.

UEBERSICHT

DER WICHTIGSTEN AMERIKANISCHEN SPRACHFAMILIEN UND IHRER DIALEKTE.

———

Nachstehende aus Buschmann, Berendt, der American Cyclopedia und andern Quellen zusammengestellte Uebersicht macht nicht darauf Anspruch, eine vollständige Uebersicht aller amerikanischen Sprachen zu liefern, denn heutzutage ist wohl kaum Jemand im Stande, eine solche auch nur für Nordamerika zu geben. Nicht eine Aufführung aller bekannten Stämme wird darin bezweckt; diese werden vielmehr darin bloss erwähnt, wenn sie eine eigene Sprache oder einen eigenen Dialekt besitzen. Auch die erloschenen, nur noch geschichtlich bedeutsamen Idiome werden aufgeführt, und Südamerika wurde desshalb in den Kreis der Darstellung gezogen, weil dessen Sprachen derselben incorporirenden Sprachclasse angehören und mit Nordamerika auch manche wurzelhafte Aehnlichkeiten aufweisen. Viele einzelne Sprachfamilien sind im Verlaufe des Werkes eingehender abgehandelt; vorliegende Uebersicht soll bloss die geographische Orientirung betreffs der im Werke erwähnten Sprachen erleichtern.

———

SPRACHEN NORDAMERIKAS.

Eskimo-Sprachen. Sie gleichen in der Structur den ostsibirischen Sprachen und gehören der combinirenden Sprachclasse an. Sie zerfallen in östliche Dialekte: Dialekt der Karalits (Grönländer), der Bewohner von Labrador und der Bewohner der Nord- und Westküste der Hudson's Bay. Das Karalit hat drei Subdialekte. Die westlichen Eskimodialekte sind: der der Tschugatschen, der Ale-uten, der asiatischen und amerikanischen Tschuktschen und der Bewohner der Melville-Insel.

Koloschisch oder Thlinkit, am schmalen südlichen Küstensaume des Territoriums Alaska, vom Berge St. Elias bis zur Prinz-von-Wales-Insel.

Algonquin, die am längsten bekannte und am genauesten erforschte Sprachfamilie des englischen Nordamerika, erstreckte sich einst von Labrador bis zum Saskatchewan und den Rocky Mountains, zog sich dann dem Missisippi entlang bis zum 36°, an der atlantischen Küste bis zum 34° Lat. herab und erstreckte sich über die ganze Ostküste bis zur Mündung des St. Lorenzstromes. Hier folgt Alb. Gallatin's Eintheilung der Dialekte (Amer. Ethnol. Soc. Tom. II, S. CIII.) nach ihrer Gruppirung im 17. und 18. Jahrhundert: 1. Ost stämme: Sheshatapush und Scoffies in Labrador, Micmacs, Etchemins und Abenakis in Neuschottland, Neubraunschweig und Maine; Massachusetts, Narragansetts und Mohicans in den Neuenglandstaaten, Chinnakoks und Montauks auf Long Island, Minsi und Delawares südwestlich vom Hudson River, Nanticokes an der Chesapeake Bay, Powhattans in Virginien, Pampticoes in Nordcarolina. 2. Nordstämme: Knistenaux, südlich vom Missinippi und der Hudson's Bay; Crees, nördlich von den canadischen Seen; Algonquins, ursprünglich am Ottawaflusse; Chippewas oder Ojibways, nördlich und westlich vom Obern See; Potawattamies am Michigansee; Missiosigees, nördlich vom Ontariosee. 3. Weststämme: Menomonees an der Green Bay; Miamis, Piankishaws, Illinois, östlich vom Missisippi, Saukies und Foxes, Kickapoes am Missisippi, zwischen 40° und 45° Lat.; Shawnees, ursprünglich am Cumberlandflusse, Blackfeet oder Satsikas, am Saskatchewan und in Montana; Cheyennes am Platte River, jetzt neben den Arrapahoes im Indianer-Territorium angesiedelt.

Huron-Irokesisch. Im 17. Jahrhundert von Montreal bis an den Miamifluss sich ausdehnend und nebst der Nebengruppe der Tuscaroras in Südcarolina überall von der Algonquin-Familie geographisch eingeschlossen. In Canada die Huronen oder Wyandots, die Tionontates und die Attiwandarouk; im Staate New York der Bund der sog. fünf Nationen: Senecas, Onondagas, Mohawks, Oneidas, Cayugas, denen sich 1714—15 die Tuscaroras nach einem im Süden unglücklich geführten Kriege anschlossen; die Erigas in Ohio; die Gandastogues am untern Susquehannah; die Meherrins und Nottoways in Virginien.

Tinne-Sprachen. Diese, nach ihrem nördlichsten, am Athapaskaflusse sich aufhaltenden Stamme auch „athapaskische" benannte Sprachfamilie erstreckt sich vom Westufer der Hudson's Bay quer durch den ganzen Continent bis zur

Küste des Stillen Meeres, wo einige versprengte Stämme sich am Ufer ansiedelten. Südlich dehnten sich die Tinne-Völker bis zu den Dakotas aus und ein Zweig derselben wanderte südlich bis an den Rio Grande, den Gila River und bis ins Innere von Mexico. Die nördlichen Tinne-Sprachen sind: das Idiom der eigentlichen Tinne, oder Chepewyans, wie sie von den Crees genannt werden; der Taculli (oder Taheali, engl. Carriers) in Britisch Columbia; der Dogrib-Indianer östlich vom Mackenzieflusse; der Kutschin oder Loucheux; der Sussees am Saskatchewan und der an der Meeresküste vertheilten kleinern Stämme der Tlatskanai und der Kwalhioqua an der Mündung des Columbiaflusses, der Umpqua (spr. Ömkva) unterm 43° nördlicher Breite, der Hoopas unterm 41°, am Trinityflusse und der Wylackies, südlich davon. Trotz des beträchtlichen fremden Wortbestandtheils gehören noch zu dieser Familie die Kenai oder Tnaina in Süd- und West-Alaska mit folgenden sechs Unterdialekten: das eigentliche Kenai bei Cook's Einfahrt, das Atnah, Ugalenzische, Inkilin, Inkalit und das Koltschanische. — Die südlichen Tinne-Sprachen umfassen bloss die naheverwandten Dialekte der Apaches und der Návajos.

Dakóta oder Sioux. Erstreckt sich vom Mississippi westlich bis zum Felsengebirge und von der Nordgränze der Vereinigten Staaten bis nach dem Arkansasflusse. Die wichtigste und volkreichste Nation (bei 44,000 Köpfen) ist die der Sioux, deren sieben Stämme sich die Bezeichnung von Alliirten (dakóta) beigelegt haben; weniger bedeutend sind die Stämme der Winnebagos (oder Ochungaras), Iowas (sprich: Ëowäs), Punkas (oder Oponkas), Missouris, Osages, Kansas, Otoes (oder Ottoes), Maudans, Miniltaris (oder Hidatsa) und Upsarokas (oder Crows); sowie der Tútelos in Ostcanada, der Quapaws (am Zusammenflusse des Arkansas und des Missisippi) und der Arkansas oder Arkansaw.

Shoshonen. Die nach diesem Stamme benannte ausgebreitete Sprachfamilie ist Buschmann's Beweisführung zufolge ein nördlicher Zweig der Sonora-Sprachen. Die früheren Sitze der eigentlichen Shoshonen oder Schlangenindianer lagen in dem Felsengebirge und im Quellgebiet des Missouri, die der West-Shoshonen oder Wihinasht (von wihi Wasser, Fluss) an der Westseite des Snake- oder Lewisflusses in Idaho und Oregon. Zwischen beiden in der Mitte schwärmten die Pa-nasht oder Bonnacks. Die Utahs (sprich: Yutás) wohnen in Utah, Colorado und den umliegenden Wüstenflächen, die Pa-Utes oder Fluss-Utahs sind am Colorado und dessen Zuflüssen angesiedelt. Im Süden des Staates Californien existiren die Kizh*) bei der Mission San Gabriel, die Netela bei der Mission San Juan Capi-

---

*) Die wenigen noch vorhandenen Trümmer dieses Stammes heissen Tobikhars. Hr O. Loew sammelte im Ganzen im Jahr 1875 11 Vocabularien derselben, so wie der Kasuá bei Sa. Barbara und neun anderer südcalifornischen Stämme.

strano, die Kechi bei San Luis Rey. Die Comanches und Kiowas sind zum Theil im Indian Territory angesiedelt, zum Theil schweifen sie noch auf den Llanos estacados von Texas frei umher.

Arrapahoes, früher in Montana schweifend, jetzt meist im Indianer-territorium angesiedelt.

Selish, eine ausgedehnte Sprachfamilie in Montana, Idaho und am Stillen Meere, umfasst die Stämme der Shushwaps, Flatheads, Skitsuisuish (oder Coeurs d'Alène), Piskwaus, Clallam, Lummi, Simiamu, Kowelitsk, Songhus. Der Plural wird beim Nomen durch Reduplication gebildet und es fehlen dieser Familie die Laute b, d, f, r und v.

Sahaptin. Nördlich an die Selish-, südlich an die Shoshonen-Gruppe an-stossend, am Mittellaufe des Columbia- und am untern Snakeflusse. Besitzt eine merkwürdige doppelte Abwandlung des Zeitwortes und umfasst die zwei Sprachen der Sahaptin (oder Nez-Percés) und der Walawalä, welche letztere von den Stämmen der Yákamas, Palús, Klikatats, Tairtla und der Warm Spring-Indianer (am Des Chutes River, sich selbst Tiskhani-hhlama nennend) in Dialekten gesprochen wird, die wenig unter einander abweichen.

Küstenstämme von Britisch Columbia. Stämme mit Sprachen, die unter sich wenig oder keine Verwandtschaft zeigen, sind die Wakash, die Nutkas; die Thooquatsch; die Chimmesyans; die Hailtsa am Milbankssund, 52° Lat., die Billechoola am Salmonflusse, 53° Lat., die Skittagits auf Queen Charlotte-Insel.

Kawitschen-Gruppe. Sprachen dieser Gruppe werden gesprochen von den Kawitschen auf Vancouvers Insel und am Frasersfluss; von andern Alut-Stämmen und von den Squallyamish am Nisquallyflusse.

Chinook oder Tsinuk, von der Mündung des Columbia bis zu den Grandes Dalles, jetzt fast erloschen: untere Chinooks; mittlere und obere Chinooks oder Watlala; Chinook-Jargon.

Wayilatpu, gesprochen von den Cayuse oder eigentlichen Wayilatpu und den Molele, beide im nördlichen Oregon.

Kitunahas (Kutēnis) oder Flatbows, südlich vom Flatbow (oder Kootenay) River, einem Zuflusse des Columbia; an die Sussees anstossend.

Kalapuya, am östlichen Ufer des Willamette River, in Oregon.

Klamath-Sprachen. Unter dieser Bezeichnung vereinige ich die von mehreren Stämmen am Klamathflusse und auf der Klamath-Reservation (43° Lat.) gesprochenen, unter sich etwas oder gar nicht verwandten Dialekte der Lutuami oder eigentlichen Klamath, der Modocs, der Saste oder Shasta, der Palaiks am Pit River (östlich von den Sastes), sowie der Küstenstämme der Totutune und der Yakon in Oregon. Ferner die Sprache der Tahlewah am Unterlaufe des Klamath (Californien), die der Weitspek an der Mündung seines Zuflusses Trinity River und der Ehnek an einem andern Zuflusse desselben, dem Salmon River.

Digger Indianer am obern Sacramentoflusse, 55 geographische Meilen oberhalb der Mündung desselben. Da der Name des Stammes unbekannt geblieben ist, so habe ich das von O. Loew aufgezeichnete Vocabular nachstehend unter obiger Bezeichnung veröffentlicht.

Pomos, jetzt meist auf den Küstenstrich zwischen Eel und Russian River eingeschränkt, zerfallen in viele kleine Stämme, wie die Potter Valley Pomos. Cahto oder See-Pomos etc. Die Castel Pomos und die Ki Pomos am Eel River sprechen den Tinné-Dialekt der Wi Lakĭ oder Wylackies.

Talatui, am Ostufer des Sacramento, 16 geographische Meilen von dessen Mündung.

Pujūni und die verwandten Sprachen der Secumnes, Tsamak und anderer Stämme auf der Westseite des Sacramento und am Feather River, einem Zuflusse desselben.

San Raphael, Indianermission, an der Bucht von San Francisco, 38° Lat.

Mutsun. Diese, auch Rumsen, Rumsien und Achastlian geheissene Sprache wird gesprochen auf der Mission San Juan Bautista, am Salinasflusse und in San Carlos. Die Ohhones sprechen einen Dialekt davon; weiter ab steht das Olamentke.

Telamé, die Sprache der Tatsche-Indianer auf der San Antonio Mission, 36° 30′, südöstlich von Monterey, eines erlöschenden Stammes.

La Soledad-Mission, 35° Lat. Erlöschender Dialekt.

Mission San Miguel, 13 geographische Meilen südöstlich von La Soledad.

San Luis Obispo, Küstenstamm, unter 35° 40′ angesiedelt.

Santa Barbara. Der Stamm der Kasuá (d. h. Wasserlache, span. Cieneguita), bildet eines der Ueberbleibsel der dort (34° 30′ Lat.) vorfindlichen Indianerbevölkerung. Dialekt des Sa. Barbara ist das Idiom der Alahulapas am Santa Inezflusse.

Santa Cruz Insel. Sprache völlig von der des gegenüberliegenden Festlandes abweichend.

Moqui, gesprochen in den sechs Moqui-Pueblos nördlich vom Colorado Chiquito in Arizona, anscheinend ein Shoshonen-Dialekt.

Zuñi, Sprache des Pueblo Zuñi in Neu Mexico.

Quéres. Umfasst die Dialekte von Acoma, Santo Domingo und einiger nachbarlicher Pueblos, Neu Mexico.

Pueblo-Sprachen im engern Sinne des Wortes sind die zu einer Sippe gehörenden Dialekte der Pueblos, Isleta, Jemes, Taos und der Tehua-Pueblos in Neu Mexico.

Tonkawa. Ueberbleibsel dieses Stammes bei Fort Griffin im nördlichen Texas.

Caddo-Gruppe. Die Stämme dieser Familie lebten am Red River und im östlichen Texas und man rechnete dazu die Yattasees, Nandakoes, Nabadaches, Yonies, Tachies, Nagogdoches und Natchitoches.

Adaize (Adayes), nördlich vom Unterlaufe des Red River, Louisiana.

Chetimachas, am Unterlaufe des Red River, Louisiana.

Attacapas, zwischen dem Golf von Mexico und dem Unterlaufe des Red River, Louisiana. .

Natchez, am untern Missisippi, östliches Ufer, 32° Lat.

Choctaw. Gesprochen von den Choctaws und Chickasaws, jetzt im Indianerterritorium. Im Timuquan-Dialekte wurden von den Spaniern 1613—27 Schriften gedruckt. Eng verwandt mit dem Choctaw ist das Muskokee, gesprochen von den Creek-Indianern und Seminolen; Dialekt desselben das Hitchitee. Das Yamassee, zwischen Santee- und Savannahfluss. — Diese Nationen wohnten früher in den Golfstaaten. Im Creek und Choctaw fehlen die Laute *d, g, r, v, ts, tch*.

Cherokee, zerfallend in Ottare und Ayrate. Vor Verpflanzung der Mehrzahl der Stammesangehörigen nach dem Indianerterritorium (etwa 2000 blieben in Nordcarolina und Umgegend zurück), erfand ein Halbblut-Cherokee, Sequoyah oder George Guess, 1826 eine Silbenschrift von 85 Zeichen, worin in Tahlequah, Indianerterritorium, die Zeitung „The Cherokee Vindicator" gedruckt wird.

Catawba in Nord- und Südcarolina; zerfiel in Waccoa und in den eigentlichen Catawba-Dialekt.

Pawnee. Umfasst nach Prof. W. W. Turner das Idiom der halbnomadischen Wichitas, der Huecos oder Wacoes, der Kichai (oder Keechi), der Pawnees und der Riccarees oder schwarzen Pawnees. Ihre Banden schweifen am Arkansas, Canadian und Red River.

.

SPRACHEN MEXICOS UND CENTRALAMERIKAS.

Ópata-Tarahumara-Pima. Die Sprachen dieser Gruppe (Buschmann's „sonorische Sprachen" einschliessend) werden im südlichen Arizona und Californien, in Sonora und dem übrigen Norden des heutigen Mexico gesprochen. Dahin gehören: Heve, von den Eudeve in Sonora gesprochen; Ópata, Sobaipuri und Cahuenche in Sonora; Pápago in Arizona und Sonora; Pima (Dialekt: Névome) in Arizona und Sonora; Yuma mit zahlreichen Unterdialekten in Californien, Arizona und Sonora (siehe Tonto); Tarahumara vom Rio Grande bis.Durango; Tepeguana im Hochlande Topia, in Chihuahua und im südlichen Sonora; Cahita im nördlichsten Theile von Sinaloa, Cora in der Nordwestecke von Jalisco und bei der Mission Nayarit; Colotlan in Jalisco.

Mexicanische Gruppe. Dieser ausgedehnten Sprachfamilie gehört an die literarisch ausgebildete aztekische Sprache, eine Tochtersprache des Nahuatl; sie umfasst ausserdem das Zacateco, das Chimarra und Concho in Chihuahua, das Abualulco in Tabasco, das Jalisco, das Acaxée und das Sabaibo in Durango, das Xixime und Tebaca in Sinaloa, das Tlaskalteca in Isalco, Staat San Salvador und das Pipil in demselben Staate. Zu Montezumas Zeit waren die Sprachen dieser Familie im ganzen Gebiete Mexicos herrschend.

Otomí wurde seines Baues wegen von Emm. Naxera mit den isolirenden Sprachen verglichen; ein Dialekt desselben ist das Mazahui. Die Otomí nennen ihre Sprache Nhiän-hiñ (uhiän: Sprache); ihr Gebiet dehnt sich von Puebla und Mexico bis San Luis Potosí und den Staat Veracruz aus. — Vermuthlich vortoltekisch; besitzt eine Menge sog. „platzender" Sprachlaute.

Seri. Dialekte: das Upanguaima und das Guaima, beide in Sonora.

Guaicuru (oder Waikuru) auf der Halbinsel Californien. Dialekte: Uchita, Concho, Laymon, Guaikuru und Cora, letzteres verschieden von dem Cora in Jalisco. —

Cochimi auf der Halbinsel Californien; Dialekte: Edu, Didu und Cochimi.

Mixteca-Zapoteca. Diese Gruppe umfasst folgende Sprachen: Das Chocho in den mexicanischen Staaten Puebla, Oajaca, Guerrero; das Yope in den zwei letztern Staaten; das Popoloco oder Teca in Michoacan, Jalisco und Guatemala; das Amuchco in Guerrero, das Mixteca, Zapoteca und Cuicateco in Oajaca; das Pirinda oder Matlaltsinga in Michoacan, das Ocuilteca im Staate Mexico, das Tarasco in Guerrero und Umgegend. Werden für vortoltekische Sprachen angesehen.

Huaxteco-Maya-Quiché. Der nördlichste Zweig dieser Gruppe ist das Huaxteco, das neben Totonac in Puebla, Veracruz und San Luis Potosí gesprochen wird. Das durch Wohllaut berühmte, in Yucatán, Chiapas und Tabasco geredete Maya besitzt folgende Mundarten: das eigentliche Maya, Lacandon, Peten, Caribe, Chañubal, Punctunc. Ihm nahe verwandt ist Chontal in Oajaca, Tabasco, Guatemala und Nicaragua. Das Mam und dessen Mundart Poconcho (oder Palin) werden, sowie das Quiché, in Chiapas und Guatemala gesprochen; Tzendal und Tzotzil in Chiapas, Col und Totzlem in Chiapas und Guatemala. Die zwei Dialekte des Quiché sind das Cakchiquel und das Tsutuhil.

Talamanca. Einem eigenen Sprachstamm scheint (nach Scherzer's Wortverzeichniss) die Sprache der noch wilden Blancos, Valientes und Talamancas an der Ostküste von Costa Rica, zwischen Rio Zent und Boca del Toro, anzugehören.

Nicaragua-Sprachen nenne ich hier, ohne Rücksicht auf Stammverwandtschaft, die von Dr. C. H. Berendt beschriebenen, im Staate Nicaragua gesprochenen Idiome der Chorotegas (früher Manguas genannt), der Maribios, Nicaraos, Mosquitos, Guatusos und das Palenque. Letzteres mit seinen Dialekten Xicaque und Ulúa wird auch in Honduras gesprochen und gehört zur Galibi-Familie. Ueber das Chontal, das auch hier geredet wird, siehe die Huaxteco-Gruppe.

Antillen-Gruppe. Die südlichen Antillen waren zu Columbus' Zeit meist von Cariben bewohnt, auf den nördlichen Inseln lebten die friedfertigen Arrawaks. Dialekte derselben: Eyeri auf Porto Rico, Alaya *) auf Hayti, Siboneyes auf Cuba und Lucayos auf den Bahama-Inseln. In Caney bei Santiago finden sich noch spärliche Ueberreste der cubanischen Ureinwohner (s. Galibi).

Cueva auf dem Isthmus von Panamá, mit der Mundart Coiba.

SPRACHEN SÜDAMERIKAS.

Cholo- oder Choco-Dialekte, in Neugranada, westlich vom Rio Atrato.

Galibi (auch Caribi, Calina), an der Nordküste von Südamerika vom Isthmus von Panamá bis nach Guyana hin und in einigen Theilen Centralamerikas (siehe oben). Diese Gruppe umfasst etwa dreissig Dialekte und wird mit Recht für den nördlichsten Zweig des Guarani-Sprachstammes angesehen. Die wichtigsten Mundarten sind Chaymas in Cumaná, Tamanaca (erloschen), Arrawak an den Ufern des Berbice- und Surinamflusses, Palenque (siehe Nicaragua-Sprachen). War vordem auch auf den Antillen verbreitet. Die Cariben-Auswanderung nach verschiedenen Punkten Centralamerikas datirt erst aus neuerer Zeit.

---

*) Diese Benennung ist nicht ganz sicher und vielleicht aus Lucayos verderbt.

Columbia-Sprachen. Folgende sieben, im Gebiete Venezuelas und der Staaten von Columbia gesprochenen Sprachen werden unter obiger Benennung hier ohne Rücksicht auf ihre Affinitäten zusammengefasst: die Sprache der Maypures am obern Orinoco; der Salivis zwischen dem Meta und Guaviare; der Ottomaken, zwischen dem Apure und Sinarucu; der Yaruras zwischen Meta und Casanare; der Betoïs am Casanare; der Mainas in der Provinz Mainas und das hochgebildete Chibcha-Idiom der Muyscas auf dem Tafellande von Bogotá.

Yunca, gesprochen um die Hafenstadt Truxillo in Nordperú.

Andoperuvische Gruppe, am Stillen Meere und auf dem peruanischen Hochlande gesprochen, zerfällt in vier Abtheilungen:

1. Kechua (Quichua, Qquichhua); war vom 13. bis zum 16. Jahrhundert. als Sprache des herrschenden Volkes von Quitó bis nach Cuzco und Chile hin verbreitet. Die Kechua-Race unterscheidet sich noch heute in ihrem Aeussern scharf von den übrigen Südamerikanern. Fünf Mundarten: die hochcultivirte, in Cuzco gesprochene; die Quiteña oder Mundart von Quitó; das Lamano in Truxillo; das Chinchaisuyu in Lima; das Calchaqui in Tucuman. Ueber die Hofsprache der Incas siehe oben.

2. Aymara, um La Paz gesprochen und rings vom Gebiete des Kechua umgeben.

3. Atacama, am Westabhang der Andes; Cauki, südlich von Lima.

4. Chango (oder Chancu) am Stillen Ocean.

Antisische Gruppe, benannt nach der östlichsten Andes-Bergkette. Enthält die vielleicht zum Theil unverwandten Sprachen der Yuracares (das heisst der „weissen Männer"), der Mocetenes, Tacanas, Maropas, Apolistas, der Pukinas in Hoch- und Mittelperú und der Coljas in der Provinz Colla (Colja).

Panos und Carapuchos am Ucayaliflusse, Perú Die Sprache der letztern wird mit dem Bellen eines Hundes verglichen.

La Plata. Das Gebiet dieses Flusses enthält folgende, von bedeutendern Stämmen gesprochene Sprachen: die der Abiponer, mit singender Aussprache; der Guaicurus oder Mbayas, am Paraguay, die jetzt das kehllautlose Encanagas sprechen, daneben aber noch eine alte Religionssprache besitzen; die Frauen bedienen sich zum Theil ganz anderer Ausdrücke als die Männer. Die Chiquitos besitzen neben ihrer Umgangssprache ebenfalls einen solchen Frauendialekt, daneben aber noch eine Sprache der Etiquette, worin sie Höherstehende anreden und ihre Gebete zum Himmel richten (südliches Bolivia). Die Sprache der Moxos in Bolivia und Matto Grosso zeigt viel Aehnlichkeit mit der der Maypures am obern Orinoco.

Guarani. Diese weitreichende Gruppe des östlichen Südamerika ist ein-
getheilt worden in nördliche Guarani oder Galibi (siehe oben), in westliche Guarani
am Pilcomayo, in eine südliche Abtheilung, am Paraná, Paraguay und Uruguay
gesprochen, und in die östliche, mittlere oder brasilianische der Tupi-Sprachen
(lingoa geral do Brasil). Das Tupi dient den meisten Stämmen des Innern als
Mittel zur Verständigung unter sich, hat den Wortton auf der Ultima, besitzt die
Laute *f, l, s, v* nicht und erstreckt sich vom 27° südlicher Breite bis zur Mündung des Marañon. Gesprochen von vielen Stämmen, deren Name mit Tupi- zusammengesetzt ist, wie Tupinambas etc.

Die übrigen Sprachen des Innern Brasiliens bilden einen bis jetzt noch
wenig entwirrten Knäuel von Stammsprachen und Mundarten. Eigene Sprachen
besitzen die Botocudos (oder Engeräkmung), die Camacans, Macharis, Puris
und Coroados.

Araucanisch. Gesprochen von den chilenischen Picunches, Puelches,
Huilliches und Aucas und von ihnen Chilidugu, d. h. „Sprache Chiles" genannt.
Alle Wörter lauten auf Vocale, Liquidae oder *b, d, g, f* aus und Kenner schildern
sie als die harmonischste, reinste und cultivirteste aller Sprachen Amerikas. An
Modalformen ist die Verbalconjugation ausserordentlich reich.

Patagonisch. Die Sprache der Tschueleunni (Südmänner) und die der
Tschuaueunni (Nordmänner) soll mit dem Idiom der Yucanacus auf Feuerland und
mit dem der Moluches Verwandtschaft zeigen.

DIE SPRACHEN DES SÜDWESTENS

der Vereinigten Staaten, von denen wir hienach die Wortverzeichnisse liefern,
stellen uns den Geist, der die amerikanischen Sprachen geschaffen und auferbaut
hat, von verschiedenen Seiten dar. Die Völkerschaften, die sie sprechen, schweifen
zum Theil als Nomaden und Räuber umher oder sind erst seit Kurzem an die
sittenmildernde Thätigkeit des Ackerbaus gewöhnt worden; zum Theil waren sie
so lange schon sesshaft als die geschichtliche Kunde reicht. Merkwürdig ist dabei, dass gerade die ersterwähnten Völker aus dem Norden stammen und in der
Lautmischung ihrer Wörter härtere, consonantischere Fügung und rauhere Laute
zeigen als die längst in südlichen Breiten einheimisch gewordenen Pueblos und
andere friedliche, den Acker bebauende Bevölkerungen. Bei den letztern sind

fast durchgängig vocalische Silben- und Wortendungen bemerkbar und hartklin-
gende Consonautenverbiudungen kommen bloss ausnahmsweise vor. Allen gemeinsam ist jedoch der spärliche Gebrauch der medialen Consonauten *b*, *d* und *g*,
namentlich der zwei erstern, eine Eigenheit, die sie mit zahllosen andern amerikanischen Sprachen theilen. Die meisten unter ihnen haben mit den shoshonischen
Nomadeustämmen der Umgegend, den Comanches und Kiowas, eine Menge Ausdrücke gemein, und da sie meist die vollständigere, also ältere Form bewahrt
haben, so haben entweder die Nomaden von ihnen geborgt, oder sie haben das
gemeinsame Erbtheil aus Bequemlichkeit und zur Erleichterung der Aussprache
durch Weglassung der Endungen schueller abgenutzt. Bei dem Wortvorrath aller
behandelten Sprachen, selbst bei den Idiomen der aus dem Norden stammenden
Utahs, Diggers und Apaches ist ferner eine beträchtliche Uebereinstimmung mit
den Südsprachen, namentlich mit dem Aztekischen, bemerkbar, die auf uralte
Völkerverbindung schliessen lässt. Die pectorale Aussprache des Americaners
tritt bei mehreren der behandelten Sprachen besonders deutlich zu Tage, wie im
Apache, Návajo, und äussert sich namentlich auch in dem mit Apostroph bezeich-
neten, hüsteluden Lautaustosse im An-, In- und Auslaute der Wörter (*'-nt̄eīo* Kiowa,
p'-anshi-er, *b'-atuy* Isleta, *kö̆'-* Apache, *ga'-ē* Moqui, *au'-* Návajo).

Obschon bis jetzt für die behandelten Sprachen aus Mangel au hinlänglich
gesichtetem Materiale und bei Abwesenheit einer gleichmässigen, ständigen
Orthographie bei den verschiedenen Sammlern der Wortverzeichnisse sich noch
keine durchgreifenden Lautgesetze aufstellen lassen, so mögen doch die in diesem
Abschnitte folgenden Zusammenstellungen darthun, dass neben Contractionen,
Synizesen, Elisionen etc. sich hier auch noch lautliche Vorgänge nachweisen
lassen, die in den indogermanischen Sprachen zu den Seltenheiten, wenn nicht zu
den Unmöglichkeiten gehören. Hier wie überall ist natürlich der wahre Grund,
der diese Aenderungen hervorbringt, die Tendenz nach Erleichterung der Aussprache, nach Anpassung gegebener Laute au die individuelle Natur der Sprach-
organe, und nach möglichst bequemer Zurechtlegung derselben, oft auf Kosten
der Deutlichkeit. Vorhergehende, sowie auch nachfolgende Laute wirken besonders häufig auf die Natur der Consonauten und der Vocale ein.

Wandlung der Vocale.

Helle Vocale gehen in dumpfe Vocale über in:

Tehua II *henti*, *fenti* schwarz, Taos *funte*; Zuñi *háquin* Stirn, Quéres
hópin; Jemes *pento* fünf, Kiowa *onto*; Tehua I *pó* Kürbis, Taos *baa*.

Nasalirung zeigt sich in Isleta *opeö (-ödd)* Mädchen, Jemes *umpe (-kule)*.

Helle Vocale gehen in hellere, dumpfe in noch dumpfere über in: Jemes *nono* hier, Isleta *nun*; Isleta *panto* fünf, in Jemes *pento*. Tehua *tchi-e* Vogel, Moqui *tchi-i*; Návajo *estlá* trinken, Apache *istlá*.

Dissimilation scheint stattgefunden zu haben in Tehua I *ohei* tödten, Isleta *ahoi*, Taos *hoyar*.

Aphärese: Apache *ibit* Brüste, Návajo *be*.

Synizese: Quéres *i-uas* Knabe, Acoma *t-atch*; Quéres *ha-ani*, Taos *tsa-an* Fichte, Acoma *háni*; Isleta *kiye* Federn, Jemes *kea(-ta)*; Tehua *ko-on* Blatt, Jemes *ka-a*.

Ersatzdehnung scheint zu sein: Tehua II *gasäu* trinken, Isleta *äsui*. Hiatus kommt häufig vor; Acoma *lana-e* gut, Tehua II *po-oye* drei.

Wandlung der Consonanten.

Prothese und Aphärese zeigt sich: Tehua II *nakie* stark, Tehua I *aki(-ete)*; Tehua II *gasäu* trinken, Isleta *äsui*.

Epenthese, Ekthlipsis und Syncope: Tehua I *ebile* Kind, Tehua II *epíe*; Isleta *(ka·)shira*, Tesuque *tsirē* Vogel, Tehua *tchi-e*; Apache *ust,ran* sechs, Návajo *ustá*, *hustá*; Yuma: *hermái* Knabe, Tonto: *h'-mé*.

Epithese und Apokope: Tehua I *hua* Ei, Isleta *(ba-)gué*, Moqui *(ne)hü*.

Umstellung: Isleta *adpa* Bart, Jemes *tafa* (*ad* und *ta*).

Accentverschiebung: Taos *puiyu* Freund, Zuñi *kúayi*; Acoma *hiaka* Himmel, Kiowa *kiiko*.

Ersetzung durch Vocal: Isleta *tlóa* Pfeil, *tle-e* Tabak, Jemes *sh-tia*, *tiöye*.

Lautverschiebung von der Media zur Tenuis, von der Tenuis zur Aspirate zeigt sich, wie in *daur*, *tôr*, *ϑ'ϱa*; *frater*, *bróthar*, *pruoslar*; *gelidus*, *kalds*, *chalt* in den hier behandelten Sprachen bis jetzt nicht häufig in vollständigen Lautreihen. Als solche treten etwa in einer und derselben Sprache, dem Tehua, auf: Tehua I *b'-ō* Mond, Tehua II *p'-o*, Tesuque *p-'ko*.

Zwei Glieder der Lautreihe finden sich in:

Isleta *béa* Herz, Jemes *pe-el*; Jemes *baboye* älterer Bruder, Kiowa *papi-e*.

Taos *bthio* drei, Isleta *batchóa*, Tehua II *po-oye*, Utah *payin*.

Teh. I *po-oyo* Fliege, Jemes *fuya*.

Isleta *adpa* Bart, Jemes *tafā*; Isleta *päai* Nase, Jemes *fose*.

Tesuque *paindē* schwarz, Tehua II *fenti*, *henti*.

Apache *gan* Arm, *go* Zähne, Návajo *khan*, *ko*.

Lautverschiebung zwischen Mutae entsprechender Lautclassen unter sich ist: Zuñi *kúayi* Freund, Taos *puiyu*.

Zuñi *hákvin* Stirn, Quéres *hópin.*

Isleta *kleonadd* Weib, Isleta *(hin·)tleove-e* Gattin.

Lautverschiebungen ungewöhnlicherer Art sind:

Acoma *taña-e* gut, Quéres *raudtsa, raua.*

Utah *(suma·)rumsuin* neun, *tomsuin* zehn.

Isleta *gunidd* Pferd, Tehua I *shaniya.*

Apache *ta͵ra* Bart, Návajo *takha.*

Acoma-Quéres *kagan* Wolf, Taos *kulen.*

Das Spanische Wort *burro* wird Tehua II zu *buulo, palóma* Taube im Tesuque zu *puróma,* engl. *coffee* im Tonkawa zu *kakhé.*

DIE PUEBLOS UND IHRE SPRACHEN.

Pueblo-Indianer heissen in Arizona und Neu Mexico eine Anzahl von Ur-stämmen, welche seit ältester Zeit im Gegensatz zu den in den benachbarten Wüstenflächen nomadisirenden Banden feste Wohnsitze innehatten, sich von Acker-bau und Viehzucht ernährten und solide Häuser aus Stein errichteten. Sowohl ihre Ortschaften als deren Bewohner führen die spanische Benennung Pueblos (das heisst Dörfer, Ortschaften) und dieser kommt zuweilen auch den Pimas, Maricopas und Pápagos am Gila River und südlich von demselben zu. Ein directer ethnologischer Zusammenhang der Pueblo-Indianer mit den Azteken, Tolteken oder mit den Mound-builders im Ohio- und Mississippithale konnte bis jetzt nicht nachgewiesen werden und ihre Herkunft ist bis auf den heutigen Tag in Dunkel gehüllt. Die zahlreichen und mächtigen Ruinen in Neu Mexico, die den Teocallis ähnlich, stufenförmig emporsteigen, der Glaube an Montezuma's Rückkehr, das Vorkommen vielfacher Felsensculpturen und die in jedem Pueblo eingeführten Estúfas: Schwitzbäder und zugleich Versammlungshallen, den mexicanischen Temaz-callis entsprechend, die Stammsage der Mexicaner, dass ihr Heimathland Aztlan im Norden gelegen habe — alles diess mag zu Gunsten mexicanischer Abkunft der Pueblos oder doch für Stammesgemeinschaft angeführt werden, liefert jedoch, wenn seinem Werthe nach genauer untersucht, keine stricten Beweise.

Die Angriffe räuberischer Indianerhorden lehrten die Pueblos schon früh, ihren Häusern eine eigenthümliche, festungsartige Bauart zu geben. Dieselben bestehen nämlich aus Mauerquadraten, aus Luftziegeln (adobes) oder Bruchsteinen gemauert, von 20 bis 30′ Höhe und meist ohne Fensteröffnungen. In das Innere gelangt man nur mittelst Leitern, die aussen angelehnt und des Nachts auf das flache Dach emporgezogen oder in dem einzigen grossen Wohnraume im Innern verborgen werden. Die Vegetation ist spärlich, das Land kahl und, wo es nicht von ungestümen Wildbächen durchströmt ist, trocken und öde, das Klima wird von Jahr zu Jahr rauher; doch sind die Berge und Hochflächen in einer Meereshöhe von 5000 bis 7000' fast überall von den schönsten Waldungen geziert. Die spärlich mit Gras bewachsenen Wiesenflächen werden meist als Weideland, seltener zum Anbau von Getreide u. s. w. benutzt und seit der Abtretung Neu Mexicos an die Vereinigten Staaten ist den im Thale des Rio Grande belegenen neunzehn Pueblos durch Congressacte vom 22. Dec. 1858 ihr Anrecht auf 453400 Acres Land bestätigt worden. Die vielen, in den Gegenden abseits von den steilen Ufern des Rio Grande vorfindlichen Ortsnamen mit: *Ojo, Ojito, Laguna, Agua, Acequia, Cienega* (Pfütze), *Cañon, Mesa* und *Peña* zusammengesetzt, geben am besten über den öden Wüstencharakter des Landes Aufschluss.

Die nachstehende Stammes- und Dialekteintheilung der Pueblos wurde mir von O. Loew mitgetheilt, welcher mit Einschluss der weitabliegenden Zuñis und Moquis deren acht aufzählt:

1. **Tanos** (auch Tagnos geschrieben). Pueblos: Isleta, 15 engl. Meilen unterhalb Albuquerque, wo das Wörterverzeichniss aufgenommen wurde; Isleta an der texanischen Gränze; Sandia, 14 engl. Meilen oberhalb Albuquerque.

2. **Taos**, östlich vom Rio Grande angesiedelt, umfasst die am weitesten nach Norden hin gelegenen Pueblos: Taos (in der eigenen Sprache Takhe genannt) und Picuris oder Picoris.

3. **Tehua** mit drei wenig unter sich verschiedenen Dialekten. Pueblos: San Ildefonso; Dialekt identisch mit dem der Tehuas auf einer der Moqui-Mesas (mit Tehua I bezeichnet); San Juan, Santa Clara, Pojoaque, Nambé (mit Tehua II bezeichnet); Tesuque (sprich: Tesuke).

4. **Jemes** (sprich: Chémes) im Thale des Jemes River; vor etwa 20 Jahren wurden die Bewohner des Pueblo Pecos an der Quelle des Pecosstromes mit ihnen vereinigt. Die Jemes legen sich auch die wohl aus einem dortigen Ortsnamen Valladolid corrumpirte Benennung Vallatoa bei.

5. **Quéres** (sprich: Kéres). Pueblos: San Felipe, Santo Domingo, Cóchiti, Santa Aña, nahe der Hauptstadt Santa Fé; weiter davon entfernt liegt der Pueblo Cia (auch Silla, indianisch Tse-a).

6. **Acoma**. Pueblos: Acoma, in der Ortschaft Kauaíkome wohnhaft; Laguna, Povate, Hasatch und Mogino.

7. **Zuñi** (sprich: Sunji). Haupt-Pueblo Zuñi; Sommerwohnungen und Pflanzungen in Ojo de Pescado und Las Nutritas (auch Las Neutrias, span. Wort für Biber). Früher gehörten dazu die jetzt in Ruinen liegenden Pueblos Alt-Zuñi auf hoher Mesa, Agua fria, El Moro, Ojo de Benado.

8. Moqui, nördlich vom Colorado Chiquito in Arizona. Ihre Ansiedlungen liegen auf vier hohen Mesas, d. h. Ueberresten eines durch Erosion zerstörten Sandsteinplateaus. Auf der nordöstlichen Mesa liegen die Dörfer Huálvi (auch Óbiki), Tsitsúmovi und ein von Tehuas bewohntes Dorf; auf der zweiten Mushángenëvi, Shebaúlávi; auf der dritten Shongóbavi und auf der nordwestlichen Oraivi, welches allein etwa die Hälfte der ganzen Moqui-Bevölkerung enthält.

Laut Census der Bevölkerung der Vereinigten Staaten vom 1. Juni 1850 zählten die Zuñis 3000, die Moquis bei 5000, jeder der übrigen Pueblos von 300 bis 900 Köpfe. Nach Angabe der Indianeragenten betrug dagegen im Sommer 1874 die Zahl der Moquis nur noch 1407, die der Pueblos in Neu Mexico 9500. Acht Schulen der letztern werden von 298 Kindern besucht.

Bei Vergleichung des Wortvorrathes obiger acht Pueblo-Sprachen zeigt sich allerdings eine gewisse Aehnlichkeit in den Lautverhältnissen, namentlich in dem Vocalismus derselben, und es stimmen auch, wenn man Quéres und Acoma sowie Moqui ausnimmt, folgende Ausdrücke sprachlich so ziemlich überein: Vogel, Blatt, Stein, Wasser, Sonne (mit Kopf und Kürbis), das Fürwort ich und die Zahlwörter zwei und drei. Obwohl nun fast alle Pueblo-Sprachen eine bedeutende Zahl von Vocabeln mit dem shoshonischen Sprachstamme gemein haben, so besitzen sie doch einen noch weit bedeutendern eigenen Sprachbestandtheil, und dieser veranlasst mich, diese acht Sprachen von vier Sprachstämmen herzuleiten, von denen der erste die vier Sprachen Isleta, Jemes, Tehua und Taos in sich begreift und den ich die Pueblo-Sprachen im engern Sinne nenne. Der zweite umfasst die Quéres-Sprachen: Acoma und Quéres;. der dritte ist der Zuñi-, der vierte der Moqui-Sprachstamm. Der letztere zeigt sehr grosse Verwandtschaft mit den shoshonischen Dialekten der Utahs, Comanches und Wihinasht und ist wohl in die übrigen Shoshonen-Sprachen als ein Dialekt derselben einzureihen.

Was die nachstehend bei den einzelnen Sprachen angeführten Wörtervergleichungen anbetrifft, so bemerke ich ausdrücklich, dass ich dieselben nicht durchweg als Beweise einer Urverwandtschaft, sondern meist nur als gleichklingend, parallel, ähnlich oder sich berührend angeführt habe. Namentlich gilt ·diess von den aus Central- und Südamerika beigebrachten Parallelen, über deren Affinität nur eine grössere Vertrautheit mit diesen Sprachen zu entscheiden im Stande ist, als ich zu besitzen mich rühmen kann. Das Chibcha-Idiom der Muyscas um Bogotá, das vielleicht ein linguistisches Mittelglied zwischen Südamerikas Andes-Sprachen und den Sprachen Nord- und Mittelamerikas bildet, habe ich noch nicht vergleichen können.

GESCHICHTLICHES ÜBER DIE PUEBLOS.

Trotz ihrer entfernten und schwer zugänglichen Lage mitten unter Wüsteneien und gefahrvollen, wasserlosen Bergschluchten, gelangte die Kunde von der Existenz der seither Pueblos genannten Völkerschaften doch schon bald nach Mexicos Eroberung an die Spanier. Als es nämlich in der Nähe der Meeresküsten keine Goldländer mehr zu erobern gab, griffen einige spanische Abenteurer gierig die Nachricht von einem unermesslich reichen und dicht bevölkerten Lande im fernen Nordosten auf, dessen Hauptstädte Cibola und Quivira seien. Alvar Nuñez Cabeza de Vaca brach mit einer kleinen Streifpartie auf, der sich Castillo, Dorantes und der Neger Estevanico anschlossen, durchzog 1536 einen Theil Neu Mexicos, wo sich die erhofften Schätze vorfinden sollten, und schilderte bei seiner Rückkehr alles Gesehene in so hinreissender Weise und in so glühenden Farben, dass die Absendung einer Regierungsexpedition dorthin beschlossen wurde.

Vicekönig Mendoza sandte auch wirklich 1540 tausend Mann Fusstruppen unter den Befehlen Fr. Vasquez Coronado's zur Eroberung des Wunderlandes aus. Derselbe zog der Küste des Stillen Meeres entlang nordwärts, erreichte den Gilafluss, wandte sich von da nach dem Rio Vermejo und sah die Stadt Cibola (d. h. Alt-Zuñi) auf hohem Felsen thronen. Nachdem er Tusayan (d. h. die Moqui-Pueblos?) unterworfen, zog er an einen Fluss, den man für den Colorado Chiquito hält, kam wieder an Cibola vorbei, erreichte den Sonorafluss (?), die Stadt Acuca, die auf einem hohen, langgestreckten Felsen liegt (s. Abbildung bei Schoolcraft IV, S. 26) und von den Zuñis noch jetzt Hakúkia, d. h. Felsenstadt, genannt wird, gelangte sodann nach dem stark befestigten Cicuyé, wohl das heutige Cia, und nach Tiguex am Rio Puerco. Nachdem das Heer dort überwintert hatte, führte Coronado dasselbe über den Rio Grande nach der Stadt Gran Quivira, die er auch nach Castañeda, dem Geschichtsschreiber dieses merkwürdigen Zuges, erreicht haben soll. Von da an nahm er Teyas-Führer in Sold und erreichte in 40 Tagen unter grossen Mühsalen Arache, vielleicht ein Punkt am Canadian River. Die Rückkehr des Heeres nach Mexico erfolgte erst 1543. Das ersehnte Gold fand man auf dem Zuge nicht, wohl aber eine friedliche, arbeitsame Bevölkerung, die nach den damaligen Berichten und den noch heute sichtbaren Ruinen eine weit dichtere gewesen sein muss als heutzutage.

Die Unterwerfung des Landes fand erst statt, nachdem die Spanier in ihren neuen überseeischen Besitzungen hinreichend erstarkt und heimisch geworden waren. Nachdem Beltran und De Espejo 1582 mit einem ansehnlichen Corps das Gebiet nochmals durchzogen hatten und bei den „Conchos, Jumanes, Quéres, bei

Zia, Acoma, bei den Ameges und Zuñis" vorbeigekommen waren, fand die Besitz-
nahme 1598 durch den Edelmann Juan de Oñate statt.

Durch Missionen von Franziskaner-Mönchen, die zuerst 1660 an der Junta
de los Rios in Chihuahua angelegt wurden, schritt das Werk der Christianisirung
allmälig auch unter den Pueblos vor. Durch das Bekehrungswerk und mehr noch
durch den Steuerdruck der Spanier zum Aeussersten gebracht, griffen die Indianer
zu den Waffen und metzelten am 10. August 1680 500 Weisse, darunter 21 Mönche,
mit kaltem Blute nieder. Auch die Moquis und einige Apaches-Ansiedlungen
empörten sich damals. Als 1692 ein spanisches Heer zur Bestrafung der Auf-
ständischen einrückte, ergab sich die gesammte Bevölkerung ohne Schwertstreich.

Auch im 18. Jahrhundert machte sich die Unzufriedenheit hin und wieder
Luft, doch mit ebenso wenig Erfolg. Ein Aufstand unter Armijo gegen die mexicanische Centralregierung wurde 1638 gedämpft. Während des Krieges mit
Mexico rückte der Amerikaner Kearney mit 1658 Mann und 16 Kanonen in Neu
Mexico ein und besetzte die Hauptstadt Santa Fé am 18. August 1846. Das Gebiet wurde 1854 durch den Gadsden'schen Landkauf im Süden des Gila erweitert
und 1858 in zwei Hälften geschieden, von denen die eine, Arizona, 113916, die
andere oder Neu Mexico 121201 engl. Quadratmeilen umfasst.

Die Pueblo-Indianer sind genügsam, verträglich, arbeitsam, intelligent und
bedürfen der jährlichen Zuschüsse nicht, die die amerikanische Regierung an so
viele andere Stämme verabreichen lässt. Dennoch fehlt es ihnen durchaus an der
Energie, die wir bei den Angloamerikanern, namentlich in den nördlichen Gebieten der Union, durchweg antreffen. Gewiss ist diese Erscheinung hervorgerufen
einerseits durch das Gefühl ihrer geistigen Unzulänglichkeit im Wettstreit mit der
Cultur der weissen Race; es trägt aber auch dazu bei die erschlaffende Wärme
der dortigen Sommer und der Hang zu sinnlichen Excessen, namentlich hervorge-
bracht durch unmässigen Genuss des aufregenden rothen Pfeffers, span. chile,
den mehrere Stämme in solcher Quantität zu sich nehmen, wie wir Kartoffeln oder
Obst. Alle Pueblos sind erfüllt von heftigem Hass gegen die Mexicaner, und da
sie eine Tradition besitzen, wonach ihnen ein Volk, das im Osten wohne, Heil und
Erlösung bringen solle, so betrachten sie die Amerikaner als ihre Freunde.

Ihr persönliches Aeussere schildert H. H. Bancroft in folgender Weise: „Die
Pueblo- und Moqui-Indianer sind von geringer Körpergrösse; die Statur der Männer
übersteigt selten fünf Fuss; Hände und Füsse sind klein, die Gesichtszüge aus-
drucksvoll und scharf geschnitten, die Augen hell und lebhaft, Bau, Haltung und
Gebärden einnehmend. Ihr Haar ist dunkel, weich und fein, ihre Haut hellbraun.
Die Frauen erreichen nur selten eine Körpergrösse über vier Fuss; sie sind be-
leibt und aus ihren dicken Gesichtchen strahlt Anmuth und Verstand, ihr Gang

ist leicht und graziös. Man findet Albinos unter ihnen, die mit sehr weisser Ge-
sichtsfarbe, blondem Haar, blauen oder röthlichen Augen ausgestattet sind." (Native
Races, Bd. I., S. 529—30.)

Es kann kein Zweifel darüber herrscheu, dass das obere Flussgebiet des
Rio Grande und das Quellgebiet des Rio San Juan mit allen seinen Zuflüssen
früher stärker als jetzt bevölkert und der Sitz einer eigenthümlichen Cultur war.
Oestlich vom Rio Grande liegen die Ruinen von Abo, Quarra, Grau Quivira; im
Jahre 1692 waren ferner noch bewohnt San Marcos, San Cristobal, Socorro, Senacu
und das erst kürzlich verlassene Pecos. Bei Jemes liegen in Ruinen die Ortschaften Ateyalá-keokvá und Bato-kvá. Die bei Zuñi gelegenen Ruinen sind oben
erwähnt; dazu kommen noch sieben festungsähnliche, zerfallene Pueblos am Cañon
de Chaco, je zwei derselben am Rio de Chelle und am Cañon largo, und je eine
mächtige Ruine auf den Mesas des Rio la Plata und Rio de los Animas.*) Die
Ruinen von Chettro Kettle zeigen noch die Reste von sechs Estufas, jede zwei
bis drei Stockwerke hoch. Die Bauart war schon stufenartig wie heutzutage und
wich bei einzelnen Pueblos nur darin ab, dass ein grosser Hof angebaut war,
der von einer hohen Mauer eingefasst wurde. Simpson hat in seinem Werke versucht, eine solche Ruine in idealer Weise auf dem Papier wiederherzustellen.
Schon Coronado fand ein geregeltes Regierungssystem bei den Pueblos vor, und
aus einer frühern Blütheperiode dieser eigenartigen Cultur schreiben sich wohl
auch viele der in unsern „Anhang" erwähnten Bildwerke her. Castañeda spricht
von siebenzig Städten in dem neuentdeckten Lande und möglicherweise gehörten
sie den fabelhaften Königreichen Quivira, Totonteac, Marata und andern an, durch
deren Ruf die Spanier dorthin gelockt worden waren. Sieben Pueblos benannten
sie Cíbola oder Cévola, nach dem bos bison oder „wilden Ochsen", d. h. Büffel,
den sie dort zuerst antrafen (cíbolo: mexicanischer Ochse).

ISLETA.

Schon bei flüchtiger Betrachtung der Worttafeln fällt die grosse Uebereinstimmung der Isleta-Vocabeln mit denen von Taos und mehr noch mit denen von

---

*) Lieutenant G. M. Wheeler, Leiter mehrerer wissenschaftlicher Regierungsexpeditionen
westlich vom 100. Meridian, hat vorletztes Jahr (1874) zwölf ruinirte Pueblos entdeckt, die alle
in demselben Festungsstil angelegt waren und die Ufer von Nebenflüssen des Rio San Juan
beherrschten. Denen, welche den Pueblos eine südliche Herkunft zuschreiben, mag folgende
Stelle aus Bancroft, N. R., I, pag. 713 erwünscht sein: In Nicaragua wohnen um den 12° und
den Blowfield River herum folgende Stämme: Albuatinas, Tahuas, Panamckas, Jaras, Taos,
Gaulas etc. . . . . . Ramas. —

Jemes auf, während die Tehua-Sprache schon beträchtlich absteht. Die Consonanten des Isleta scheinen ursprünglicher zu sein als die des Jemes, wenn ein aus Beispielen wie Isl. *p'-a, puai, adpa* : Jem. *fula, fosr, tafa* (und andere mehr) gezogener Schluss gerechtfertigt ist, denn es lassen sich auch Beispiele für Ursprünglichkeit von Jemes-Formen anführen : Jem. *krc-e*, lebendig, Isl. *ua-c; kra* Zähne, *u-ē; tsola* Gesicht, *tchūa.*

Isleta besitzt einen Ueberfluss an Nasalen und an *sh, tch, ll*, ermangelt dagegen des *ks (x)* und des *ts (z); f* ist nicht sehr häufig, *l* häufiger als *r*. Es treten Consonantenverbindungen auf wie *pf, khl, ng, mn,* die Silben und Wörter lauten jedoch fast durchgehends vocalisch aus.

Wir besitzen fast gar keine Anhaltspunkte zur Aufstellung grammatischer Regeln für diesen Pueblo-Dialekt. Eine Art von Declination scheint die Nasalirung des Endvocals anzuzeigen in *tlä·kui* Rinde und *pä·tli* Salz, verglichen mit *tlä* Baum und *p'-a* Wasser. Zeitwörter lauten meist mit *a* oder *ha* an, und diess ist daher wohl das Personalpronomen der dritten Person. Diesem Dialekte ist die stark betonte Endung *-dd (-idd, -add)* eigenthümlich, die an Appellativa von Thieren, Menschen und deren Verwandtschaftsgraden, von Gestirnen, Jahreszeiten, atmosphärischen Vorgängen und an das Wort Feuer angehängt wird. Ihr entspricht im Taos ein seltener auftretendes finales *-d*, und beide sind wohl Reste eines Demonstrativpronomens, wodurch belebte oder als lebendig gedachte Wesen hervorgehoben werden sollen *). Dieselbe Partikel besitzt das Dakota, und dort wird sie mit ausserordentlicher Emphase betont. — Die Zahlwörter des Isleta stimmen besser mit Tehua als mit Taos oder Jemes, im Ganzen ist aber doch bloss wenig Uebereinstimmung vorhanden, und es deutet diess auf eine bereits sehr lange andauernde locale Trennung dieser Stämme. Viele Adjectiva, namentlich die, welche Farben bezeichnen, endigen auf *i-i* und *u-i*, während sich diese Endung bei Substantiven seltener vorfindet.

Obwohl die meisten Isleta-Indianer geläufig spanisch sprechen, so haben sie doch sehr wenige spanische Wörter in ihre Sprache aufgenommen. *Aerelui* Frühjahr enthält wohl spanisch *abril;* für Pferd findet sich jedoch hier (und im Tehua I) ein nationales Wort, das Isletisch *guniäd* lautet, obwohl fast alle Stämme an der mexicanischen Gränze sich das spanische *caballo* in den verschiedensten Gestaltungen angeeignet haben. Dass *man* (Hand) nicht dem Spanischen entnommen sei, dafür zeugt die allgemeine Verbreitung dieses Wortes in den Nahuatl-, sonorischen, shoshonischen und Pueblo-Sprachen, sogar in der Kechua-Sprache Perús, wo es *maki* lautet.

*) Ueber eine ähnliche Endung *-ē* im Moqui s. d.

Da in unserm Worttafeln das Isleta nahe genug bei Jemes, Taos und den Tehua-Sprachen steht, um rasche Vergleichung zu ermöglichen, so lassen wir es hier bei den oben angeführten Congruenzen bewenden.

Die Berührungen mit der in ihrer Anlage grundverschiedenen Quéres-Sprache sind höchst vereinzelt, häufiger dagegen die mit den entfernter wohnenden Zuñis:

llalē Boot, Zuñi *thlēloni*	*panidd* Schuee, Zuñi *upinaive*
kä-av Moccasins, Zuñi *(mó-)kuovi*	*to-uiniidd* Winter, Zuñi *tianaye.*

Mit Moqui berührt sich Isleta in Ausdrücken wie: Gesicht, Auge, Hand, vermuthlich auch in Herz, Blut, Haus, Pfeil, Sonne, weicht dagegen in allen Cardinalzahlen, mit Ausnahme von drei, völlig ab.

Nachstehende Uebereinstimmungen mit dem Kiowa sind zwar sehr auffallend, beweisen aber noch keine Stammverwandtschaft mit diesen Nomadenhorden. Isleta hat überall vollständigere und daher ältere Sprachformen:

Isleta *natüai* Ortschaft, Kiowa *tuöi*		*p'-aiade* todt, Kiowa *peto*	
pa-a-idd Feuer, K. *pia*		*tchori-i* gelb, K. *cörta*	
b'-atui weiss, K. *-'tai*		*k'-auva* Hals, K. *k'-aul*, Utah *kurarh.*	

Sehr vereinzelt sind die Berührungen mit den Apache- und Yuma-Dialekten; im Pima finde ich bloss das Zahlwort eins, Isleta *uima*, Pima *yumako* ähnlich klingend. Isleta *p'-e* Kopf, *köbe* Schenkel heissen im Dakota *pa; hu, huha; pŭ-ai* Nase, Dakota *poge, putc.*

Aehnlichkeit mit Guarani am La Plata zeigt Isleta in *tē* Bauch Guarani *tié, tebé; köbe* Schenkel, Guarani *cupi* (nasales *i*); *béa* Herz, Jemes *pe-el*, Guarani *pia-á; huére* Bogen, Guarani *guirapi.*

Mit dem Aztekischen berührt sich Isleta in Ausdrücken, die es meist mit Jemes gemein hat, s. Jemes.

JEMES.

Simpson beschreibt diesen im Thale des Jemes, eines rechtseitigen Nebenflusses des Rio Grande gelegenen Pueblo ausführlich und giebt bildliche Darstellungen der dortigen Estufa, sowie des Mais-Tanzes der Jemes-Indianer (*yupellē*, S. 17). Vergl. auch O. Loew's Schilderung in Petermann's Mitth. 1874.

Bau und Wortvorrath dieser Sprache gleicht durchaus dem des bloss dialektisch verschiedenen Isleta. Die Wortstämme sind hier wie dort ein- oder zweisilbig; was über die Zweisilbigkeit hinausgeht, dürfte meist als Zusammensetzung anzusehen sein. Die Lautverbindungen *ks* und *ts* kommen auch hier nicht vor, dagegen *f* häufiger als im Isleta, und *tla, tle* wird hier durch *tia, tie* ersetzt. Die Isleta-Worte erscheinen hier (und im Tehua) oft in eigenthümlicher Weise vocalisch gedehnt: Isleta *hi-au* Fels, Jemes *kea-a*; Isleta *kai* Blatt, Jemes *ha-a*, Tehua I *ko-o-a*, Tehua II *kŏ-a*, Tesuque *kŭ-ko-ua*; Isleta *kiye* Federn, Jemes *keata*. Die für Isleta charakteristische Endung *-dd* findet sich hier einigemale durch *-a* ersetzt. Auslaut der Silben sowohl als der Worte ist auch hier fast stets vocalisch. Vocale werden sehr häufig nasalirt, namentlich das *u*. Rauhe Kehllaute hat Jemes nicht, auch *r* fehlt ihm, vergl. Isleta *na-lliram* heiss, Jemes *tchila*, oder tritt doch bloss in Fremdwörtern auf (*bŏ-shur* Tag).

Lexikalische Berührungspunkte mit dem entfernten Moqui (s. d.) sind selten, etwas häufiger mit dem nähergelegenen Pueblo Zuñi:

Jemes *hē-ĭ* Volk, Zuñi *hŏ-ite*		*haa* Blatt, Zuñi *háve*	
yakra Feuer, Zuñi *mäki*		*hŏshulo* roth, Zuñi *shílora*	
kea-a Stein, Zuñi *áve*, Yuma *ovī*		*keapu* todt, Zuñi *káppa*.	

Von den shoshonischen Sprachen zeigt sich das Comanche in folgenden Vocabeln mit Jemes, das darin meist mit Isleta stimmt, verwandt: *mä* Finger, Comanche *massit*; *hŏmakye* Abend, Comanche *jehume*; *nŏ-osh* kalt, Comanche *etcho*; *ne*, *ungva*, *na-ä* ich, du, er, Comanche *un*, *unoso*, *ennes*.

Uebereinstimmungen mit Utah sind wohl da, erscheinen aber meist verwischt; um so klarer zeigen sich solche mit den Sprachen Obercaliforniens: Jemes: *baboye* älterer Bruder, Kechi *popvt*;

p'-a Wasser, Netela *pal*, Kizh *bar*	*nŏ-osh* kalt, Kizh *otchŏ*, *otsŏ*
pa-kva Fluss, Kizh *pa-xait*	*pŭ* eins, Kizh u. Netela *pukä*.

Dem Kiowa entspricht Jemes in folgenden Vocabeln, worin es meistens völlig von Isleta abweicht:

mä-lash Hand, Kiowa *mŏrta*	*tä-h-l* Winter, Kiowa *tuh*
p'-ĕ Sonne, Kiowa *pai*	*pŭ* eins, Kiowa *páko*
p'-a Mond, Kiowa *pa*	*pento* fünf, Kiowa *onto*
mieshtye sechs, Kiowa *mosso*	*doyo* Haus, Kiowa *tu*
kiu-ne Fleisch, Kiowa *ki*	*pela* Thal, Kiowa *pĕ-eti*.

Das Yuma berührt sich mit Jemes nur in *fose* Nase, Cuchan: *hŏtche*, *hŏs*; *hotchen* Häuptling lässt sich vielleicht mit Cuchan *cohŏtĕ* zusammenstellen; diess enthält wenigstens in *-hŏtĕ* das Jemes-Wort *hē-ĭ*, Zuñi *hŏ-ite* Volk.

Eine Vergleichung der Jemes-Worttafeln mit denen der Tinne-Sprachen lieferte bloss unsichere Anhaltspunkte. Mit Dakota scheint dagegen Berührung stattzufinden in *tula* Hals, Dakota *dole*, *tahu*; *hŭ* Knochen, Dakota *hu*, *huhu*; *kiu-ne* Fleisch, Dakota *konika*; *ralo* Bär, Dakota *varank* (*-sika*); *ramo-i* sehen, Dakota *vanyaka*.

Mit der Sprache der Azteken zeigen Isleta und Jemes in manchen wichtigen Worten Aehnlichkeit: *man*, *mä* Hand, Aztek. *ma-itl*, *to-ma* Hand, Arm (*ma-pilli* Finger).

kö, kü Fuss, Isleta *ëkü* Zehen, Aztek. *kho* in *kho·pilli* Zehen.
Isleta *to-uinidd* Winter, Aztek. *tonalco* Herbst.
Jemes *kiano* Hund, Aztek. *itskintli.*
Jemes *vil* vier, Aztek. *naui, nari,* Tlaskalt. *navui.*
Isleta *nun* dieser, Aztek. *inin.*
Dem Spanischen entstammt *kavayo* Pferd, dem Frz. *bö-shur* Tag, *kala-shur* heute; diese letzten Ausdrücke gelangten wohl eher von den französischen Kolonieen am untern Missisippi nach den Pueblos, als von den in den nördlichen Gebieten der jetzigen Vereinigten Staaten angesiedelten Franzosen.

TEHUA.

Diese uns in mehreren Dialekten vorliegende Pueblo-Sprache steht Isleta und Jemes näher als jedes andere der hier behandelten Idiome und theilt mit diesen beiden die Eigenschaft, mit den Quéres-Dialekten wenige lexikalische Berührungspunkte zu besitzen. Dagegen zeigt sie mehr Aehnlichkeit mit Kiowa und Moqui als Jemes. Obwohl jeder der drei Dialekte einen ziemlich ansehnlichen Wortvorrath für sich besitzt, so sind doch die Unterschiede zwischen denselben in den gemeinschaftlich besessenen Wörtern nicht sehr bedeutend, wie die oben angeführten Vocabeln und nachstehende Beispiele darthun:

Tehua I.		Tehua II.	Tesuque.	Tehua I.		Tehua II.	Tesuque.
ia (·kom)	Blut	*ü*	*ä'-*	*larente*	Frühling	*ta-andé*	*to'-oudï*
loyá	Häuptling	*tuyó*	*to-uyá*	*vä*	Wind	*uä*	*mua-o*
shu'-	Pfeil	*su*	*tsu*	*'l*	See	*po·k'-ue*	*pö-kuä*
gi-ema	Freund	*k'-ema*		*kueko*	Eisen	*goáko*	*kuanku*
shá	Tabak	*sa*	*sä*	*hökvi*	Rinde	*ä-ä*	*(pä-)ko-uä*
b'-o	Mond	*p'-o*	*p'-ho*	*tche-i*	weiss	*tsá-i*	*tsainh*

Bestimmte Lautgesetze aus diesen Zusammenstellungen schon jetzt abzuleiten ist kaum räthlich, da die graphischen Methoden der verschiedenen Sammler untereinander abweichen, und da namentlich die Anlautsconsonanten, wie im Gälischen, nach Maassgabe des vorangehenden, oft auch des nachfolgenden Lautes, Veränderungen erleiden. Das Tesuque scheint bei vielen Lautverbindungen die Mitte zwischen Tehua I und Tehua II zu halten. Dav. V. Whiting's Tesuque-Vocabular, dem obige Tesuque-Wörter entnommen sind, findet sich bei Schoolcraft, Indian Tribes III, 446 und in Buschmann's Neu Mexico abgedruckt. Ob diejenigen Wortstämme, worin die einzelnen Dialekte unter einander abweichen, der Tehua-Sprache angehören oder Lehnwörter sind, kann bis jetzt nur bei einer geringen Zahl derselben entschieden werden; Zahlwörter und Personalpronomina stimmen fast durchweg mit einander überein.

4

Die Untersuchung des Wortlautes der Sätze, die Herr Oscar Loew in San Juan aus dem Munde eines Tesuque-Indianers niederschrieb und in den Ortschaften Tesuque und Nambé verificirte, lässt uns auf folgenden grammatischen Bau der Tehua-Sprache schliessen.

Das Material dieser Sprache ist aus kurzen und anscheinend stark abgeschliffenen, ein- oder zweisilbigen Stämmen zusammengesetzt, deren Silben das Grundschema Consonant + Vocal aufweisen. Einige Silben endigen freilich consonantisch und zwar meist in Liquidis, grössere Consonantenhäufungen treten jedoch nirgends zu Tage. Die Vocale sind sehr häufig nasalirt.

Eine Declination des Nomens scheint nicht zu existiren, wenigstens spricht kein Beispiel dafür, es sei denn, dass man *ruyie* zwei als Plural von *ruy* eins auffasst. Da es jedoch im Tesuque eigene Formen für die Demonstrativ- und Fragepronomina giebt, welche anzeigen, ob das beigesetzte Nomen als belebtes oder unbelebtes Wesen gedacht wird, so lässt sich auch für die Rection des Nomens auf eine solche Unterscheidung schliessen. Nachstehend folgen diese Pronominalformen :

Sing. dieser (belebt) *nĭ turĭ*, (unbelebt) *nĭ hĭ ni*
      jener (belebt) *ohĭtu-n*, (unbelebt) *ohi hĭ ni*
Plur. diese (belebt) *nĭ intu-n*, (unbelebt) *nĭ in hĭ ni*
      jene (belebt) *onĭ ri quĭ pĭ*, (unbelebt) *ohi gĭ-na pĭki*
      welcher? (belebt) *to non mĭ*, welcher? was? (unbelebt) *hĭ ono mĭ*.

Für wir giebt es ausserdem eine Form, deren Gebrauch den Angeredeten mit einschliesst: *takirĭ*, und eine andere, durch die dieser ausgeschlossen wird: *niyrubŏ*; die erstere derselben ist mit *hiri*, *hire* „in der Nähe" zusammengesetzt. Dem Verbum wird jedoch die genauere Unterscheidung dieser zwei Fälle des Wir nicht immer beigefügt.

Adjectiva, selbst wenn sie als Prädicate gebraucht werden, und Zahlwörter stehen in der Regel vor dem zugehörenden Hauptworte. — Fragepartikeln stehen im Satze voran. Ein Verbum substantivum existirt nicht; entweder deutet die Satzstellung es an oder es wird durch persönliche Fürwörter ersetzt. So heisst im Tesuque *mahé* sowohl: „krank", als: „ich bin krank". *kavayo fenle* „schwarze Pferde" und „die Pferde sind schwarz".

Ueber die Zeitwortsflexion Folgendes: Das Präteritum scheint durch ein eingeschobenes *a* oder *na* angedeutet zu werden, das Futurum durch *tá* oder *taa*, *kan-tá*, *k'-....ta.* So heisst „ich esse" *te huiyo*; ich werde essen: *o hu kun tá* ich habe gegessen: *na te hunya.* Der Begriff „arbeiten" wird durch eine Futurform ausgedrückt: *ya khan to a mé*, und *to* steht hier für *ta.* Die Negation besteht aus einer Doppelpartikel *re....he*, *v'....he*, in deren Mitte das Zeitwort eingeschoben wird: ich esse nicht *re te huiyo be*, ich werde nicht essen *ro hu kan-tá be*. In ähnlicher Weise werden Negativformen von Adjectiven gebildet: Tesuque: *gnairá* gut, *gnairapē* böse, schlecht. Adjectiva, auch solche mit Participialbedeutung, haben meist das Präfix *na* (nicht im Tesuque); vielleicht ist diess die Partikel *nē* „hier“, vielleicht *na*, das Pronomen der ersten Person, welche beide überdiess wohl denselben Ursprung haben. „Ich höre“ heisst ebensowohl *oto na*, als *na oto*. *Vayeako* heisst viel, viele: „ich habe viele Pferde“: *ray a kring karayo ko*, und *ray* wird somit von *ko* getrennt.

Ueber das Verhältniss des Tehua-Wortschatzes zu dem des Isleta, Jemes und Taos habe ich mich bereits oben geäussert. Es findet sich hier zum ersten Male eine grössere Zahl von Coïncidenzen mit der sonst so selbstständig dastehenden Quéres-Sprache, und zwar z B. wie folgt:

kri, kut, kuye Weib, Acoma *ko*, Quéres *kue*, Kiowa *kiúng*.

tsiré (Tehua II) Vogel, Quéres *si-i-sek*.

ki-é (Tehua II) Bär, Acoma *kraya*, Taos *ke-and*.

Die in den vier Pueblo-Sprachen gleichlautenden (oben angeführten) Wörter stimmen im Quéres nicht.

Vergleichungspunkte mit Zuñi bieten folgende Vocabeln:

tata Vater,	Zuñi *tátchu*	*shobó* Bart	Zuñi *sipímire*		
kaka Schwester	*ikana*	*kúcle* Axt	*kteli*		
krihia Weib	*ókia*	*ûng, ā* Fuss	*oué (akuiore)*		
penyáre Gras	*péve*	*kve-ushe-co* Kessel	*wákishi*		
ŏ-o, Tesuque *ŭ* du	*tóo, tóho*	*ungra* Mund	*ávatin, ámavē*		
shu Pfeil	*shó-oli*	*si* Bauch	*tsúcle*.		

Wohl noch bedeutsamer sind die zwischen Tehua und Moqui bemerkbaren Wortaffinitäten:

ma, mang Hand, Moqui *makhdo* (*maa-tá* Arm)

ū Blut, Moqui *ûngra*, Kiowa *um*

tang, tan, Tesuque *ta* Sonne, Moqui *tahua*

tá Gras, Moqui *tā(ashaga)*

ta-u, ta-au Fichte, Moqui *teraē*

bá'- Büffelzelt, Moqui *abá*

ko-ote Maiskorn, Moqui *ga'-ē*,

kōyo Coyotewolf, Moqui *kueuē*

tchie Vogel, Moqui *tsi-i*

kūkŭ Flügel, Moqui *krahŭ*

hua, gua Ei, Moqui *nchŭ*

akiele stark, Moqui *eokala*

poye drei, Moqui *pahio*

ausserdem mehrere Personalpronomina.

Am zahlreichsten und bedeutsamsten sind aber die Ausdrücke, in denen sich Tehua mit Kiowa berührt:

shobó, soro Bart, Kiowa *sénpo*

pó, bó Schenkel, *pairas*

p'-a Feuer, K. *pia*

tangkole Eis, *tínkia*

tupó Häuptling.   Kiowa *tanpúa*   *hökri* Rinde,   K. *toncöi*
téhua Haus (Name des Volkes)   *tu*   *tse, tchie* Hund,   *'-ntse-i ö*
tsiyo, Tesuque *siyo* Messer,   *Ilik-ho*   *tong* Hirsch,   *ton(-kieni)*
b'-o, p'-o Mond,   *pa*   *nä* ich,   *no*
lip'-o Schnee,   *ti* Winter, *pa* Wasser   *poye* drei,   *páo*
sowie die Farben: weiss, blau und grün.

Das Comanche und die shoshonischen Sprachen im Süden des Staates Californien bieten folgende Vergleichspunkte dar:

tchi Auge, Kizh *tsotson, tchotchon* (Yuma *dótche*); *tang, ta*'- Sonne, Kizh *tamet*, Netela *temit, temet*; *pi-i* roth, Comanche *pissap*; *pi* Brust, Comanche *pitsi* weibliche Brüste; *anyá* Salz, Comanche *ónahap*; *pi* Herz, Comanche *(ne-)bigk*; *ruyie* zwei, Kizh und Netela *weche, huche* Comanche *waha*, Chemehuevi *wayi* (Cuchan *ha-vik*); *navi paré* mein älterer Bruder, Kizh *ni pi-ets*, Netela *na páis*; *nakhu* Nacht, Kizh *ya-uke, ya-nket*.

Die Yuma-Dialekte scheinen ausser den zwei obigen Ausdrücken wenige Parallelen darzubieten; dagegen hebt Buschmann (Neu Mexico, S. 283) aus den übrigen Sonora-Sprachen Aehnlichkeiten hervor mit Tesuque *pi* Herz, *pö* Wasser; ferner mit *ñ* du, Tepeguana *u* dein; *ta* Sonne, Cahita *taa*; *tahri* Tag, Cahita *tacuari*.

Das Apache, als das südlichste Glied des ausgebreiteten Tinne- oder Athapaska-Sprachstammes, bietet folgende nicht zu übersehende Parallelen, die sich freilich weder auf Zahlwörter noch auf Pronomina der Person erstrecken:

tkhö Nase,   Apache *tchi*, Návajo *tsi*   *ishung* Salz,   Apache *ishl*
enoke-ele Bogen, Apache *il ki*   *tchi-e* Hund,   Apache *litchane*.
akä Feuer,   Apache und Návajo *kö*-   *tchi-e* Vogel,   Návajo *tsi-li*.
p'-o Wasser,   Apache u. Návajo *to*, Kiowa *'-tä*   *tche* Flügel,   Apache *tsa*.
to-a welcher,   Apache *ti*   *té* Wald,   Apache *tchi*.
hoy ja!   Apache *ha-au*, Návajo *au*'-.

Mit Wichita lassen sich folgende Parallelen aufweisen:

krihia Weib,   Wichita *kiihak*   *tchi-e* Hund, Tesuque *tsai*,   Wichita *kitcha*.
nahïkri Berg, Wichita *neyokaiti* *nahé* böse,   Wichita *nau-aula*.
ka-abe acht, Wichita *kro(-taua)*.

Aztekische Berührungspunkte:

tata Vater.   Azt. *tatli, tetu*; auch in Quiché *(tat)* und Palin *(táta)*.
toyä Häuptling   Azt. *teeutli*   *koyo* Coyote, A. *coyotl* Fuchs, Vierfüsser.
tchi-e Hund,   A. *tchitchi* Hund 2) saugen, *yo* nein!   A. *iyo*,
ma Hand und *ko* Arm, Glied, s. Jemes. — *tse, tche* sieben, A. *tchi(-come)*.
tikuä Regen,   Azt. *kian-tl*.   und andere Zahlwörter, s. u
gähäyi gross,   A. *ikhatchi*.

Obwohl fast alle umliegenden Sprachgebiete Parallelen zu Tehua aufzuweisen haben, so haben sich doch im Pima und im Tonkawa keine solchen vorgefunden. Lehnwörter aus dem Spanischen sind *karayo* Pferd, *bino* Wein, *bunto* Esel (aus *burro*), *oro* Gold, *nava* Feld, *palomo* Taube, vielleicht auch *oya* Gefäss *(olla?) uilá* Tag *(un dia?)* vergl. *tchandi* gestern, *tandi* morgen; *heng*, Moqui *lengi* Zunge *(lengua?)*. Dem Französischen scheint entlehnt zu sein „böse": *ni-era-bono-mobé (bon ou mauvais)*.

Auch Südamerika, namentlich das weitentfernte Araucanische oder Chilidugu, liefert manche merkwürdige Analogieen zu Tehua:

tchi, *tse* Auge, Chile *ge*   *ku, k'-u, kü* Stein, Chile *cura*
                                éniu Knabe, Ch. *hueñi*
ko, Tesuque *kho* Arm, Ch. *cuu*   *nakyé, akiele* stark, Ch. *nehue*.

Das Moxo in Bolivia. *pe-khó* Knochen M. *copè, opè; sa, sha* Tabak, M. *sabarè*, Kechua *sayri; tikuá* Regen, M. *tiquibò; guà* Ei, M. *toà*.

Die Guarani-Sprachen zeigen Analogieen in:

(mang-)ko Finger, Guarani *(pò-) quá*, sprich *kà* *tip'-o*, Schnee (Teh. II) Gu. *roi ripüi-*
pi, pi Herz, Gu. *piau*   *kè-è* Hügel, Berg, Gu. *cui*
gáhäyi gross, Tupi *goaçú*   *nakana* Wald, Gu. *coí-änä*.

Beim Ueberblick dieser reichhaltigen Parallelenreihen finden wir uns von dem grossen Antheil überrascht, den die shoshonischen Sprachen an der Bildung des Tehua-Wortvorrathes gehabt haben. Besässen wir ausführliche Sprachlehren des Kiowa, Moqui und Tehua, so würden wir sofort entscheiden können, ob das Tehua eine Shoshonen-Sprache sei oder nicht; da aber bei aller sonstigen grossen Uebereinstimmung weder Zahlwörter noch Personalpronomina noch die Theile des menschlichen Körpers grosse Affinität zeigen, so muss einstweilen ein bestimmtes Urtheil noch unterbleiben, bis eine grössere Fülle von Sprachstoff vorliegt. —

TAOS.

Unser Wortverzeichniss der Taos-Sprache ist 1674 von Dr. Yarrow, einem der Wheeler'schen Expedition mitgegebenen talentvollen Naturforscher, nach G. Gibbs' Lautbezeichnungsmethode an Ort und Stelle aufgenommen worden.

Taos stimmt mit Jemes, Tehua, vornehmlich aber mit Isleta gerade in solchen Ausdrücken völlig überein, die für Stammesaffinität am beweiskräftigsten sind: Die Verwandtschaftsgrade und Zahlwörter, einige Fürwörter und Theile des menschlichen Körpers und Ausdrücke, wie Sonne (Tag, Morgen), Eis, Erde, Berg, Fleisch, Bär, Vogel, Ente, gelb und schwarz, heiss. Dennoch weicht Taos in einer beträchtlichen Zahl wichtiger Ausdrücke völlig von den Schwesterdialekten ab, welche aber trotzdem aus der gemeinsamen Pueblo-Sprache geschöpft sein können. Das Englische und Scandinavische besitzt ja ebenfalls viele ächtgermanische Wörter, die im Deutschen oder wenigstens in der deutschen Schriftsprache sich nicht mehr vorfinden oder doch nur schwer darin aufzufinden sind, wie z. B. *kill* tödten, das wir nur noch in der Perfectform soll *(s-kal)* besitzen. Dass jedoch unter den abweichenden Ausdrücken sich viele Lehnwörter aus den umgebenden Sprachen auffinden lassen, wird Jedem klar werden, der die untenstehenden Wortlisten aufmerksam durchgeht.

Die Laute *d*, *kh* und *r* sind verhältnissmässig selten, häufig dagegen *tch*, *ts* und *f*, welches mit *p* und *h* in Tehua-Wörtern alternirt. Eine eigene Form für den Plural scheint nicht vorhanden zu sein, da die tonlosen Endungen -*au*, -*ane*, -*ana*, -*nen*, die sich bei den meisten Thier- und Baumnamen, auch bei Wasser, Eis (Salz *enye*) finden, doch schwerlich als Pluralformen zu betrachten sind. Ueber das mit emphatischem Hochtone ausgesprochene -*d*, -*nd*, -*é* im Auslaute der Verwandtschaftsgrade u. s. w. habe ich mich bei Isleta ausgesprochen, s. d. Zeitwörter endigen häufig auf -*a*. Zusammengesetzte Wörter sind etwas häufiger als im Isleta und Tehua.

Mit dem nahe gelegenen Quéres-Sprachgebiet zeigt sich Aehnlichkeit in folgenden Ausdrücken:

Taos: *ohny* Nase, Acoma-Quéres *euy-shin*.

- *(pes)kraisó* Hals, Qu. *sh-kaui*. Ki. *k'-oul*.
- *kvanná* Axt (*sa-krin* Eisen), Ac. *op-kaun*, Teh. II *ku-ui*.
- *su(-linú)* Vogel, Qu. *si(-isek)*.
- *tchu-ula* Truthahn, Ac. *tsina*, Qu. *tchi-inu*.
- *sa-ta* Sonne, Ac.-Qu. *oshatch*, Ute *ta'-b*, Isl. *toridd*, Moq. *táhua*.

Die einen dieser Sprachen haben für Sonne *sa*, die andern *ta*; Taos vereinigt beides.

Im Zuñi werden die Zahlwörter nach der quinären Zählmethode gebildet, im Taos nicht, und eine wirkliche Sprachverwandtschaft findet zwischen den beiden Stämmen nicht statt, obwohl nachstehende Ausdrücke übereinstimmen:

sápana Bart, Zuñi *siponice* (Kiowa *sénpö*)	*tucan* Abend, Zuñi *terani*.	
palyu Freund, Z. *kiáyi*	*ilap* Federn, Z. *láve*.	
bihio drei, Z. *háhi* (Kiowa *páo*)	*yalahu* singen, Z. *téna-u*.	
ho-ená nein, Z. *holó* (Kiowa *hoani*)		

Der Wortvorrath, den Taos mit Kiowa gemein hat, ist sehr beträchtlich, denn ausser den drei Ausdrücken „Bart, drei, nein" stimmen:

papand älterer Bruder, Kiowa *papie*	*kanen* Büffel, Kiowa *kol*,	
tsamuno Boot,	K. *tsu* (wohl Höhlung), *kiavato* stark, K. *kut*.	
napá Erde, Land,	K. *pai* (Moqui *péve*), *piu* todt,	K. *pétö*, (Moq. *páhio*).

be-an Hügel,   K. *pi-eti*,   *vaula* jener, K. *u-ila.*

sa-ané Holz,   K. *saios*,   *eluha* sprechen, K. *emlämki.*

Fast überall zeigt Taos eine vollere, alterthümlichere und weniger abgeschliffene Form.

Die vom Taos dialektisch etwas abweichende Picuri-Sprache soll von den Apachen eine grössere Anzahl Ausdrücke angenommen haben als jene. Einige Haufen von Jicarillas-Apaches bewohnten nämlich in Gemeinschaft mit einer Utah-Abtheilung eine in der Nähe der Picuris gelegene Reservation. Unsere Hülfsmittel geben bloss folgende Vocabeln an die Hand, welche Taos mit Apache gemein hat.

     tchunu(-o-rayé) Herz, Apache *itchi, tchi, tsu-li.*

     kana Mond, Apache *kli-una-ai*, Tonto *h'-lá.*

     tsuden Hund, Ap. *lilchane*, Tonto *tsala*, Azt. *tchitchi.*

     tchu-li gelb, Ap. *lilsu*, Náv. *silsu.*

Demnach hätte die Berührung nur wenig Einfluss auf den Taos-Wortschatz geübt. —

Die Yuma-Dialekte weisen ausser den obigen zwei Tonto-Ausdrücken wenig Gemeinschaftliches auf, vergl. *lago-lamá* zehn, Yuma *ustima*, und *(ella·)memi* Himmel, Yuma *ammai.* Mit dem Caddo in Texas findet sich ein vereinzeltes Zusammenstimmen in *yuycyá* zu Fuss reisen, marschiren, Caddo: *yoyá.*

Die Nahuatl-Sprachen bieten nur wenige analoge Bildungen dar; ihnen ist etwa beizuzählen:

     tcho sieben, Azt. *tchi(·come)*, Tlaskalt. *tchi(·gumi)*,

     tchal(-krai) grün, Azt. *kil(·palli)* und *tsuden* s. oben.

Etwas mehr Vergleichungspunkte bietet Otomí im südlichen Mexico: *kana* Mond, Otomí *lsana; (ba-)tchista* Stern, Ot. *tslse; kiahra* Schenkel, Ot. *khinté.* Im Palin (Guatemala) bezeichnet *tcháin* Pfeil und Bogen zusammen, während in Taos *tsamen* den Bogen allein bedeutet. Die südamerikanischen Analogieen sollen bei Anführung der Vocabeln „Prairie, Land, Brüste, Regen, Feder" beigebracht werden.

Vom Spanischen ist wohl geborgt *kabaye-ard* Haare (s. d.), vielleicht auch *hoyar* tödten (von *ahorcar* hängen?).

MOQUI.

Die erst in neuster Zeit etwas genauer bekannt gewordene kleine Völkerschaft der Moqui bietet in vieler Hinsicht dem Forscher unauflösbare Räthsel. Schon ihre auf hohen Felsenriffen thronenden Wohnsitze inmitten sandiger, u n-f r u c h t b a r e r Wüsteneien haben für uns etwas Geheimnissvolles, doch wurden sie desshalb von den Moqui gewählt, weil sich in ihrer Nähe etwas Wasser und frucht-

bares Erdreich findet, und weil die hohe Lage gegen die räuberischen Nomadenhorden der Wüste Schutz gewährte. Sie gedeihen dort so wohl, dass, wie der
Indianeragent der Vereinigten Staatenregierung berichtet, ihre Volkszahl in den
letzten Jahren eine Zunahme erfahren hat, was gewiss nur von äusserst wenigen
Indianerstämmen ausgesagt werden kann. Woher und wann die Moqui nach
diesen Mesas gekommen sind, ist für jetzt in tiefes Dunkel gehüllt, doch bietet
vielleicht der Name eines Acoma-Pueblos, Mogino, eine Andeutung über den Weg,
den sie dorthin eingeschlagen. Findet sich ja doch auch der Name Yumanes in
einem Winkel des östlichen Neu Mexico, weit entfernt von den jetzigen Wohnsitzen
der Yuma-Stämme!*)

Dass die Moqui Shoshonen sind, wird man mit ziemlicher Gewissheit den
unterstehenden Zusammenstellungen entnehmen können; räthselhaft ist aber, woher sie denn den ihnen eigenthümlichen lexikalischen Sprachvorrath, namentlich
die Zahlwörter bekommen haben. Ihre Schädelformation gleicht eher der der
Europäer als der der Mongolen, an welche letztere mehrere Yuma-Völkerschaften
an der mexicanischen Gränze lebhaft erinnern.**)

In O. Loew's Wortverzeichniss, das in Tsitsúmovi aufgenommen wurde,
zeigen alle Worte und weitaus die meisten Silben vocalische Ausgänge. In Simpson's kurzem Wortregister ist diess jedoch nicht der Fall. *d* und *l* kommen selten
vor, *f* gar nicht, nasalirte Vocale sind häufig, ebenso *ng*, *rua*, *ue*, *ui*, während
Consonantenhäufungen dieser Sprache widerstreben. Worte, die über die Drei-
silbigkeit hinausgehen, gehören zu den Ausnahmen. —

Buschmann, dem bloss die dreissig Vocabeln der Simpson'schen Berichte
zu Gebote standen, äussert sich in seinen „Spuren der aztekischen Sprache" S. 290
wie folgt: „Die Spuren der atztekischen Endung *pe*, *be* weisen dem Moqui einen
Platz unter der comanchisch-shoshonischen Familie des Sonora-Idioms an; sie

---

*) Nach einer Aeusserung des Padre Encinas in einer in dem Collegium zu Querétaro
in Mexico 1819 gehaltenen Rede besass diese Anstalt eine handschriftliche Geschichte des
Moqui-Volkes, die von Padre Pedro Murillo Valverde, einem Jesuiten, verfasst war und bis
1760 reichte.

**) Ives, Colorado River, pg. 120—2, 126—7 sagt: *The Moquis are of medium size and
indifferently proportioned, their features strongly marked and homely, with an expression gene-
rally bright and good-natured* (Exec. Documents 90; 1861). Alle Schriftsteller weichen in
Volkszahl und Benennung der Moqui-Pueblos beträchtlich ab. Schoolcraft giebt ihnen eine
Bevölkerung von über 10000 Einwohnern und José Cortez benennt in seiner Geschichte der
Apache-Stämme (1799) die Dörfer wie folgt: Oraibe, Taucos, Moszasnavi, Guipaúlavi, Xongopavi,
Gualpi. Bloss auf Volkstradition beruht die bei Francesco Garces (1775) vorfindliche Notiz
(Buschmann, Pimasprache S. 323), dass die Casas Grandes am Gila von den Moqui herrühren
sollen. Er erwähnt zweierlei Volk und Sprachen in dem Pueblo Moqui und spielt damit offen-
bar auf die Anwesenheit der Tehua-Ansiedler an.

findet sich in *quape* Hals, vielleicht auch in *wobockpe* Peitsche, *serherbe* Holz. Auffallend ist und für shoshonische Verwandtschaft beweisend, dass die Glieder des Körpers ohne präfigirte Pronomina possessiva auftreten, wie wir diess auch bei den eigentlichen Shoshonen des Nordens (am Snake River u. s. w.) beobachten. Die shoshonischen Sprachen der Comanchen, Kizh und Netela sind dagegen voll dieser Präfixa." — Unter diesen 30 Wörtern fand Buschmann fünf aztekische, nämlich *mahat* Arm, *quape* Hals, *mooyah* Mond, *nookawcuck* Ohr, *tahmah* Zahn; und ebensoviele sonorische: *pose* Auge, *hokah* Bein, *herkuck* Fuss, *tomme* Knie, *tahwah* Sonne und fand darin eine weitere Begründung seiner oben erwähnten Classification des Moqui-Idioms.

Obwohl im Allgemeinen diesen Schlüssen ihre Berechtigung nicht abzusprechen ist, muss doch bemerkt werden, dass in Loew's Wörtersammlung *kvapi* Hals, das einzige Wort ist, das mit dieser aztekischen Endung auftritt und dass diese sich übrigens als Substantivendung auch im Dakota findet, das Niemand für eine Sprache erklären wird, die aus dem Aztekischen entlehnt hat *(nape* Hand, *unspe* Axt). Ferner finden sich bei Loew an der Stelle mehrerer obiger Ausdrücke ganz verschieden lautende Wörter vor.

Auffallend ist das -*ē* als Endung von Thier- und von einigen Pflanzennamen. Die Zeitwörter endigen meist auf -*a* oder -*e* und von der Moqui Conjugation mag folgendes Fragment einen kleinen Begriff geben:

ich esse: *ne nishni* oder: *ne nisha*
du isst: *um nishni* oder: *um nisha*
er isst: *bam nishni*
wir essen: *itam nishni*
ihr esst: *uma nishni*
sie essen: *mi-ua nishni.*

Ich esse nicht: *ne ka nishni.*

Ich habe gegessen: *na ne nishni*, du hast geg. *na um n.* etc.

Ich habe nicht gegessen: *na ne ka nishni.*

Obwohl in diesem speciellen Falle statt *nishni* überall auch *nisha* stehen kann, so bleibt doch der Verbalstamm gewöhnlich unverändert; Zeichen des Perfects ist präfigirtes *na*, Negativpartikel *ka*.

Parallelen mit Pueblo-Vocabeln führe ich unter deren resp. Ueberschriften an und setze hier bloss die Moqui-Jemes- und die Moqui-Zuñi-Parallelen her:

Moqui-Jemes: *peshe* Thal, Jem. *peta: tatukvi* Berg, Jem. *tóta; kvohe* Holz, J. *kviē*, Isl. *ka-i.*

Moqui-Zuñi: *kui* Wasser,	Zuñi *kiave*,	*tchaio* klein,	Zuñi *tsinna*.
tolchá Eis,	Z. *'-tchathle*,	*o-rui* ja,	Z. *ai-ai*.

Moqui-Zuñi: *tàrua* Erde, Land, Z. *sóvi*,   *páhio* drei,   Z. *háhi*.

      shíkvi Fleisch,   Z. *shile*   *nina* tödten,   Z. *aŋina*.

    Die Berührungen mit den shoshonischen Sprachen sind nicht bloss zahlreich, sondern beweisen auch nahe Verwandtschaft. Namentlich tritt das Kiowa und das Comanche in den Vordergrund, obwohl sich auch Anknüpfungspunkte mit den shoshonischen Sprachen des Nordens und Californiens auffinden lassen. Es mögen zuerst die Kiowa-Parallelen folgen:

Moqui *taka* jung, Knabe,	Kiowa *tuquoil*,	*buno* Bauch,	Kiowa *bä'-*.
àngva Blut,	K. *um*,	*hùgangoi* Wind,	K. *gúnti*.
ikvátsi Freund,	K. *'-tsa*,	*kvoa-ko* Ente,	K. *aeóhi*.
pĕ-i Tag,	K. *bá-u* Licht,	*páhio* drei,	K. *páo*.
tolchi Moccasins,	K. *túti*,	*nä-ü* ich,	K. *no*.
ma-atá Arm,	K. *mórta*,	*omi* du,	K. *am*.

    Mit Comanche u. s. w. correspondirt Moqui in folgenden Begriffen:

Moq. *tahua* Sonne,	Com. *tabĭ*,	Shosh. *taoa* Sonne,	Com. *tabikan* Tag.
muiyaue Mond,	C. *mea* Halbmond,	Kizh *mõar* Mond.	
nmuegi Donner,	C. *tomoyake*.		
kúltsa weiss,	C. *tochtsa, tochtsakh*.		
ŭtŭhŭ-ŭ heiss,	C. *urate*, vergl. *urtchate* kalt.		
totoye böse, schlecht,	C. *taeshit*.		
ruete Weib,	C. *viépe, reishpe*.		
gay nein,	C. *kai*.		
nä-ä ich,	C. *ne*,	Netela, Kechi *no*.	
omi du,	Kechi, Netela *om*,	Kizh *oma*.	
nakovo Ohr,	Com. *nak, naki*,	Wihinasht *inaku*.	
pushi Auge,	C. *puile* (Plur.),	Wih. *pui*,	Net. *pälum* (Plur.).
dama Zähne,	C. u. Wih. *tama*.		
makh-le Hand,	C. *mashpa*,	Wih. *imái*;	C. *massit* Finger.
shuki Nägel,	C. *(tschze-)zuke*.		
tolchi Moccasins,	C. *talchle(-zako)* Schuhsohle.		
lihe weibl. Brüste,	C. *pĭtzi*.		
vokókvekvóshi Zehen,	C. *(tasse-)vucke*.		

    Ausserdem berührt sich *ishauč* Fuchs mit Kizh *ishót, isol*, und *ina-a* mein Vater, mit Kizh *anák*, *tévua* Feuer mit Kizh *tchavol*, *shohe* Stern mit Net. *suol, shul*, *hokia-coka* Knochen, Net. *nohuksen* (mein Knochen).

    Anknüpfungspunkte an die Yuma-Dialekte zeigen sich bloss in:

      gáskavi gelb, Cuchan: *aquésque*, Tonto *kuase*.

      vuepa gross, Tonto *vete*; vergl. *vue-taka* alt (nicht jung), Tonto *vel-hé*.

shiki Fingernägel, Tonto *sha-la-huó*.

shehevi grün, Tonto *ilvi*.

Mit Apache und den Tinne-Sprachen berührt sich Moqui in:

tsi-i Vogel,   Návajo *tsiti*,   Apache *tchisuki* Krähe.

shohe Stern,   Náv. *sö*,   Ap. *sös*.

bihe weibl. Brüste, Náv. *be*,   Ap. *ibil*.

tchaio klein,   Náv. *(al-)tchisi*. Ueber *makhae* Hand, s. d. —

tö-hiá Bogen,   Hoopa *tsilt-hé*.

Mit dem Aztekischen findet, ausser in „Hand", Uebereinstimmung statt in *r-i* er, A. *ye, yehua; vuepa* gross, A. *vey, veypul; nale* vier, A. *naui*, Tlask. *navui* und in den von Buschmann angeführten Ausdrücken.

Mit Otomí und Mittelamerika berührt sich Moqui in *gugú* Fuss, Ot. *guá; nénangva* Herz, Palin *ruanumá; (kol-)tsa* weiss, Quiché und Palin *sak; nagoiya* Soldat, Krieger, Ot. *magagui* Krieg.

Ein Lehnwort aus dem Spanischen ist *kavuyo* Pferd und wohl auch *lengi* Zunge.

ZUÑI.

Obschon jetzt nicht im Stande, zu den drei bereits existirenden Wortverzeichnissen dieser Pueblo-Sprache ein viertes beizufügen, so muss ich doch derselben mit einigen Worten Erwähnung thun, da sie ein wichtiges Zwischenglied zwischen den Sprachen des Südens und denen des Südwestens zu sein scheint. Wie das Moqui berührt sie sich weit weniger mit den Pueblos des Rio Grande als mit den shoshonischen Sprachen der Wüsteneien von Arizona und Texas. Die Zuñis nennen sich selbst Shí-oui und leben unter der Verwaltung eines Kaziken für geistliche Dinge, dem ein weltlicher Kazike untergeordnet ist. Als Mittelstation an der Strasse zwischen den Städten am Rio Grande und den Thälern des Colorado Chiquito und Gila behauptete dieser volkreiche Pueblo früher eine nicht unwichtige Stellung und seine Volkszahl ist noch heute nicht gering.

Zuñi ist vielsilbiger als die Pueblo-Sprachen und sämmtliche Wörter lauten vocalisch aus. Bei den Verwandtschaftsbezeichnungen findet sich meist -*i* (-*li*, -*shi*) angehängt, wohl das Pronomen mein, bei Geräthschaften -*li*, -*di*, bei Adjectiven, namentlich denen der Farben -*ni*, -*na*. Die Zahlen folgen der quinären Zählmethode, wie im Tonto und im Tonkawa und 6 bis 9 sind mit dem Schlussworte *likkea* zusammengesetzt, ein Wort, dem eine demonstrative Bedeutung, auf die Finger der andern Hand hinweisend, eigen zu sein scheint. Aeusserst häufig tritt die Endung -*ve*, -*ove* etc. auf, die dem -*vh* oder -*f* im Utah entspricht und z. B. folgende Wortreihen zusammen setzt:

péve Gras, *háve* Blatt, *míve* Mais, *láve* Feder, *táve-áive* Baum; *áve* Fels, *máve*
Salz, *péve* Thal (weil daselbst Gras, *péve*, wächst), *síei* Land, *kíuve* Wasser.
Eine häufige Endung ist ferner *-nde* (vielleicht das Apache-Wort *nte* Mann),
z. B. in *pihatande*. Bei Körpertheilen wird meist *-im*, *-tin*, *-quin* angehängt, wie in
óshoquin Kopf, *háquin* Stirn. Gewöhnlich ruht der Wortton auf der ersten Silbe,
eine Erscheinung, die den übrigen Pueblo-Sprachen fremd ist und anzudeuten
scheint, dass die Anhängsel Suffixe sind, also nicht eigentlich zum Worte gehören.
Die Wortaffinitäten des Zuñi mit andern Sprachen habe ich unter deren
Rubriken eingereiht. Was den Namen Zuñi betrifft, so weise ich auf den Heve-
Ausdruck *zona*, Frucht des Mesquitebaumes hin, der sowohl hier als im Namen Sonora
(alle drei mit spanischem *z*, fast wie engl. *th* gesprochen) namengebend aufgetreten sein
kann. In Sonora selbst, und zwar im Lande der Pápagos, südwestlich von Tucson,
befindet sich nämlich ein Ort Zona, dem ich denselben Namensursprung zuschreibe.

QUÉRES.

Die Quéres- (Kéres-)Sprache, oder, wie sie wohl ebenso richtig genannt
werden könnte, die Acoma-Sprache, liegt uns in den Verzeichnissen zweier Dialekte
vor. Herr O. Loew sammelte die Vocabeln des Acoma-Dialektes im Pueblo Laguna, die des Quéres-Dialektes in Santa Anna, und da diese in Zahlwörtern und
den meisten Appellativen für Naturgegenstände im Wesentlichen durchaus übereinstimmen, so lassen sie sich auch als eine Sprache behandeln. Im 3. Bande der
Reports findet sich ausserdem ein unvollständiges Vocabular des Cochitemf, der
Mundart des Pueblo Cochiti, und ein reichhaltigeres, das in Santo Domingo ge-
sammelt wurde, abgedruckt. Die Mundart des letztern wird mit der Benennung
Kíwómi belegt, was wohl auf Missverständniss beruht (*kiwomi* soll „zwei" bedeuten).
Da das Acoma-Verzeichniss unmittelbar neben dem des Quéres gedruckt
steht, so ist der Leser selbst in den Stand gesetzt, in leichtester Weise beide zu
vergleichen und seine Folgerungen über den Ursprung dialektischer Abweichungen
zu ziehen, wie sie uns z. B. in Acoma: *hótsen*, *máitse*, *s'taugin'-a*, Quéres: *hótchen*,
máatse, *saugin* vor Augen treten.
Wie der Quéres-Menschenschlag sich durch höhern Wuchs vor dem anderer
Pueblos auszeichnet (Mühlenpfordt's Mejico II, 2, S. 528), so unterscheidet sich
seine Sprache durch grosse Abgeschlossenheit des Wortvorrathes und durch eine
grössere Zahl von Consonanten von denen der übrigen Pueblos. Die Laute *k*, *m*,
n, *tch*, *ts*, *t* und andere finden sich häufig im Auslaute von Silben und es zeigt
sich Ueberfluss an Hauch-, Kehl- und Zischlauten; Consonantenverbindungen wie
shg, *sts*, *sht*, *shts*, *bs* und namentlich *shk* finden sich nicht selten, besonders im

Acoma. Dagegen werden die Vocale, die sehr häufig silbenschliessend stehen, niemals nasalirt; *l, b, d, f* scheinen zu fehlen, und obwohl *r* fast ganz fehlt, wird es doch nicht, wie man erwarten könnte, durch *l* ersetzt. Das einzige Wort, worin es auftritt, ist Quéres *raua, rauátsa* „gut‟, und dieses lautet im Acoma *tauá-r,* Kiowa *tú(·senan),* wird also dort durch *t* ersetzt. Da es indess im Namen des Stammes selbst (Quéres) vorkommt, so ist anzunehmen, dass dieser ihm von den Nachbarstämmen beigelegt wurde.

Anhaltspunkte zur Aufstellung einer Formenlehre stehen auch hier nicht zu Gebote. Ausser dem Zahlworte *ruy* zwei (im Acoma *tiure*), das dem Tehua, Isleta oder Jemes entnommen ist und sich bei „Ohren‟ und „Nasen‟ präfigirt findet, zeigt sich kein Merkmal einer eigenen Plural- oder Dualform. „Mein‟ wird bei den Verwandtschaftsgraden und Körpertheilen stets präfigirt und lautet *s-, sa-, sh-;* wo es *ho·* lautet, ist es von den Tinne-Sprachen entlehnt. Viele Namen von Farben lauten mit *ko-, kou-* an. Die Zahlwörter folgen dem decimalen Zählsystem und stehen etymologisch ganz selbstständig da. Viele Zeitwörter zeigen im Anlaut *ka-, ke-, ko-, kau-, go-* u. s. w.; das dem Zeitwort präfigirte ich lautet *sa-,* das Personalpronomen ich *hinome. ko, komo, kan* ist negative Partikel.

Wörterparallelen des Quéres mit der Mehrzahl der Pueblo-Sprachen sind bereits angeführt, und es bleibt bloss Zuñi und Moqui übrig.

Quéres-Zuñi: *hátchtcke* Mann,	Zuñi *ótsi,*	(Quiché *atchi*).
kue Weib,	Z. *ókia, ókare,*	Tehua *kut, kei.*
s·tsiumi mein Arm,	Z. *tchútiore.*	
sh·tsau-itch mein Nagel,	Z. *shaúntchiore.*	
ishian'-e Fleisch,	Z. *shile.*	
(yoma-)tse kalt,	Z. *tétse.*	
hipin Stirn,	Z. *háquin.*	
tsina Truthahn,	Z. *tóna.*	
mátse Blut,	Z. *áte.*	
Quéres-Moqui: Ac. *(mé·)tsia* klein,	Moqui *tchai-o.*	
Qu. *sh·kamatchatchi* mein Finger,	M. *mala tchi.*	
Qu. *shu-ni* Schlange,	M. *tchu-ash.*	

Auch hier finden sich zahlreiche Vergleichspunkte mit der Mischsprache der nomadisch-räuberischen Kiowas, wie z. B.

ko, kue Weib,	Kiowa *kiáng* Weib, *kö'*- Mutter.		
sh·kaúi mein Hals,	K. *k'-oul,* Hals,		Utah *kolch, kurarh.*
Ac. *hóaku* Himmel,	K. *kiako.*		
Qu. *uiku* Rinde,	K. *touköi,*	Ac. *kayátanish* Vogel,	K. *kuatch.*
Qu. *shu-ni* Schlange,	K. *suoni,*	Qu. *ko-otchini* gelb,	K. *córta.*

Comanche-Affinitäten erscheinen in:

Ac. *tchtsamuts* weiss,   Com. *tokhtsa*,   Ac. *kayitanish* Vogel,   C. *kuina-a.*

     ku-ishk blau,   C. *puikhb*,   *hámi* Tabak,   C. *pa, pam.*

Qu. *potcho-oishte* Blitz,   C. *ckapushtke* es blitzt.

     stamusha mein Bart, C. *mols* Bart.

Von den sonorischen Sprachen scheint allein Yuma Anklänge darzubieten in Vocabeln wie:

             Ac. *hótsen*, Häuptling,   Y.-Cuchan *cohóte.*

             Qu. *kasha-it* Sommer,   Y.-Cuchan *omo-kashepuie.*

Mit Apache und den Tinne-Sprachen des Nordens zeigt sich Aehnlichkeit in:

hó-ana mein Auge,   Hoopa *hua-na*,   Taculli *na, ni, now.*

ha-tchen mein Haar,   Apache *si-tsil*,   Hoopa *tsé-ucok*,   Tac. *tezega.*

ho-auin mein Antlitz,   Ap. *si-ni*,   IIp. *hau-nith.*

hagan Feuer,   IIp. *ho'-*,   Tac. *ko-un.*

hótchen Häuptling,   Umpqua *tchóshshe*, (Digg.-Ind. *tchekto.)*

kaatche heiss,   Ap. *kuistuk*,   Náv. *khotsto*,   (Dakota: *katu.)*

(vuy-)shin Nase,   Ap. *tchi*,   Náv. *tsi*,   IIp. *tchu*,   Tac. *nentsë.*

kï-ua Baum,   Náv. *khai*,   Ap. *tsï.*

Aztekische Berührungspunkte finden sich ebenfalls vor:

      kï-ua Baum,   Azt. *kau-itl*,   (Wichita *kauk.)*

      koyot singen,   Azt. *cuica.*

      shitit Stern,   Azt. *citlali*,   Tlaskalt. *sital.*

      noiya Nacht,   Azt. *yoalli.*

Die Sprachen Südamerikas zeigen Analogieen in:

oshatch Sonne,   Moxo *sauche*, Sonne, Tag,

(vuy-)pin, (yo-)pen Ohr,   Galibi *pana.*

hó-ana Auge,   Chile *uän.*

huni, ha-ani Fichte,   Chile *pehuen.*

tsápi Fliege,   Moxo *tchube*,   Kechua *chhuopi.*

Hiemit schliesst die Betrachtung der Pueblo-Sprachen ab.

APACHE.

Wie die Sioux im Norden, so sind die Apaches im Südwesten der Vereinigten Staaten der volkreichste und zugleich unruhigste Indianerstamm. In früheren Jahrhunderten waren sie wegen ihrer mit Blitzesschnelle ausgeführten und nach den entferntesten Gegenden sich erstreckenden Raubzüge sehr gefürchtet; in neuerer Zeit ist ein Theil derselben sesshaft geworden und betreibt Viehzucht und

etwas Ackerbau, und seitdem die Centralregierung sich entschlossen, das System
der Indianerreservationen einzuführen, sind auch den Apaches und ihren Nachbarstämmen beträchtliche Landstrecken, namentlich an Flüssen, zur Bebauung und
Bewirthschaftung angewiesen worden. Nichtsdestoweniger schweifen noch viele
Apache-Banden als Jäger, Nomaden, Räuber und Pferdediebe in den Schluchten und
Sandsteppen Arizonas und Neu Mexicos herum und die vielen, nach ihnen benannten Punkte zeigen noch jetzt, wo sie einstmals gehaust haben. So finden wir Apache-
Mountains in Texas, zwischen Rio Pecos und Rio Grande, jetzt Mounts of Death
genannt, den Apache-Pass bei Fort Bowie, Arizona; das Bosque de Apache am
Westufer des Rio Grande 33° 50' nördl. Breite u. s. w. Die Apaches nennen
sich selbst *shis inte*, Männer des Waldes, Waldbewohner, vermuthlich desshalb
weil sie ihre Winterquartiere in den Wäldern der Sierras aufschlugen; von den
Pimas werden sie Orp, von den Tehuas Cháh-shm genannt. Der Name Apache
ist das Yuma-Wort *épatch, épah* Mann und bei dieser generellen Bedeutung ist es
begreiflich, wie auch Stämme von ganz anderer Herkunft und Sprache, wie die
Toutos, Mohaves etc., unter diesem Namen inbegriffen werden konnten. Da die
Sprache bis jetzt als das durchgreifendste Unterscheidungszeichen bei Indianerstämmen gelten muss, so erkennen wir als Apaches nur solche Völkerschaften des
Südwestens an, die eine den Tinne- oder athapaskischen Sprachen des Nordens
verwandte Mundart sprechen.

Von den einzelnen Apache-Völkerschaften sind folgende in geschichtlicher
Hinsicht die wichtigsten:

Mescaleros, d. h. diejenigen Apaches, die aus der Aloë oder Maguey-
pflanze das Mexcal-Getränke destilliren; halten sich am Rio Pecos auf. Ueber
Mexcal vergl. Petermann's Mitth., 1874, Seite 416. Ein Mescalero-Sprachtext
steht bei Bancroft III, Abth. 2.

Llaneros, d. h. Prairie-Apaches, zwischen Rio Pecos und Rio Grande,
sowie östlich von den Mescaleros nomadisirend.

Xicarillas (oder Jicarillas, vom span. *xicara* Tasse, Trinkgefäss, Korb),
im Osten des Rio Grande; früher im Bolson de Mapimi wohnend, wo 1733 Missionen
unter ihnen errichtet wurden, und in der Nähe von Gran Quivira streifend; später
bei Picuri und Taos angesiedelt.

Taracones, wohl in Folge eines Schreibfehlers auch Faraones genannt,
sollen eine Abtheilung der Jicarillas bilden und treten zwischen Rio Grande und
Pecos auf.

Návajos (sprich Náwachos), der nördlichste und volkreichste Zweig der
Apaches, seit längerer Zeit südlich von den Utahstämmen angesiedelt. Näheres s. u.

Chiriguaïs, noch 1799 im Norden der Moquis und Tontos herumschweifend, jetzt im südöstlichsten Theile Arizonas angesiedelt. Eine Unterabtheilung derselben bilden die Cochise-Indianer.

Pinaleños oder Pinal-Apaches, an der Sierra Pinal sich aufhaltend, zwischen 33° und 34° nördl. Breite und östlich vom 111° westl. Länge.

Coyotero- und Gila-Apaches, östlich von den Pinaleños im Quellgebiete des Gila (sprich Chila) River wohnend. Die Gileños galten früher als die tapfersten Apaches-Krieger.

Mimbreños, östlich von den letztern, in der Sierra de los Mimbres (der Weidengesträucher), in der Südwestecke von Neu Mexico streifend.

Kupferminen-Apaches, zu beiden Seiten des Rio Grande und westlich bis ins Gebiet der Pinaleños streifend. Auf Kupfer wurde vordem bei Sa. Rita del Cobre in 32° 50′ nördl. Breite und 108° 7′ westl. Länge gegraben.

Lipans, ein texanischer Stamm, den Arricivita 1792 am Rio Grande, unweit der Meeresküste gesehen und beschrieben hat. Später schweiften sie in drei Schwärme getheilt, in einer Kopfzahl von 3500 zwischen den Quellen des Nueces River und dem Rio Grande. 1850 zählte man deren nach Schoolcraft noch 500 und 1874 sind ihre Reste mit denen der Tonkawas bei Fort Griffin im nördlichen Texas auf einer Reservation vereinigt worden. Ein Vaterunser im Lipan-Dialekt steht bei Pimentel, Cuadro II, Seite 251 und daraus abgedruckt bei Bancroft, N. R., III, Abth. 2.

Laut ihrer eigenen Tradition stammen die Apaches aus dem Norden, und diese Sage wird durch die Sprachforschung glänzend bestätigt. Freilich sind die Tinne-Stämme, von denen sie sich einstmals abgetrennt, harmlos und friedlich gesinnt, die Apaches trotzig und kriegerisch, doch diess erklärt sich dadurch, dass jene schon längst zu einer sesshaften Lebensweise übergegangen sind, während diese nur schwer ihre nomadischen Sitten aufzugeben im Stande zu sein scheinen. Sie verehren den Adler, die Eule und alle ganz weissen Vögel, machen niemals auf den Bären Jagd und verzehren ihn nie, fürchten sich abergläubisch vor dem Anblick eines Todten und verabscheuen das Schwein, wie auch mehrere asiatische Völker thun. Sie verehren Montezuma oder seinen Geist, was auf einen langen Aufenthalt im Südwesten zu deuten scheint.

Das erste Ziel ihrer grösseren Raubzüge war das Gränzgebiet zwischen Sonora und Chihuahua und der grosse Bienenkorb der wilden Völker, der Bolson de Mapimi an Mexicos Nordgränze, eine Art von „vagina gentium", schwärmte mit Apaches-Horden. 1747 und 1748 fanden zwei allgemeine Angriffe der Mexicaner auf sie statt; die Apaches waren jedoch zum Voraus von Allem unterrichtet und rächten sich im ersten Jahre furchtbar an der Bevölkerung von Sonora. Ein 1762 verfasstes Document schätzt die Anzahl der damals in Sonora zerstörten Missionen, Städtchen und Minenansiedlungen auf 174. Die Apaches dehnten ihre Streifereien mehrfach bis Durango aus, und die Lipaus gelangten bis Tamaulipas und Nuevo Leon.

Auch den Vereinigten Staaten gaben die Apaches viel zu schaffen. Mangas Colorado war während fünfzig Jahren Stammhäuptling und der erbittertste Feind der Weissen, bis er 1863 in einem Gefecht getödtet wurde. Das ebenso gefährliche Oberhaupt aller Apaches, Cochise, erregte vor wenigen Jahren einen Vertilgungskrieg gegen die Weissen, der jedoch mit seiner Unterwerfung endigte. Zur Ernährung der Apaches während der Zeit, wo ihre Verpflanzung auf die ihnen zugetheilten Reservationen stattfand, verausgabte die Regierung im Jahre 1871 eine Summe von 125,000 Dollars. Die in Arizona angesiedelten Americaner und Mexicaner, die von den Räubereien der Apaches stark gelitten hatten, widersetzten sich dieser menschenfreundlichen und staatsklugen Regierungsmaassregel und so kam es am 30. April 1871 in Camp Grant zu einer allgemeinen Massacre der dort gefangen gehaltenen Apaches, wobei über hundert derselben getödtet wurden.

Die wichtigsten Reservationen, auf denen jetzt in Neu Mexico die nicht mehr nomadischen Apaches untergebracht sind, heissen wie folgt: Reservation der Mescaleros, 600 Indianer; die Hot Spring Reservation; die Tularosa Reservation, 400 Indianer; die der Jicarillas 960 Indianer. Theils auf diesem Gebiete, theils auf Arizona-Boden liegt die ein Rechteck von 5400 engl. Qu.-M. bildende Návajo Reservation mit 9068 Indianern.

In dem Gebiete von Arizona liegen: die Pinery Cañon, oder Chiricahua Reservation, östlich von Tucson, Hauptort: Camp Bowie und Flächeninhalt 4275 engl. Qu.-M. Enthielt 1874: 290 Pinery oder südliche Chiricahua-Apaches, 365 Cochise-Apaches, 275 Mimbreños, Mogollones und Coyoteros. Ferner die White Mountain Reservation am Gila River, die in zwei Districte zerfällt: 1) Agentur Camp Apache, mit 1700 Coyoteros und Chillons (nationale Benennung: Tsiltarden); 5000 Qu.-M.; 2) Agentur San Carlos mit 500 Aravaipa- und Pinal-Apaches und 384 Tontos; 3950 Qu.-M. (nationale Benennung: Sapon). 1875 wurde die Camp Verde Reservation bei Prescott aufgehoben und die Bewohner (1800 Mojaves, Tontos und Yuma-Cuchans) nach der White Mt'n Reservation versetzt.

Das vorliegende Návajo-Wortverzeichniss sammelte Herr Loew in Fort Defiance im Jahre 1873, das in San Carlos aufgenommene Vocabular verglich er später mit dem in Camp Apache gesprochenen, fast identisch lautenden Dialekte. Das Vocabular von Dr. Johann B. White wurde mit ganz besonderem Fleisse in Camp Apache verfasst, und der Verfasser, der lange als Arzt in dortiger Gegend gelebt, ist mit der Abfassung grösserer linguistischer Arbeiten über denselben Gegenstand beschäftigt. Loew zog den erfahrenen Dolmetscher Marcias Gallejos aus Mexico zu Rathe und White befragte zwei Apache-Dolmetscher, die sich zeitlebens bei den Camp-Apache-Stämmen aufgehalten haben.

Um eine allzu auffallende Ungleichmässigkeit von White's englischer Orthographie mit der der übrigen Vocabularien zu vermeiden, musste ich folgende unbeträchtliche Aenderungen in seiner Schreibweise durchführen:

ch wurde wiedergegeben mit *tch*, *j* mit *dch*, *ee* mit *i*, *oo* mit *u* (*oo* sollte einen nasalirten Vocal andeuten) *z* mit *s*, *ss*, das Pronomen „mein" *se*, *she* mit *si*, *shi*. Für White's Vocabular adoptirte ich die Chiffre: Wh.

Die Návajos sind ein in Sitten und Sprache etwas von den Apaches abweichender Stamm, der noch immer den Ruf kriegerischer Tüchtigkeit bewahrt, obwohl er sich in seiner Mehrzahl seit langen Jahren friedlichen Beschäftigungen gewidmet hat. Sie versuchten sich erst bei den San Mateo Mountains anzusiedeln, wurden jedoch von den Comanches daran verhindert und setzten sich dann in ihren heutigen Wohnstätten am Cañon von Chelle fest. Wie bei den Moquis hat sich bei ihnen eine kunstreiche und dauerhafte Weberei von Bettdecken, Ueberwürfen, Mantillen und Togas, wozu bloss Wolle verwendet wird, eingebürgert, s. Schoolcraft IV, 204, 436. 437 und Loew in Peterm. Mitth. 1874, S. 406. Sie werden von den Apaches Yútahkah genannt, sie selbst nennen sich, wie auch andere Tinne-Stämme thun, tenúai (Männer). Návajo, das auch Nabahoa, Nabajoes etc. geschrieben wird, ist ein Name spanischen Ursprungs und stammt entweder vom altspanischen, dem Keltischen entnommenen Worte *nava* Feld, Ebene, das sich in Navarra, Fluss Nahe, Novena- oder Nufenenpass und andern Localnamen Europas vorfindet und auch ins Tehua überging; oder nach Benavides vom spanischen *navája*, lateinisch *noracula*, das wie das einfache spanische *nava* ein Rasirmesser, krummes Gürtelmesser, Klappmesser, auch Eberzahn bedeutet. Von Waffen hergenommene Völkernamen sind in Amerika die Long Knives, Yellow Knives, in Europa die Longobarden, Gaesaten und vielleicht die Sachsen und Franken. Ist die erste Ableitung die richtige, was wegen der Endung und dem Accente einigem Zweifel unterliegt, so wären die Návajos die „Feldbewohner", wie die Beduinen, Plural von *bedáui*, die „Bewohner der Ebene". Spanische Namen für Indianerstämme sind in Nord- und Südamerika häufig; wir erwähnen nur die Mogollón (Parasiten, Schmarotzer), die Conchos, die Coyoteros (Wolfsindianer), Tontos (Narren), Maradizos (Wurzelgräber), Jicarillas (s. oben), Mosquitos, Moxos (*moxi*, *moxil* irdener Fleischtopf), Chiquitos und Patagons (*patagón* plumper, dicker Fuss).

1874 betrug die Zahl der sesshaften Návajos 9068, die der umherschweifenden etwa 2000. Zu ihrer Beaufsichtigung und Beschützung wurde 1851

das Fort Defiance errichtet, dessen Name für jenen Zweck allerdings sehr be-
zeichnend lautet.

Obwohl einzelne Návajo-Wörter von gleichbedeutenden Apache-Ausdrücken
ganz verschieden sind, wie Apache *til*, Návajo *bil* Bauch, so ist doch die Uebereinstimmung eine überwiegend grosse und würde in den Vocabularien noch grösser
erscheinen, wenn die Verfasser derselben die Laute nicht phonetisch verschieden
aufgefasst hätten. Beispiel: *natani* Häuptling Loew, *nontarhe* White, *nanti* Eaton.

Dialektisch wird indess Návajo *ts, s, tkhl* zu Apache *tch, sh, khl; aki* zu
náki, se zu *itse, sike* zu *tkhè, tágo* zu *tayo* u. s. w. Jedenfalls sind die dialekti-
schen Eigenheiten nicht so beträchtlich, dass Apache und Návajo hier als getrennte
Sprachen behandelt werden müssten.

Professor W. W. Turner in New York erklärte zuerst in einem 1852 im dortigen
Verein für Ethnographie gehaltenen Vortrage die Sprache der Apachen für einen tief
nach Süden vorgeschobenen Zweig der Athapaska-Sprachen und weitere Forschungen
haben diese wichtige Entdeckung vollständig bewahrheitet. Diese Trennung hatte
wohl aus keinem andern Grunde stattgefunden, als um eine ergiebigere Büffeljagd
zu erzielen. Noch jetzt finden sich viele harte Gutturale und Consonantenhäufungen
im Apache, die lebhaft an die Tinne-Sprachen des Nordens, namentlich an das
Tlatskanai erinnern. Man vergleiche z. B. Himmel, Büffelzelt, schwarz, roth, Insel,
Pferd, Schlange und halte damit folgendes, in Pacific R. R. Reports Bd. III,
S. 120 enthaltene Urtheil zusammen:

„Der Apache stösst seine Rede in barscher, heftiger Weise aus; das Ohr
gewöhnt sich erst nach und nach, eine Cadenz in den Worten aufzufinden. Die
Sprache ist arm sowohl im Wortvorrath als im Ausdruck; daher schreibt sich die
Ueberladung der Wiederholungen, die vielen Geberden und das Lästige und Ab-
schweifende bei Unterredungen. Besonders auffallend sind einzelne Töne, die
gleichzeitig mit Zunge und Kehle hervorgestossen werden und zwar mit über-
menschlicher Anstrengung der Lunge, weil sie alsdann eher verstanden zu werden
glauben." .

b, d, v finden sich bei Loew selten, *f* gar nicht vor. Die Silben enden
ebenso häufig in einen Consonanten als in einen Vocal. Weder Genus noch
Numerus und Casus scheinen vorhanden zu sein. Bei Adjectiven findet sich im
Náv. mehrmals das Privativsuffix *da, ta*, oder *to-*, im Umpqua steht *toi-* als
Präfix voran. Oft steht die doppelte Negation *to.....ta*; z. B. gut *n'-shö*, schlecht
n'-tcho oder *toshola*, im Návajo *tayashöta*; *to....ta* negirt auch Sätze, obwohl die
Negation auch auf andere Weise ausgedrückt wird: haben *hö-tli*, nicht haben *éti*.
Der Superlativ wird durch *nakate* angedeutet in: „der Wind ist sehr heftig":
nakate n'yul (auch *nal*) *itchi: nakola* bedeutet »viel« im Tonto, *akakhatye* „nahe"

im Apache. Das „mein", welches gewissen Substantiven stets vorgesetzt wird, lautet *shi-*; einige Stämme wie die Cochise und namentlich die Návajos setzen dafür *ku-*, *khu-*, offenbar das *ho-*, *hot-*, *hu-*, *hun-* etc. der nördlichen Tinne-Sprachen, das ich beim Quéres nachwies. Die Quéres können es aber nur von den Návajos geborgt haben, da es bei diesen auch als *ho-*, *hot-*, *hol-* u. s. w. auftritt; bei den Verwandtschaftsgraden ist *shi-* Präfix. Bei mehreren Zeitwörtern findet sich *i-* im Anlaut; es ist diess das Fürwort *er*. Das Personalpronomen kann dem Verbum beigesetzt oder weggelassen werden. Ein Zeitwort sein giebt es nicht; dafür wird das Prädicat an den Schluss des Satzes gestellt. Adjectiva werden meist den Substantiven nachgesetzt. Nomina können, ohne Veränderung zu erfahren, als Verba gebraucht werden: *natl-ti* Regen, *natl-ti* es regnet. Ein Futurum wird durch die Partikeln *il* ..... *khn*, ein Perfectum durch *go* angezeigt: trinken: *estlá*. Ich trinke: *shi estlá*. Ich trinke nicht: *shi to estlá ta*. Ich werde trinken: *il estli khn*, auch *shi il estli khn*. Ich habe getrunken: *shi estlá go*.

Die lexikalischen Vergleichspunkte mit Zuñi (die der übrigen Pueblos siehe oben) sind folgende:

Návajo *tsón* Knochen, Zuñi *sámme*   Návajo *maië* Fuchs, Zuñi *mávi*

Apache *kié* Fuss, Zuñi *uékiove*   Návajo *khastí* alt, Zuñi *tlashshi*.

Sehr beträchtlich ist die Zahl der ins Apache aufgenommenen shoshonischen Worte, und unter diesen ist namentlich Kiowa stark vertreten:

Apache *intá* Auge, Kiowa *ta-áti* Auge und Ohr.

Návajo *tsá* Kessel, Kiowa *'-tsu*, Wih. *tsidá*; Dakota *tsega* Kupfer, Kessel.

Apache *táyo*, Návajo *tágo* Frühjahr, Kiowa *tu'-*.

Apache u. Návajo *to* Wasser, Kiowa *-'tu*, Pueblos *p'-a*, *p'-o*.

Apache *tse* Fels, Návajo *se*, Kiowa *'-ts'-u*.

Apache u. Návajo *natá* Maiskorn, Kiowa *étahl*.

Apache *mbá* Wolf, Návajo *mai(-tso)* Kiowa *bio* Fuchs.

Apache *ti* welcher, Návajo *khate*, Kiowa *u-itï*.

Apache *tsepi* acht, Návajo *sepi*, Kiowa *iútsa*.

Apache *ishá* essen, Návajo *aleshï*, Kiowa *atóhi*.

Die übrigen Shoshonen-Sprachen berühren sich mit Apache in folgenden Ausdrücken:

Apache *ibit, bepa, epa* weibl. Brüste, Comanche *pitse*.   Ap. *kü-, ku* Feuer, Shosh. *koso*.

Apache *ká, kar* Pfeil, Comanche *pa-ak*.   Ap. *tikh-ikhl* schwarz, Shosh. *tuhukritya*.

Apache *litchane, klintchi-ona* Hund, Com. *tsári*.   Ap. *ustsiki*, Náv. *sustsit* sieben, Kizh *huatsa(-kabea)*, Tonkawa *sekicshta*.

Nicht gering ist der Wortantheil, den das Apache aus den in der Nähe gesprochenen Yuma-Sprachen in sich aufgenommen hat:

kö'-, ku Feuer, Tonto *ho-o,* Cuchan *áá-vo.*

ape, apenta Morgen, Tonto *kepa* Nacht, *hepatcke* Morgen.

ishl Salz, Tonto *ishi,* Cuchan *e'sithl.*

natan Häuptling, Tonto *matava.*

latá, la Hand, T. *sha.la,* Cuchan *sálche.*

tsepi, sepi acht, Cuchan *tchip-huk.*

mbá Ap. *mai(-tso)* Náv. Wolf, T. *mbá* (Kiowa *báo* Fuchs).

naki, aki zwei, T. *uake* (Pima *kuak*).

Aehnlichkeit mit Tonto zeigen auch die Wörter Hund, Mais, Vogel, Flügel, heiss und die Bejahungspartikel.

Mit dem Aztekischen trifft Apache zusammen in:

tsu, atsá Flügel, Azt. *a-atstli.*

Ap. *halátitlá* Blitz, Azt. *tlatlatsi* Donner.

Návajo *tkhli-shin* schwarz, Azt. *tliltic* (Caddo *ahdikkho*).

Ap. *tkhlish* Erde, Land, Azt. *tlalli, tlan.*

Ap. *tkhli-tchi* roth, Azt. *tchitchiltic.*

tsé, se Stein, Fels, Azt. *tetl.*

Ap. *tutlish* blau, Azt. *texutli.*

Náv. *khai* Baum, Azt. *kauitl* (Wichita *kauk*).

tsil, tsi Haar, Azt. *tsuntli* (Otomí *xi*).

Náv. *khetcha-e* Hund, Azt. *tchitchi.*

Einige dieser Ausdrücke sind wohl wirkliche Lehnwörter, andere scheinen nur äusserlichen Gleichklang zu besitzen.

Merkwürdig ist, dass Apache *es-tsann,* Návajo *es-tsónne* Weib sich in ähnlicher Gestalt an den canadischen Seen und in Bolivia wiederfindet (Huronisch *outsahonne,* Moxo *esseno*) und dass das Wort für Mann: Apache *'-nte, inde,* Náv. *tine,* das im Apache auch „wir" bedeutet, auch in den Bantu-Sprachen Südafrikas als *'-ntu,* und vom Cap bis zur Insel Fernam do Po in vielen Sprachen in ähnlicher Form auftritt.

TONTO.

Die Tonto-Apaches schweiften im mittlern Arizona zwischen den Mogollón- und Pinal-Gebirgen umher, bis die Mehrzahl derselben vor Kurzem auf zwei Reservationen vereinigt worden ist. Obwohl allgemein geglaubt wird, dass das Spanische *tonto* (närrisch) ein ihnen von den Mexicanern ertheilter schimpflicher Beiname sei, so verdient doch Whipple's Ansicht Beachtung, wonach darin ein Anklang an die Landschaft Totonteac liegen könnte, welche 1539 ein Indianer dem Marcos de Niza als westlich von Cibola (Zuñi) gelegen schilderte. Die Tontos besitzen einen halbmongolischen Gesichtsausdruck und sind sehr menschenscheu, dabei aber pfiffig und schlau, so dass ihnen jener Beiname nur mit Unrecht gegeben wird. Wie ihre Sprache deutlich darthut, gehören sie nicht dem Volke der Apaches, sondern dem intelligenten, meist auch betriebsamen und friedlichen Stamme der Yuma an, deren Hauptmasse am Unterlaufe des Rio Colorado und an dessen Nebenflüssen Rio Gila, New River und Bill Williams Fork angesiedelt ist. Wir lassen hier die Aufzählung der einzelnen Yuma-Stämme folgen:

Cocopas, halten sich an der Mündung des Colorado und dem südlichsten Theil des Staates Californien auf.

Diegeños (Comoyei, Costaños) im sog. Colorado-Desert, am New River und bei der Mission Dolores. Ihr Wortvorrath hat viele shoshonische und sonstige fremde Bestandtheile in sich aufgenommen.

Cocomaricopas, jetzt Maricopas genannt und mit 4000 Pimas auf einer Reservation am Gila River untergebracht. *Marike* ist ein Mojave-Wort für „Bohne".

Cuchans (spr. Kutschans) in der Nähe des Fort Yuma.

Gohuns oder Tonto-Apaches, der am weitesten nach Osten wohnende Yuma-Stamm, dessen Dialekt dem Mojave näher steht als dem Cuchan. Angesiedelt auf der Camp Apache und San Carlos Reservation.

Mojaves (Mohaves, Mahháos, Moó-av, nach Mowry auch Hamokhaves genannt) am Colorado River bis hinauf zum Black Cañon. Der Name soll „Dreiberg" bedeuten und die Mojaves als in einem von drei Bergen eingeschlossenen Thale wohnend bezeichnen (Yuma *hamuk* drei, *habi* Berg).

Havalcoes und Yampaio, am linken Ufer des Colorado.

Hualapais am Osthange der Black Mountains und in den Cerbat- und Aquarius-Bergen hausend. Von diesem Stamme haben sich die Cosninos oder Cosinos, deren es kaum 100 giebt, abgetrennt.

Der grösste Theil der Mojaves und Cuchans ist jetzt auf der Camp Apache und der Colorado River Reservation, die meisten Cocopas und eine Anzahl Cuchans bei Fort Yuma und unterhalb desselben angesiedelt.

Eine nach den Angaben eines Cuchan-Indianers im Jahre 1853 angefertigte ethnographische Karte des untern Colorado, oder Hah-weal-asientic, wie die Yumas ihn nennen, zeigt zwischen der Mündung desselben und der Einmündung des River Gila (Yuma: *Hah-que-si-illa* „Brackisch-Wasser") die Wohnsitze der Cocopas und Comoyei. Zwischen dem Gila und dem Bill William's Fork (im Yuma: *Hahweil-hamuk* „Dritter-Fluss") wohnten erst Cuchans, Yabapais, dann wieder Cuchans, Mac-ha-vès und Chemehuevis (ein Pa-iute-Stamm). Nördlich vom Bill William's Fork folgten hierauf am Colorado wieder Mac-ha-vès, dann Ca-hual-chis (= Cavios), Mat-hat-e-vatch, Hual-páitch und zuletzt wiederum Chemehuevis. Die Karte findet sich im III. Bande der Reports of Explorations und in B. Möllhausen's „Reise in die Felsengebirge etc." Möllhausen nennt die Hualapaïs: Wallpays, andere: Wallapï.

Nach Loew's Angabe ist Gohun die nationale Bezeichnung der Tontos für ihren Stamm und Dialekt; nach Dr. White ist diess jedoch bloss ein aus 'coon, d. h. racoon, einem wegen seiner Pfiffigkeit bekannten Waldthiere, gebildeter Spitzname, um sie wegen des Namens „Tonto" schadlos zu halten. — Einer der am frühsten bekannt gewordenen Yuma-Stämme, derjenige der Cuchan (Ko-u-tchan, wie die Cocomaricopas sagen), der in der Nähe von Fort Yuma wohnt, trägt auch vorzugsweise den Namen Yuma. Sowohl im Tonto als im Cuchan fehlen die raubern, härtern Kehllaute und das f; im Tonto fehlen ausserdem d und r, d tritt im Cuchan selten auf. Silben und Wörter besitzen im Tonto und im Mojave fast durchaus vocalischen Auslaut, und besonders häufig treffen wir die Endungen ia-, -ie, -ya, -yo u. s. w. Die sonst im Südwesten seltene Consonantenverbindung mb, vermuthlich durch Ausstossung eines Zwischenvocals entstanden, ist im Tonto ebenso häufig wie die Silben ma und mata; letztere zeigt sich in Feder, Fleisch, Erde, Häuptling; vergl. kuévata Knochen und malya Truthahn. Obwohl Tonto zu den Yuma-Sprachen gezählt werden muss, so hat es doch einen nicht unbedeutenden selbstständigen Wortvorrath und berührt sich sonderbarer Weise nur in drei Zahlwörtern mit Cuchan, und in drei andern mit Mojave (s. die Zahlen). „Mein" lautet im Cuchan i-, und scheint im Tonto ni-, na- zu lauten, das anscheinend auch in i-, ya- übergehen kann; ich heisst nya-a, Cuchan n'yat. Bei Adjectiven scheint die Privativpartikel -re zu sein, vergl. kane gut, kalyere böse. Der Lautabstand der einzelnen Yuma-Dialekte unter sich soll den Lesern in Beispielen im Anhange zu den Worttafeln vorgeführt werden.

Die vorangehenden Abschnitte zeigen, dass zwischen Tonto und den Pueblo-Sprachen nur wenig Verwandtschaft obwaltet, wohl am meisten noch bei Moqui; mit Zuñi berührt sich Tonto in huata Blut, Zuñi áte; tsaita Hund, Zuñi rátsta; o-o sehen, Zuñi unä; titi Mutter, Zuñi sita. Dagegen ist das Zusammentreffen mit Apache-Wörtern ziemlich häufig.

Shoshonische Sprachen; Kiowa make Weib, Kiowa mayi; i-i Baum, Kiowa ai; vete gross, Kiowa it. Haus, Tonto niuvä, lautet bei den Shoshonen am Columbiafluss no-ni; Tonto nanyo Fuss, im Utah namboch. Weiteres s. unter Utah und Kiowa.

Einen Vergleichpunkt liefert Pima in der Zahl zwei, s. d.

Mit Tonkawa findet sich Gleichlaut in aka Wasser, Cuchan ahá (Utah: oge) Tonkawa akh; und in anshé Stern, Tonkawa (tau-)shé (Sonnenstern?); weit beträchtlicher sind die Coincidenzen mit den Sprachen Mexicos, namentlich mit dem Aztekischen:

ya Mund, Azt. yacatl (-tl ist bloss Nominalendung).	kane gut, Azt. kalli.
pala Zunge, Azt. nenepilli.	niudke hier, Azt. nikan.
kivo Regen, Azt. kiauitl.	tuye heiss, Azt. ayotl.

Obwohl in den Zahlwörtern keine Uebereinstimmung bemerkbar ist, ausser vielleicht in eins (Tonto *sisi*, A. *ce*, Tlask. *se*), so befolgen doch beide Sprachen, wie auch Zuñi und Tonkawa, die quinäre Zählmethode.

Aehnlichkeit mit Otomi zeigt sich bloss in:

sha (·la-huó) Nägel, Otomi *xa; ba* Brust, Otomi *ba;* vielleicht noch in *mohave* Mann, Otomi *nyche; akvá* Messer, Otomi *qhuay.*

Mit Galibi trifft zusammen *manona* weibl. Brüste, Galibi *manati*, mit Moxo: *noáhá* Freund, Moxo *nu-ahi-riaré* mein Freund; mit Chile *hu* Nase, Chile *yu; hopo* Bogen, Chile *huepḁll*; mit Talamanca *salabé*, Mojave *serápa* fünf, Tal. *silawa.*

Eine gründliche Vergleichung des Tonto-Wortvorrathes mit dem der Sonora-Sprachen würde vermuthlich zahlreiche Berührungen, möglicherweise auch uralte Verwandtschaft, zu Tage fördern. Bestandtheile aus europäischen Sprachen scheinen nicht eingedrungen zu sein, da Misstrauen die Tontos stets vom Verkehre mit Mexicanern zurückhielt. Abbildungen von Tontos, Kiowas, Pueblo-Indianern und vielen andern Nationalitäten des Südwestens finden sich in Senate Exec. Doc., Band 78 (Reports on Pacific Railroad, Band III).

TONKAWA.

Die Tonkawas, ein vor Zeiten mächtiger Stamm im nordwestlichen und nördlichen Texas, tauchten in den Annalen Amerikas zuerst im Jahre 1817 auf. Oberst Bowie, nach welchem das Bowie-Messer und ein Fort in Arizona, Fort Bowie, benannt ist, gerieth damals in ihre Gefangenschaft, wurde aber mit Achtung behandelt und die Tonkawas setzten ihm sogar aus Höflichkeit die Glieder eines erschlagenen Feindes als Speise vor. Der Stamm rieb sich allmälig in Kämpfen gegen die Comanches und Kiowas auf und schmolz beim Vorrücken der Weissen und ihrer Cultur noch mehr zusammen. Der Armee der Vereinigten Staaten leisten sie als Führer, Spione und Quellensucher nicht unwesentliche Dienste [*)] und fochten als solche gegen Mexico und im Bürgerkriege gegen die Südstaaten. 1847 musterten sie noch 155 Krieger; ihre ärmlichen Ueberbleibsel sind jetzt mit denen der Lipans, die sich „Vettern der Comanches" nennen, auf einer Reservation bei Fort Griffin, Shackleford County, Texas, vereinigt worden. Ihre Hautfarbe ist kupferröthlich, sie sind träge und unreinlich, treiben etwas Viehzucht, wohnen in Segeltuchzelten, sind leicht gekleidet und bemalen sich das Gesicht in komischer Weise. Da sie

---

*) Fünfzehn Tonkawas, die der Vorhut eines unter General McKenzie stehenden Truppencorps zugetheilt waren, leiteten z. B. die Vernichtung einer Abtheilung Comanches 150 Miles oberhalb Fort Concho in Texas ein, indem sie am 4. October 1872 die ausgestellten Wachen niedermetzelten und das Zeichen zur Ueberrumpelung des Lagers gaben.

ihrer Tradition zufolge vom Wolfe abstammen, so machen sie niemals Jagd auf ihn und halten ihn heilig; ihr Wolfstanz findet sich bei Schoolcraft Bd. V beschrieben. Morse kannte vier Unterabtheilungen der Tonkawas, oder wie der Name auch geschrieben wird: Tonkaways (spanische Schreibweise: Toncahuas), die Koronkawas, Arrenamus, Caris und die eigentlichen Toncahuas. Nach einer bei Berghaus, geogr. Jahrb. 1851, S. 61 stehenden Notiz waren oder sind indess die „Karankahuas" ein von den Tonkawas abgetrennter Volksstamm, und neben den Tonkawas, die Sprachähnlichkeit mit den Caddoes besitzen sollen, existirten noch Towakonays. Der Name wird Tónka-u-ës gesprochen und die Endung -ua, -ué, -uay, -hua findet sich mehrfach in den Namen südlicher Stämme. Die Möglichkeit ist da, dass Tonkawa mit dem Kiowa-Worte tónkieni Hirsch zusammenhängt (Hirschjäger?).

Im Gegensatz gegen die Mehrzahl der bisher betrachteten Idiome wiegen im T. die Consonanten über die Vocale der Zahl nach vor und sowohl Silben als Worte schliessen meistentheils consonantisch. Sehr beliebt ist *kh*, *sh* und der Quetschlaut *tch*, die sowohl im An- als im In- und Auslaut der Worte stehen können. *d*, *f* und *r* kommen nicht vor, dagegen *sht*, *shb*, *shv*, *khs*, *sv*, *pkh*, *tchn* und dergleichen Verbindungen. Kaffee lautet *kakhe*, Tabak *bakhka*, rauchen *nebakhka*.

Im Wortverzeichniss, das von O. Loew im August 1872 in Fort Griffin aufgenommen wurde (s. Petermanns Mitth. 1873, Decemberheft) findet sich eine ansehnliche Zahl zusammengesetzter Wörter vor. Beispiele von Wortcomposition aus *kala* Mund sind: *kalok* Bart, Schnurrbart, *khalo* Becher, *khanak-khal* Heuschrecke, *akhaloi* Ameise; aus *tchokhno* schlafen: *tchokh-tchapol* Bettdecke, *tchokhnon* Arzt, *tsaukh-yetsukhan* Zelt. Viersilbige Vocabeln gehören nicht zu den Seltenheiten.

Beim Nomen werden Plurale durch Anhängung von -*bakh* gebildet, welche Endung sonderbarer Weise auch in eins, *mishbakh*, Kiowa *pdko* sich findet. Steht ein Substantiv mit zugehörigem Adjectiv oder Possessivpronomen im Plural, so wird -*bakh* indess nur dem letzteren, wenn es dem Substantiv nachfolgt, angefügt, z. B. *akhu-enkha-masslokbakh* weisse Pferde; *akhu-enkha-shukinbakh* meine Pferde. Dass hier beide Wörter als eins betrachtet werden und also nur das letztere die Pluralendung erhält, ist die natürliche Wirkung des Agglutinationsprincips in den amerikanischen Sprachen.

Superlative werden mittelst der Partikeln *akh* oder *tchekro* gebildet, die beide dem Adjective nachgesetzt werden: *ke-eikhena* hungrig, *ke-eikhena-akh* sehr hungrig. —

Die Zählmethode ist die quinäre, oder wohl eher eine Combination der quinären mit der quaternären, wie aus 4 × 2 = 6 und der Vorsilbe *se-*, *si-* in 6 bis 10 hervorzugehen scheint. Ist *si* gleichbedeutend mit dem Yumaworte *sisi* eins, so würde damit auf die bereits abgezählte e i n e Hand mit ihren fünf Fingern (1 bis 5) hingewiesen. Näheres hierüber siehe unter Zahlwörter, die Cardinalzahlen werden unverändert als Ordinalien gebraucht.

Persönliches Fürwort:

shai, shaya ich, *ki* mich (*ke* mir?)
nai, maya du *rautch* dich, dir
he-el, hélatla er
ne sie (?)
shaibakh wir
naibakh ihr
he-élbakh sie

Possessivfürwort:

shákin mein
nákhin dein
élatan sein

shákinbakh unser
nákhinbakh euer
elátanbakh ihr.

Eine Casusbildung scheint also wenigstens beim persönlichen Fürworte stattzufinden, obwohl diese nur das incorporirte Objectpronomen betrifft.

Die Verbalstämme endigen meist auf *a, e* und *o* und erleiden im Endvocal im Perfectum eine Aenderung, wie folgt:

yakha essen.

shai yakhaha ich esse
nai yakha du isst
he-el yakha er isst
shaibakh yakhaha wir essen
naibakh yakha ihr esst
he-élbakh yakha sie essen
shai yakhósh ich habe gegessen
nai yakhóka du hast gegessen
he-el yakhóka er hat gegessen
shaibakh yakhósh wir haben gegessen

shai yakhabaha ich esse nicht
nai yakhabó du isst nicht
he-el yakhabó er isst nicht
shaibakh yakhabaha wir essen nicht
naibakh yakhabó ihr esst nicht
he-élbakh yakhabó sie essen nicht
shai yakhobósh ich habe nicht gegessen
nai yakhobóka du hast nicht gegessen
he-el yakhobóka er hat nicht gegessen
shaibakh yakhobósh wir haben nicht gegessen

lum-titna yakha shó alle essen.

Das vorausstehende Pronomen kann auch weggelassen werden, wenn dadurch die Deutlichkeit nicht beeinträchtigt wird.

Die Negativpartikel *-b'-, ba, pc, kapa* wird nach dem Obigen in den Verbalstamm incorporirt, wie auch aus folgenden Beispielen hervorgeht:

yévuesh haben, *kapa·yévuesh* nicht haben; *tcheno* sein, *tchapeno* nicht sein.

hektau-e singen bildet sein Präsens: *shai hektauha* ich singe.

Ein Dual wird gebildet durch Anfügung von *sheke* : *yakha sheke* beide essen.

In der Verbal- wie in der Nomenbildung tritt häufig eine Anfangssilbe *ya-, ye-, yo-* auf: *yalona* tödten, *yéruesh* haben, *yokhoya* jagen — *yekhevan* Gedärme, *yekokhon* Stiefel.

Präpositionen ausser *tasha, tsha* „mit" und Conjunctionen sind aus dem Vorliegenden nicht mit Sicherheit nachweisbar. — Ein Verbum substantivum scheint in *tcheno* vorhanden zu sein.

Trotz der angeblichen Sprachverwandtschaft des Caddo mit der eigenartigen Sprache der Tonkawas konnte ich bei dem geringen Caddo-Wortvorrath, der mir in der „Archaeologia Americana" und anderswo zu Gebote stand, keine Gleichklänge entdecken, noch sonst etwas, das auf Verwandtschaft schliessen liesse. Ebenso wenig scheint sie sich mit den Pueblo-Sprachen zu berühren, und auch die shoshonischen Sprachen liefern wenig Anknüpfungspunkte. Die Kiowa-Parallelen sind:

Tonkawa *nimuetch-khon* Nase, Kiowa *maukón.*

tau-she Stern, *takh-shon* Morgen, Kiowa *ta* Stern, Comanche *ta-artch.*

hátchin nahe, Kiowa *kiutsi.*

mishbakh eins, *sikbakh* zehn, Kiowa *páko* eins.

senanda Schlange, Kiowa *saoni.*

Tonkawa-Comanche Parallelen sind:

enokh gut; Comanche *apanátchke.*   *khak* Haar, Comanche *pap, papi.*

enatch(-khaion) Ohr, Com., *nak, naki,* Moq. *nákovo.*   *a-akon, akon* Mann, Com. *achpe.*

Die übrigen shoshonischen Sprachen berühren sich in folgender Weise:

Tonkawa *tchokh (-samokh)* roth, Shosh. *atsak (-vitya).*

yutson Herz, Kizh *ashän,* Netela *no-shän.*

Mit den Tinne-Sprachen zeigt sich Aehnlichkeit höchstens in den Ausdrücken:

kosha alt, Náv. *khastï.*   *kué* Holz, Náv. *khai* Baum (Moq. *krohe* Holz).

Mit den Yuma-Sprachen in:

(nakh-) tchon Feuer, Tonto *ho-o.*   *akh* Wasser, Tonto *aha.*

bekhueta Weib, Tonto *make.*

Entfernter Gleichklang findet statt zwischen Tonkawa *nit (-khrol)* Zunge und Attacapa: *nedle;* Tonkawa *hentai (-tchon)* Zähne und Natchez: *int.* Tonkawa *lake-i* Kopf, Adaize: *totcháke.*

Die Nahuatl-Sprachen liefern folgendes Material zur Vergleichung:

laké-i Kopf, Aztekisch *(totson-) tekon,* Tlaskalt. *(tzin-) tékun.*

tullotchinyaua Mais, Azt. *tlayolli.*

tchokhno schlafen, Azt. (und Tarahumara) *kotchi.*

akh Wasser, Azt. *atl.*

yakha essen, Azt. *tlaqua, tlaka.*

kala Mund, Azt. *kamatl.*

hauei gross, Tlaskalt. *guchuei* (reduplicirt), Azt. *rei* (Ileve: *tavei*).
(yu-) tekhon Stein, Azt. *tetl.*

Otomí und Centralamerika liefern folgende Parallelen:
    T. *bekhueta* Weib, Ot. *bekhia.*   *áyon* Fuss, Quiché *akán.*
        yetsokhan Haus, Quiché *yatchotch.*

Trotz aller dieser vielfachen Berührungspunkte besitzt doch das Tonkawa, von dem uns hier ein ziemlich beträchtlicher Wortvorrath sowie syntaktische Beispiele von zwei Gewährsmännern vorliegen, eine von allen verglichenen Sprachen durchaus abweichende Anlage in Grammatik und im Lexikon. Der Bau der Worte ist von Wohllaut und einer eigenthümlichen Naturkraft, sowie von einem gewissen Ebenmaasse durchdrungen. Auch dieser Stamm ist jetzt der Auflösung nahe und wenn das Andenken an seine merkwürdige Sprache, die sich noch am meisten an das Nahua anlehnt, von den Shoshonen aber Vieles geborgt hat, durch tüchtige linguistische Arbeiten der Nachwelt erhalten werden soll, so ist es jetzt hohe Zeit ans Werk zu gehen. Die Trümmer des Stammes befinden sich gegenwärtig bei bei Fort Richardson und in einer Entfernung von 7 englischen Meilen von Fort Griffin.

DIGGDR INDIANER.

Vier oder fünf Familien von Rootdigger-Indianern, welche an der Nordgränze Californiens gegen Oregon hin wohnten, wurden vor einigen Jahren veranlasst, sich als Colonisten im südlichen Theile des Gebietes von Colorado anzusiedeln. Dort fand sie O. Loew im August 1874 bei Huerfano Park und nahm sofort die Gelegenheit wahr, ein Verzeichniss von Ausdrücken aus ihrer Sprache anzufertigen, das bei zweihundert Wörter umfasst.

Die Ausdrücke Rootdiggers oder kurzweg Diggers, das daraus corrumpirte französische Radigeurs und das spanische Maradizos bezeichnen durchaus nicht etwa einen einzelnen, ethnographisch abgegränzten Indianerstamm, der sich, wie diese Namen besagen, durch Wurzelgraben das Leben fristet, sondern alle diejenigen Stämme oder Indianerhaufen, welche neben ihrer sonstigen Nahrung auch gegrabene Wurzeln geniessen. Der Name hat sich indess ziemlich allgemein auf alle Urstämme Nord- und Mittelcaliforniens, Utahs, Nevadas und des südlichen Oregon ausgedehnt und Bancroft glaubt, dass sich derselbe zum Theil auch auf das Ausgraben von Erde zum Zwecke des Anlegens von Wohnungen oder Speisevorräthen (der sog. Cachés) beziehen dürfte. Nur in mildern Klimaten giebt es genug wildwachsende Wurzeln, um das Aufsuchen derselben lohnend erscheinen zu lassen. Prinz Max von Neuwied unterschied bei den Schlangenindianern die wahren

Shoshonen von den Radigeurs oder Gens de pitié und amerikanische Reisende fanden unter ihnen: Yampatikara oder Rooteaters und Hokandikäs oder Salt Lake Diggers, beide an den Ufern des grossen Salzsees. Die Bannocks und viele Utah-Stämme graben ebenfalls nach Wurzeln. Im californischen Yo-Semite-Thale, wo der Mercedfluss sich in einem prächtigen Wasserfalle über himmelhohe Felswände stürzt, sah Major Savage einen Schwarm derselben Menschenclasse und Bartlett erlangte von Rootdiggers im Napathale, unweit San Francisco, ein reichhaltiges Wortverzeichniss ihrer Sprache.

Für die Selish (und die in einem ärmlichen Landstriche am Columbiaflusse lebenden Piskwaus) ist das Aufsuchen von Wurzeln und Kräutern von solcher Bedeutsamkeit, dass sie mehrere ihrer Monate nach den einzelnen Gewächsen benennen: Februar: *Skiniramun*, ein Kraut; auch die Zwiebelpflanze *pohpoh* reift in diesem Monat. April: *Spatlum* „Bitterwurz". Juni: *Itkhwa* oder Camass-Pflanze. August: *Silamp*, Einsammeln von Beeren.

Die Nordcalifornier sammeln massenhaft die Camass-Wurzel und die bitter-süssliche, ginsengartige Wurzel der Kize- oder Kacépflanze; andere Indianer graben nach der abscheulichen, wie Kautabak schmeckenden Wurzel des wilden Baldrians, nach der wilden Kartoffel, die ihnen nicht selten Indigestionen bereitet, und nach der Wurzel des wilden Sago, die für sie eine Delicatesse ist. Die Wurzeln der Seerose und die Knollen der Pfeilspitze gewinnen die Weiber durch Untertauchen ins Wasser.

Die grammatischen Anhaltspunkte, die wir dem beifolgenden Vocabular entnehmen können, sind etwa folgende:

Die meisten Wörter dieser Sprache sind zweisilbig und lauten ebenso häufig vocalisch als consonantisch aus. *d* und *f* scheinen gar nicht, *r* nur selten vorzukommen (*porus* Herz, *klikopuru* Krieger). *l* alternirt mit *r*, vergl. *tsaro* grün, *tsaruk* Gras, *tsaro'ge* blau mit *tchololet* schwarz; alle vier Wörter enthalten denselben Stamm. Eigenthümliche Consonantenverbindungen wie *khl, shl, tkhl, khlsh*, die durch unsere Lautzeichen nur unvollkommen dargestellt werden können, erinnern stark an Apache-Laute.

Die Substantivendung *-t*, als *-at, -et, -ut* auftretend, ist eine Pluralendung und der dem *-t* vorangehende Vocal in vielen Fällen ein reduplicirter, wie in *matat* Ohr oder Ohren, *tumut* Augen, *kahait* Finger, *kahat* Zehen. Blosse Reduplication des Vocals findet statt in *gava* Antlitz, *sono* Nase, *tu-un* Körper; Silben-reduplication in *tenen* Brust, *keke* Eis, *tchiltchil* Vogel. Vergleiche damit *semut* Hand, als Pluralform von *sem* der Finger und die im Anlaute reduplicirende Pluralform im Kizh: *kitch* Haus, *kikitch* Häuser; *mohai* schlecht, *momohai* schlechte.

Ein Superlativgrad wird durch *bim* gebildet. *el'-o* bedeutet nein! und das Adjectivsuffix *-el*, das an *pet'el* klein (*bahe* gross), *men-el* todt angehängt ist, ist daher wohl privativer Natur. Auch in *gel-el* entfernt und in *bal-el* zwei scheint dasselbe aufzutreten. Fast sämmtliche Verba lauten auf -*a* aus.

Obwohl ein Reisender Namens Dana ein aus 22 Wörtern bestehendes Wortverzeichniss unseres Stammes aufzeichnete, das bereits 1848 im 2. Bande der Transactions of American Ethnological Soc. veröffentlicht worden ist, so ist doch der Name des Stammes unbekannt geblieben und Dana selbst sagt bloss, er habe diese Indianer am Sacramentoflusse, etwa 250 engl. Meilen oberhalb dessen Mündung angetroffen. 100 Meilen oberhalb der Mündung wohnten die Talatui auf der Ostseite des Flusses, die Pujūni und andere Stämme auf der Westseite desselben. *)

Da es mir trotz vielfacher Anfragen nicht möglich war zu erfahren, welchem Stamm diese Diggers angehörten, so bleiben weitere Vergleichungen ihres Vocabulars einstweilen das einzige Hülfsmittel, um über ihren Stamm oder doch über die Sprachsippe, der er angehört, ins Klare zu kommen. **)

Der grossen Entfernung halber lassen die Pueblo-Sprachen natürlich keine Anhaltspunkte erwarten, und dennoch finden sich solche in

p'o Feuer,	Teh. II *p'ä*,	Isl. *pa-anidá*.
sash Sonne,	Qu. Ac. *oshatch*,	Taos *suta*.
ä-nin hier,	Teh. II *na-ue*.	
mem Wasser,	Taos *ma-ané*.	
uené sehen,	Zuñi *uná*.	
lolokhat sieben,	Zuñi *(quillä-)likkea*; *quilla* bedeutet drei.	
komoks Donner,	Ac. *kámols*,	Qu. *ka-aumols*.
tata Vater,	Teh. I *tata*,	Jem. *tä-ē*.

Die Kiowa-Sprache bietet bloss folgende Anhaltspunkte:

ela Kind,	K. *talyt*,	*si* Zähne,	K. *tsun*.
tla-uit vier,	K. *laki*,	*ho* ja!	K. *hó-o*.
tchutchu Mutter,	K. *coh'*,	*tei* Stirn,	K. *ta-úpa*.

Noch seltener sind die Berührungen der Diggers mit dem Comanche:

D. *kúmoks* Donner, Com. *tomojake*.

motscke Bart, C. *mols*.

---

*) Zur Vollständigkeit lasse ich hier Dana's Wortverzeichniss (Transact. II, Seite 122) folgen: Haar *tomoi*, Auge *tumut*, Nase *tsono*, Mund *kal, kalo*, Kinn *kentikut*, Stirn *tei*, Arm *keole*, Finger (Plur.) *tsrmut*, Bein *tole*, Fuss *ktamoso*, Knie *huiuk*, Messer (oder Eisen) *kelekele*, Sonne *sas*, Feuer *po*, Wasser *meim, meima*, Hirsch *nop*, Salm *monok*, Traube *uyulu*, Binse *tao*, essen *ba, bas*, sehen, lass mich sehen *wila, wile*; gehen *hara*.

**) Wie ich erst bei vorgerücktem Drucke meines Manuscripts aus dem soeben erschienenen Band III von Bancrofts Werke ersehen habe, gehört das Vocabular dem kleinen, südöstlich vom Berge Shasta in Californien wohnenden Wintoon-Stamme (sprich: Vintūn) an.

D. *shuku* Pferd,   Com. *puke*.

tchala gut,   C. *tchá-al*.

bahe gross,   Wihinasht *paraiu*.

u-oket Fluss,   Wih. *(ana-)hukra*.

Die Digger-Zahlwörter sind nicht verwandt mit denen der südcalifornischen Sprachen Kizh und Netela, des Heve, Mutsun, Yúkama und Hoopa.

Die Yuma-Sprachen zeigen ebenfalls nur wenig Gleichartiges:

sem Hand, *tsan·sem* fünf, Cuchan *serap* Hand, fünf.

Eine sporadische Annäherung zeigt Pima in D. *néta* Mann, P. *huitá* (im Chile *huenthu*); *tamoi* Haar, P. *pimuk*.

Die Tinne-Sprachen nähern sich dem D. etwas in folgenden Ausdrücken:

kenoana Abend,   Ap. *kliuna-ai* Mond,

son Fels, Stein,   Ap. -*'tse*,   Náv. *se*.

(ba-ui)-nto jung,   Ap. *nte* Mann,   Náv. *tine* Mann.

kahat Nägel,   Hoopa *(hol·lá-)kets*,   Taculli *(lá-)ki*.

Mit den Dakota-Sprachen stimmt überein *(kanti-)shuku* Hund, Dak. *shunka*, Hidatsa *mashuka*.

Aztekische Berührungspunkte sind:

kauel, *k'el*, Haus,   Azt. *kalli*,   Tlask. *kál*.

tata Vater,   A. *tatli*, *teta*; *tétatenan* Eltern.

ma-it Schenkel,   A. *metstli*,   *kanti (-shuku)* Hund, A. *itskintli*.

kaha Wind,   A. *ehecatl*,   *bahe* gross,   A. *vei*, *huci*.

bale Blatt,   A. *atlapalli*   *pet'el* klein,   A. *pinton*, *tepiton*.

brya er,   A. *ye*, *ye (-hua)*,   *(ba-)nokhl* drei,   A. *(ome-)olotl*.

khě-(na) schlafen,   A. *cotchi*,   *ketel* eins,   A. *ce*, *centetl*.

Auch Otomí, Quiché und Südamerika lassen sich in einigen Wörtern vergleichen:

kahat Nägel, Otomí *xa*,   *buk* Knochen, Quiché *bak*.

si Zahn,   Ot. *tsi*,   *vailoka* Regen, Chile *huilürkün* blitzen.

(kol-)sa Bogen, Ot. *tsá*,   *bolok* Kessel, Kechua *paylla*.

Aus dieser wegen Beschränktheit des Materials etwas dürftigen Zusammenstellung geht wenigstens das hervor, dass das Idiom dieser Diggers, namentlich auch wegen der deutlichen Pluralform, mehr mit den Sprachen der Sonora-Gruppe verwandt scheint als mit denen des Nordens. In erster Linie scheint das Aztekische, in zweiter die südlichen Shoshonen-Sprachen dessen Wortvorrath zwar nicht gebildet, doch mit vielem Stoffe versehen zu haben.

UTAH.

Die Utes[*]) oder Utah-Indianer (gesprochen Yutes, Yuta) sind ein ausgebreiteter, in viele einzelne Banden zertheilter Stamm, dessen Wohnsitze und Jagdgründe sich auf der von der Pacific-Bahn durchschnittenen Hochfläche zwischen der Sierra Nevada und den Rocky Mountains befinden. Von ihren Hauptsitzen, den Territorien Utah und Colorado, wo sie grosse Reservationen inne haben, schweifen sie auch nach den umliegenden Territorien. Ihr Name wurde vordem auch Eutaws geschrieben und die Spanier und Mexicaner nennen sie Ayotes; sie selbst legen sich die Benennung *Yu-in-tetso* bei, worin der Name eines ihrer Hauptstämme, der Uintas am Uintaflusse, einem Zuflusse des Green River, der dem Colorado zuströmt, enthalten ist. Die Sprache der Utah ist ein Glied der shoshonischen Abtheilung des Sonora-Sprachstammes, wie Buschmann ihn nennt; die Bezeichnung ihrer Stämme und der Gegenden, wo sie sich aufhalten, ist bei ihrem Nomadenleben stetem Wechsel unterworfen, doch mögen für die neuste Zeit folgende Daten als Anhaltspunkte dienen:

Weber-Utes, unweit des Weber Cañon, nordöstlich vom Salzsee.

Uinta-Utes im Uintathale; Reservation von 3186 engl. Quadratmeilen, südöstlich vom Salzsee, von 575 Indianern bewohnt.

Yampa-Utes, südlich von den Uinta-Utes.

Pah-Vants, südlich vom Salzsee, am Sevierfluss.

Sampitches im Sampitchthale und am Sevierfluss.

Weeminuches, nördlich von Tierra Amarilla.

Elk Mountain Utes im südöstlichen Utah.

Capote-Utes im Südostwinkel von Utah.

Tash-Utes in Arizona, nördlich von den Moquis.

2763 Muaches, Capotes, Tabequaches und Weeminuches sind auf der 12 Millionen Acres haltenden Reservation der „Confederated Utes" im westlichen Colorado vereinigt.

Die Pa-Utes (Payutes, Pyedes, Paï-Utes), d. h. Fluss-Utah, Anwohner des Coloradostromes, sind die westlichen Nachbarn der Utah und bewohnen den grössten Theil Nevadas, einen Theil Arizonas und des südöstlichen Californiens. Sie schweifen ausserdem in den Südtheilen von Oregon und Idaho und im Südwest-

---

[*]) Ute ist englische Corruption für das richtige Utah, den Namen des Landes sowohl als des Volkes. Derselbe scheint etymologisch mit Uinta zusammenzuhängen; die Utahs nennen einen Indianer: „Uinta".

theile Utahs umher. Sie sind ebenfalls ein Shoshonen-Stamm und sprechen einen dem Utah nahestehenden Dialekt. Vermuthlich findet ein Unterschied zwischen ihnen und den Pi-Utes im Nordwesten Nevadas statt. Da die Pä-Utes nicht in den Bereich dieser Darstellung fallen, so erwähne ich von ihren einzelnen Stämmen bloss die Chemehuëvis. welche auf einem Gebiete von 50 Quadr.-Miles an der Westseite des Colorado oberhalb La Paz als Hirten und Ackerbauer sich nieder-gelassen haben.

Sein Utah-Wortverzeichniss erlangte S. Simpson von einem in Santa Fé gefangen gehaltenen Utah-Indianer ums Jahr 1850, Loew das seinige im Nov. 1874 von Richard Komas, einem 18jährigen begabten Utah-Jüngling, der sich in Lincoln University, Pennsylvanien, zum Juristen ausbildet. Beide weichen in ihrer Schreibart beträchtlich ab und haben oft für einen Begriff ganz verschiedene Wörter.

Silben und Wörter endigen ebenso oft auf einen Consonanten als auf einen Vocal und beginnen häufig mit n oder r. Die Sprache zeigt überhaupt Vorliebe für dunkle Vocale, doch sind Nasalvocale nicht gerade häufig. Von Diphthongen finden sich ai, au, iu, ui; häufig sind ng, nk, nt, kr, ts, tch und namentlich im Auslaute -rh, das von Simpson -f geschrieben wird. In Loew's Vocabular kommt d und l nicht vor, r nicht besonders häufig, b nur auslautend, wie in namb Fuss (Simpson: namp), temb Mund (S.: timp), timb Fels (S.: timpa), ovomb Fichte. r alternirt mit t in: sunarum-suin neun, verglichen mit tom-suin zehn. Die Mehrzahl der Wörter ist ein- oder zweisilbig. Von einer Pluralform ist beim Substantiv kein deutlicher Beweis da. Die Endung -rh tritt bei vielen Namen von Gewächsen, Thieren und Gliedmassen des menschlichen Körpers auf und entspricht völlig der Endung -re, -ri im Zuñi. Das Fürwort „mein" lautet nani·, nana·, nina· und steht vor Verwandtschaftsgraden, nicht aber bei den Namen der Körpertheile.

Wortlauts-Parallelen mit den Pueblo-Sprachen zeigt Utah in:

voyinne zwei, Tehua vuiye, Taos vayena

payin drei, Tehua po-oye, Taos bihio

tsuin vier, Acoma tsian, Quéres gi-ana

kai singen, Acoma koyot, Tehua II gakau-ua

teke essen, Jemes tekuelyo (Kiowa atóhi)

rats Mann, Zuñi oátsi.

Von allen Pueblo-Sprachen steht unstreitig Moqui dem Utah am nächsten, wie folgende Zusammenstellung darthut:

puy Auge, Moqui pu (·shi)   (to-)koarh Fleisch, Moqui kri, Jemes kiu

tsung Tabakspfeife, M. (kui-)tsing(-ra)   toveke jung, Moqui taka, Kiowa tuquoil

ta·b Sonne, Moqui tahua   en·m du, Moqui omi, Kiowa am

tui Land, Moqui *túrua*
pui drei, Moqui *pehue*

ing er, Moqui *i-i*
ebenso: wir, welcher, ja!

Mit Kiowa und Wihinasht ist die Uebereinstimmung sehr beträchtlich, mit Comanche jedoch so überwältigend, dass es gar keines weitern Beweises für shoshonische Verwandtschaft des Utah bedarf*). Weniger reichlich sind die Parallelen mit Yuma-Cuchan (*áats* Bogen, C. *olé-esa*) und mit Tonto:

namb Fuss, Tonto *nanyo*
saritch Hund, Tonto *tsala*

(*tents-)ige* stark, Tonto *gygye*
sus eins, Tonto *sisi* (Heve *sci*).

Aehnlichen Wortlaut zeigen Utah und die Apache-Dialekte in: Frühjahr, essen, acht, schwarz; Feuer *k'-un* stimmt mit Tonto, Apache, Návajo und Tehua.

Mit der Digger-Sprache berührt sich Utah in *pagach* Berg, Digger *poyuk*; in *tom* Winter, Digger *tima* kalt.

Das aztekische Erbtheil der Utah-Sprache erstreckt sich u. A. auf nachstehende Ausdrücke:

Utah *nangka'rh* Ohr, Aztek. *nakaztli, tonakaz*, Tlask. *nakáz*
  sti-i lebendig, Aztek. *itztic* (Hoopa *kistill-éh*)
  intch jener, Aztek. *inin*
  kai singen, Aztek. *cuica*
  kurach (Simps. *kolf*) Hals, Aztek. *ketchtli*
  mü Hand, Aztek. *ma-itl, to-ma* Hand, *maka* geben.

Parallelen mit Quiché etc. finden sich vor in:

kurach, kolf Hals, Quiché *kúl*
augh (Simps. *ah-oh*) Zunge, Qu. *aak*, Palin *ruák*

tukran Nacht, Quiché *tchakap* (Kechua *tuta*)
ratsu-in acht, Qu. *cuashakip*.

Endlich ergiebt noch Südamerika folgende Parallelenauswahl:

pokai tödten, Moxo *cupacò*.
uare heiss, M. *tihurè*.
mipitch klein, Chile *pitchi*.
arát gross, Ch. *ruta*, Guarani *abi*.
tokvi schwarz, M. *tiquisoó*.
nia Name, M. *nihà, niharè*.
tavayákre Abend, Ch. *tharuye*.
kanéan Ortschaft, Ch. *kara*.
pu-i Herz, Ch. *piupue*.

namb'orh Fuss, Ch. *namun*.
moták Stirne, Kechua *mati*.
kui-eraut Bär, M. *(ati-)curó*.
panáka Eisen, Chile *pañilhue*.
pi-are Meer, Guarani *pará*, Galibi *paraná*.
tui Erde, Land, Chile *tue*.
nauk·né-arh Krieger, Kechua *auc'a*.
ta Bauch, Guarani *tié, tebé*.
pu-er Arm, Guarani *pó*, *mbó*.

Die kurze, abgeschliffene und indifferente Gestalt, die den Utah-Wörtern und den meisten Sprachgebilden der shoshonischen Familie eigen ist, ermöglichte

---

*) Die Parallelen mit Vocabeln aus den Shoshonen-Sprachen sind in den Noten zum Wortregister angeführt.

die Auffindung so vieler Gleichklänge in jenen weit entfernten Sprachen, die wohl nur zum geringsten Theile auf wirklicher Urverwandtschaft beruhen, obwohl viele sich wie ein Ei dem andern gleichen. —

KIOWA.

Der Stamm der Kiowas (sprich: Keiowäs) ist, der Sprache nach zu schliessen, ein Mischvolk aus mehreren Stämmen des amerikanischen Westens. — Ihr Name wird engl. auch Kioways, Keyowas, Kiawas, spanisch Caihuas geschrieben. Dieselbe Endung -wa, -wē findet sich auch in den Namen der texanischen Tonkawas, Koronkawas, der Acolhuas, Tenawas und selbst in Tehua, oder wie auch geschrieben wird, Tegua, scheint eine ähnliche Endung nachzuklingen. Möglicherweise steht ihr Name mit dem Pueblo-Worte khu-au-ai entfernt, alt, in Verbindung und bezeichnet sie als aus weiter Ferne hergekommen. Vergleiche auch die Ki-ah Mountains (sprich: Keiē) in Neu Mexico, südöstlich von Zuñi. Die Kiowas werden jetzt in möglichst grosser Anzahl im Indianerterritorium auf Reservationen gebracht, es schweifen aber noch viele Banden, meist in Gemeinschaft ihrer frühern Gegner, der Comanches, in den texanischen Wüsten, namentlich im sog. Pan-handle, herum. Diese Banden sind gut beritten und haben Reichthum an Pferden; durch ihre Raublust werden sie den Ansiedlungen der Weissen sehr gefährlich und die Ansiedler in den Gränzgebieten sind darum auch ihre erbittertsten Feinde.

Buschmann erklärt in seinem reichhaltigen Sammelwerke „Spuren der aztek. Sprache etc." S. 433 das Kiowa für eine der Uranlage nach durchaus alleinstehende, dagegen aber in den Besitz vieler Lehnwörter gelangte Sprache. Soweit diese Frage indess ohne die Einsicht in die Formenlehre des Kiowa, die uns durchaus abgeht, gelöst werden kann, muss auf Grund der vorhandenen lexikalischen Anhaltspunkte einstweilen eine sehr bedeutende Verwandtschaft desselben mit den Pueblo Sprachen einerseits und mit den shoshonischen Sprachen andererseits angenommen werden. Freilich bleiben nach Abzug dessen, was das Kiowa mit den Yuma-, Tinne- und mexicanischen Sprachen gemein hat, noch manche Wörter übrig, die sich vielleicht ebenfalls an einzelne Sprachen des Westens anknüpfen liessen, wenn das Kiowa nicht im Allgemeinen etwas abgeschliffene, gekürzte Formen besässe, welche dessen Studium erschweren.

Das Kiowa stimmt meistens da mit dem Comanche oder den übrigen Shoshonen-Sprachen überein, wo es von den Pueblos abweicht, ausser in Wörtern wie Hand, Hals, Knabe, und wie man aus den voranstehenden Tabellen ersieht, ist die Zahl der im Kiowa und den Pueblos sich gemeinschaftlich vorfindenden Vocabeln beträchtlich.

6 *

Mit Yuma finde ich Uebereinstimmung in:

Kiowa *mayi* Weib, Tonto *make*, Kiowa *bio* Fuchs, Tonto (und Apache) *mbai* Wolf,
o-*ito* Haar, Cuchan *r-etehe*, *kiaiul* Hase, Tonto *akolá*,
und ausser den unter Tonto angeführten: „Baum, gross" vielleicht noch in Kiowa
páras Schenkel, Tonto *bala*, Tehua *bi*, und *zipeo* Bogen, Mojave *ipai*, Tonto *hopo*.

Mit den Tinne-Sprachen berührt sich Kiowa in: Wasser *(tu)*, Stein -*tsu*, und,
wie Buschmann will, auch in Mensch, Indianer, Bauch, Knabe, Auge.

Mit dem Aztekischen lassen sich Analogien finden in: Hand, Zahn; ferner
in Hals *k'roul*, Azt. *quechtli*; Häuptling *tanguia*, Azt. *tekú(-tli)*; Berg *(kia-) tápa*,
Azt. *tepetl*; Mais *etal*, Azt. *tla (-olli)*, vielleicht auch in Abend *tehi*, Azt. *teotlac*.
Mit Quiché ist Aehnlichkeit da in: Himmel *kiaeö*, Quiché *kakh*.

Einige Berührungspunkte zeigen sich auch mit Kizh und Netela, die einen
beträchtlichen nicht-shoshonischen Wörtervorrath besitzen. Merkwürdig ist jedenfalls, dass Kiowa in seiner Zahlenreihe mit keiner bekannten Sprache, ausser, in
der Zahl drei irgend eine entfernte Aehnlichkeit aufweist.

Die Art und Weise des Vorkommens obiger Parallelen nöthigen zu der
Annahme, dass die Kiowas ein Mischvolk aus Shoshonen, die nach dem Süden
gezogen waren, und Pueblo-Indianern seien, die schon früh mit Yuma- und Nahua-
Völkern im Verkehr gestanden und daher wichtige Sprachbestandtheile von ihnen
angenommen haben. Was die Berührung mit den Tinne-Sprachen betrifft, so
scheinen sie die bedeutsamen Wörter aus diesen Sprachen aus dem Shoshonischen
mitgebracht und nicht erst von den benachbarten Apaches erhalten zu haben.
Woher derjenige Bestandtheil des Wortschatzes stammt, der den Kiowas eigen zu
sein scheint, ist freilich schwer zu beantworten, doch bedenke man, dass jede
Indianersprache eine Menge Vocabeln besitzt, deren Etymologien und Affinitäten
wir noch nicht kennen. Wenn das Kiowa im Obigen stellenweise als Shoshonen-
Sprache aufgeführt wurde, so geschah diess desshalb, weil shoshonische Lehnwörter
in der That die Lehnwörter aus den übrigen Sprachen beträchtlich überwiegen.

COMANCHES.

Dieses an Kopfzahl den Kiowas beträchtlich überlegene Wüstenvolk hat
sich nach langen Kriegen mit den umwohnenden Stämmen und zahllosen Gefechten
mit den Truppen der Amerikaner in neuerer Zeit nicht wenig vermindert. Ein
Theil desselben hat sich bewegen lassen, die ihm angewiesenen Reservationen im
Indianerterritorium (westliche Abtheilung) zu beziehen, während der Rest noch
dem Wüstenleben treu geblieben ist und vom westlichen Texas bis nach dem
mexicanischen Staate Durango umherschweift. Sie leben fast bloss von der Jagd,

sind gut beritten und unterscheiden sich von den meisten andern Stämmen dadurch, dass sie sich niemals berauschen.

Ihre Sprache zeigt, dass sie mit den Shoshonen am Columbiastrome und mit den Utahs eines Stammes sind, und zur Vergleichung ihres Idioms mit dem der Wihinasht oder West-Shoshonen füge ich beispielsweise eine kleine, mit den unter Utah angeführten Wörtern zu vermehrende Worttafel bei, mit Angabe der Pueblo-Parallelen:

Com.	*maki* Ohr,	Wih.	*inaka,*	Moqui *nakoro*
	pia Mutter		*pia*	
	puile Augen		*pui,*	Moqui *pushi*
	ekh Zunge		*egho,*	Quér. *ko-alch*
	tama Zähne		*tama,*	Shosh. *tangwa,*	Moq. *dama*
	tabikan Tag		*tavino,*	Tchua *tang* Sonne.

Ueber das Verhältniss zu Kiowa s. d. Die Comanche-Sprache, von der drei Wortverzeichnisse vorliegen, hat aus den europäischen Sprachen wenig geschöpft und belegt selbst die Manufacturartikel der Amerikaner und Mexicaner mit nationalen Benennungen; so *mashkanboni* Gewehrlauf, was mit Dakota *mazakan* Aehnlichkeit hat; Zucker heisst ihnen *pigna*, Tabak *pam*, Stahl *cozo*, Kaffee *tukhpa*, Schiesspulver *narkoz*, Papier *tiboub* etc. Flinte drücken sie durch *piai*, eine Sprossform des auch im Kiowa vorhandenen Wortes *pia* Feuer aus. Die Compositionsfähigkeit der Comanche-Sprache ist bedeutend; sie besitzt eine eigene Form für den Plural, die Zahlwörter berühren sich mit denen der Pueblos in zwei und drei, und die Wörter haben meist consonantischen Auslaut.

Im Wortvorrath berührt sich Comanche unter den Pueblo-Dialekten am meisten mit Moqui, s. d.

PIMA.

Dieser robuste Volksstamm bewohnt die Ufer des mittlern Gilaflusses und die südlich davon gelegenen Gegenden in Arizona und Sonora (Pimeria alta y baja). Im erstern Staate befinden sich gegenwärtig auf einer für Ackerbau wenig geeigneten Reservation von 64000 Acres 4000 Pimas und 300 Yuma-Maricopas; dieser Bezirk liegt etwas oberhalb der Vereinigung des Santa Cruz-Flusses mit dem Gila, den sie Acoma nennen. (Abweichende Schreibweisen: Pijma, Pimo.)

Die Sprache der Pimas gehört der Sonora-Sprachfamilie an und ist derjenigen der Pápagos nahe verwandt. Eine Grammatik des Névome-Dialektes von einem unbekannten Verfasser hat nach einem spanischen Manuscript des vorigen Jahrhunderts Buckingham Smith in New York 1862, 8°, herausgegeben (in Shea's

Linguistics) und Parry's Vocabular hat Buschmann nach Schoolcraft III, S. 460 ff. abdrucken lassen. Die in der Pimería liegenden Casas de Montezuma, ein grosses Ruinenfeld, nennen die Pimas *hottai-ki*, d. h. Steinhäuser *(hottai, jötē* ist das azt. *tetl)*. Pima-Wörter sind: Sonne *tash*, Mond *massar*, Wasser *micti*, Berg *kark*, Fels *hotiĕ*, Baum *a-upu* (Kiowa *ai*), Coyotewolf: *pahu*, Fisch *vatop*, Zahn *ptahan*, Knie *pktām.* Mit Ausnahme der Zahl neun besitzt das Pima Zahlwörter, die ihm eigenthümlich und von eins bis acht zweisilbig sind.

SAMMLUNG VON WÖRTERN UND SÄTZEN.

A. WÖRTER.

Da von den nachstehenden Vocabeln mir nur wenige in mehr als einer der behandelten Sprachen zugekommen sind, so liefere ich hier einen kurzen Nachtrag derselben, ohne sie in die grosse Worttafel einzureihen. Dieselben rühren bis und mit Utah sämmtlich von O. Loew her.

Moqui.

eyi nicht mehr. *pî-hî* Weg, Strasse. *omaue* Wolke. *nanau-è* Eidechse. *kanelhu* Schaf.

Tehua II.

bute Sattel.	*sagombe* Kartoffeln.	*pembe* Schachtel.
antye Steigbügel.	*tehua-tu* Bohnen.	*oya* Topf, Gefäss.
bunto Maulesel.	*gä* Butter.	*nayi* Staub.
ku-a Schaf.	*pu* Brod.	*ruy-hä-vny* etwas.
petsure Schwein.	*uá-bo* Milch.	*tîkiho-imbo-ray* beendigen.
bä Reh.	*ä-bo* süss	*äihoni-hä-i-i* erhalten.
kä-ue Heuschrecke.	*pun-ya-ä'-bo* Honig.	*na vinyo tse-e* begleiten.
tè Coyotewolf.	*binto* Wein.	*ámabay* fragen, verlangen.
k'etupuiye Spinne.	*na-sä* bitter.	*bárebi-ire* beginnen.
tsiueno Ameise (auch *anè*).	*oro* Gold.	*sä na kokhki* kochen.
musa Katze.	*kva-ko-tsä* Silber.	*na tiu* sterben.
p'e Ratte.	*kva-a* Glaskorallen.	*volihi äm bi-i* ungern haben.
pipáye Forelle.	*okúa* Wolke.	*kanyi na mä-ä* reisen.
hü Fichte des Südens (Cedar).	*komanyo* Knie.	*oto na* ich höre.
b'é Aepfel.	*nava* Feld.	*toku mä-ä* ⎫ kaufen.
b-é-poi Pfirsiche.	*besanda* Laken, Decke,	*toku me kito* ⎭
tä-tä Weizen.	Ueberwurf.	*toku be kito* verkaufen.
tsin-di rother Pfeffer (Capsi-	*hi-e* Leiter.	*o-lungva* suchen.
cum annuum, Frucht).	*ruy-ire* Zimmer.	*to nungva* gesucht haben.

Apache.

oyan Loch.	*n̦se* denken.	(Yucca baccata, Yucca angusti-
pes-tus Gefäss.	*hö-tli* haben.	folia etc.)
tseskosi Eichhörnchen.	*ash-ti* brauchen, benöthigen.	*tseshi* Species von Verbascum,
tchishuki Rabe, Krähe.	*mī :* bean-plant (Pisum,	Wollkraut.
tlä-o viel.	Lathyrus etc.).	*na-tlitso* Sonnenblume (He-
ti-tchī gerade jetzt.	*koye-tsose :* Soap - weed.	lianthus).

Návajo.

Bergnamen bei Fort Defiance: *Trastsi-tchibitú, Sosila, Tistsitloi;* eine dortige · Höhle heisst: *Ta-atetose. tchä-tlo* Frosch. *tsetsetsokhiskhan* scalpiren. *khlil* Cigarre.

Acoma.

tsoi-ak verbrennen. *ishk'* Jemand, Einer. *tchi-ga* Lippen. *tchoshk* Coyotewolf.

Quéres.

tsiucasa krank. *sh-kuika* Lippen. *shotsoná* Coyotewolf. *tyatna* Hase.

Digger-Indianer.

kietchat mein Grossvater.	*taki* Hut.	*tebabok* Hinterhaupt.
anakhtset meine Grossmutter.	*p'alunas* Kramladen.	*samik* Knie.
kilna mein Oheim.	*norut* Salm.	*kom-sem* Daumen.
kholtseke Schnurrbart, Augen-	*yetsonash* Stör.	*kurn-tse-sem* Zeigefinger.
brauen.	*khaba* Wangen.	*renebol-sem* Mittelfinger.
tchala-bim sehr gut.	*tsubik* Ellbogen.	*ran-sem* Ringfinger.
ush-hima übermorgen.	*kholtsok* Schulter.	

Utah.

tötsi-vuvh Scalp.   *avát timpanum* grosses Beil.   *penasca* Halbinsel.

pi Milch.   *ta* Tuch.

Apache.

Nachstehende Vocabeln rühren von Dr. J. B. White in Camp Apache, Arizona, her und bilden einen Nachtrag zu seiner in diesem Bande unter Chiffre Wh. mitgetheilten Worttafel. Wie Dr. Ch. C. Henry (bei Schoolcraft Band V) und die ältern Aufzeichner von Apache-Wortverzeichnissen, hat auch er sich der englischen Orthographie bedient, die ich, ausser in den oben bemerkten Lauten, beibehalten habe.

Brüder, Schwestern *ilkisso.*
Gurgel, Luftröhre *sesúlt.*
Hand, rechte *dénshnarde.*
Hand, linke *stulch-kon.*
Zeigefinger *shi larnezha.*
Mittelfinger *shi lársolsit.*
Ringfinger *shi larzhóse.*
Kleiner Finger *shi larzárzhe.*
Rücken *shi gón.*
Gedärme *elché.*
Haus, hohes *gándúse ko-uáh.*
Haus, grosses *ko-uáh golchár.*
Häuser, viele *ko-uáh gúlar.*
Thierhaut *bekóya* (s. Rinde).
Beil, kleines *átcher besárzhe.*
Messer, langes *pésh endútse.*
Taschenmesser *pésh nangártta.*
Rauchtabak *náttolitsoak, ditsoak.*
Hügel, niedriger *yarnárilkit.*
Hügel, hoher, grosser *dársiskit.*
Heu *klo.*
Hündin *klintchiona beárde.*
Hirsch, männlicher *bĭs-tchú.*
Hirsch, weiblicher *bĕ-árt.*

Hirsch, grosser *pénulte.*
Hirsch, kleiner *issárzhyetuhá.*
Vogelfedern, kleine *itsóse.*
Vogelfedern, lange *billarpár.*
gross *entchár, tchotchár, golchár, billonsárs.*
klein *arltsissé, bisárzhe.*
Greis *hárstesele.*
Greisin *issón sárse-ele.*
sehr alt *sarn.*
gut *inshú, arkúgo.*
böse, schlecht *dentchú, intchú, donzhúder, benésit.*
heiss (skin hot: *setuk*).
essen (auch *tnar, tshshar*).
tanzen (auch *tartsilstsh*).
singen (vom Vogel: *dilgúsh*).
pfeifen (Dampfpfeife: *dilgúsh*).
sprechen (auch *yártte, yudírlte*).
sehen (auch *ntshe, shin-clár-binéshe*).
gehen (von einer Person: *nutintár*).
gehen (von zwei Personen: *nudotósh*).
gehen (von dreien oder mehr *nudokár*).
sich erinnern: *shi-binashna.*
vergessen: *tu-binash-ter.*

Tonkawa.

Die, selten gebrauchte, Abkürzung für den Namen des ersten Berichterstatters, Loew, von dem das Meiste herrührt, ist L., für den des zweiten, Herrn Friedrich Freiherrn von Rupprecht aus München, Topographen des General Buell, und längere Zeit als solcher in Fort Griffin stationirt, R. —

tei-i Leber.
nemuétan malek Augenlid.
yekeván Gedärme.
tcho-ólan Excremente.
khá Fett, auch: Neger.
kalok Schnurrbart.
okmek Löwe.
akhu-enkha-tchalkan Hengst.

mushlok Hornvieh.
aurash-naurall Büffelhaut.
aurash-nau-vele Büffelbraten, Beefsteak.
tsatskhok-aurash Stück Büffelfleisch.
tan Schweif, Schwanz.
konkheitson Ziege R.
ukemeillo Schwein R.
okau Pelz R.

ekkran-reikhvon junger Hund R.
ekkrän männlicher Hund R.
ekkvan kalanein (?) Hündin R.
ékruahen Horn L.
etchokhanásh Prairiehund (Spermophilus ludovicianus).
senauda-khasi Copperheadschlange.
kakho-oktitch Käfer.
kamat-khele Hornfrosch (Phrynosoma cornutum).
khanak-khal Heuschrecke.
akhaloi Ameise.
apäu-killin grüne, rothe etc. Fliege R.
nish-yuknovan Schmetterling R.
kalat Schale der Schildkröte.
nashish Terrapin-Schildkröte.
lik Dorn, s. Cactus.
namvk dürres Holz.
tchoklo-óktitch Cactus.
esamo-i Broomweed (Aplopappus spinulosus).
notchpan-helepnen Mesquitebaum (Algarobia glandulosa, eine Acazien-Species).
shakhe-i-kauran Schatten (eines Baumes).
makik Gold.
neshekh-omcon Silber.
tagash-aitchotak Osten.
tagash-aklanak Westen.
atskhauan Norden.
yentanau-vei Süden.
tagash-tsatskhok Mittag (12 Uhr).
tsatskhok ein Stück.
oyuk Sack R., Tasche L.
hepeian Glasperlen R.
shen-khön Kleid, Rock L.
eshauké-hu-en Hemd.
okopak-khön Hut.

he-iat-shon Fernglas etc.
yéko-khon Stiefel.
takhuaz-loman-hepaian Halstuch.
tchokhosh-loman Taschentuch.
yetsokhe-i-tsan Knopf.
neshgashan-oyuk Handtuch.
tchokh-tchapol Bettdecke, Ueberwurf.
nakh-tshou-selon Zündhölzchen.
ycla Sessel.
yakhau Sporn.
neshet-khon Sattel.
kanyakh-matchan Satteltasche.
kalvántitch Wagen.
yatch-khenon Brod.
yatsokhgan Gabel.
yakran-yenan-von Teller.
khalo Becher, Trinkglas.
kakhe Kaffee.
tsokhuetch-le-kvan Seife.
khana-nok Gift.
nekho-o-kralo Flinte (gun).
nesron pillel Patrone.
nil-khutan Papier.
nil-khutan-kee Bleistift.
netch-tota Buch.
ketepanon mein Freund.
enokh-keta-en mein Gefährte (my partner).
tchokhnon Arzt.
khalan Wechselfieber, Malariafieber.
kánosh Mexico.
kánoshan Mexicaner.
hauei hoch.
atsokh kühl, s. Norden.
ka-a krank.
kalk-hoho müde.
ke-cikhena hungrig R.
ke-cikhena-akh sehr hungrig R.
sankuon-kopei nackt R.

kopeia veika arm R.

a-utchoke reich R.

kevano nass R.

niesets-okh-kanov trocken R.

natsovi beissen R.

masulli riechen R.

eisatuk schneiden R.

shapon verstecken R.

vauva sterben L.

kokhokhua athmen.

nebukhka rauchen.

yokhoya auf die Jagd gehen.

shoyana schwimmen.

melan blitzen.

sospuono hören.

haikho zu Pferde reiten.

tchulchukk, erschreckt werden.

takhela zurückkehren.

e-eo kochen; *atsokhava* kühl werden, abkühlen.

neshuano schiessen.

nek-enokh nicht wissen.

tchekvo sehr 2) Superlativpartikel.

hilanok bald.

enokh-tso es ist gut.

galak mehr.

holo-u kapu-i Jeder.

aletélkua was? was für ein?

hetet-shéka, hetet-á wo?

hetet-shá wohin?

aleto-tchélkua wie?

kopeia nichts, R.

mitish-i dreizehn, *siquit-i* vierzehn, *kosqua-en* fünfzehn u. s. w. (fünfzehn bis neunzehn mittelst Anhängung von *en* gebildet), *sikbakh-ala-kita-kita-en* zweiundzwanzig.

B. AUSWAHL VON SÄTZEN
AUS DEN SPRACHEN DER TEHUAS, APACHES, TONKAWAS UND ACOMAS.
I. Tehua-Phraseologie.

(Von O. Loew 1874 aus dem Munde eines Tesuqne-Indianers niedergeschrieben.)

Ich esse *tehuiyó,* er isst *va tehuiyó.*

Wir essen *va ti tivi huiyó* oder *no-ye tehuiyó.*

Sie essen nicht *va ti tivi huiyó be.*

Lasst uns essen, essen wir! *aya ve huiyó me éne,* oder: *va ti tivi huiyó be éne;* oder: *ti kho ivi hunya me.*

Ich esse nicht *ve tehuiyó be.*

Ich werde essen *ohu kan tá;* ich werde nicht essen *vohu kan tá be.*

Ich habe gegessen *na tehunya.*

Ich habe nicht gegessen *ve tehunya 'mbe.*

Wir haben gegessen *ti mi hunyo ha.*

Wir haben viel gegessen *ná-e ivi hunya.*

Ich habe ein Pferd *na vim kavayo ginya á.*

Ich habe zwei Pferde *ruye kavayo ginya ä.*

Ich habe kein Pferd *ruy gin kavayo ambe.*

Ich habe nichts *hä moa uing kra bé.*

Ich habe viele Pferde *ray a kring kavayo ko.*

Ich habe nur ein Pferd *kavayo ging kvo.*

Ich habe viele Freunde *he-henya k'vma ging kvo.*

Ich habe viel Fleisch *he-henya pivi ging kvo.*

Diese Pferde gehören mir *po ye kavayo navi ing mo.*

Wir haben zwei Pferde *na-inta vuyie kavayo ginya-ä.*

Ich habe Brod *na vim pan-sa.*

Ich habe Wasser *vi p'o ti mä.*

Das Wasser ist gut *p'o hi-huole* oder *p'o he-no-'nlye na-mo.*

Der Fisch lebt im Wasser *p'a p'o uéua-tä.*

Wo ist das Wasser? *ve-henya nap'o-i?*

Ich will Wasser trinken *vi p'e rimä.*

Es regnet *y ku-ando-o.*

Die Sonne scheint sehr heiss *pi-ua tan tsaä-a; na tan tsä-ua.*

Die Sonne ist aufgestanden *na tam pi.*

Ich habe dich gesehen *vuy mu náre.* Ich bin krank *mähe.*

Diese Speisen sind gut *hi-uöle na mó naköye.*

Lasst uns (geschwinde)! gehen *yaho anyogi yamoy.*

Ich bin durstig *vi p'o ti ma osa-a.*

Ich glaube es ist Hoffnung da *näre an khá ma-intsi karinko.*

Ich will (bin im Begriff zu) verkaufen *toku b'é ne.*

Ich will (bin im Begriff zu) kaufen *nä roku mä-ä.*

Ich will einen Esel verkaufen *nä roku be kito hä bunto.*

Ich will einen Esel kaufen *nä vuy bunto loku me kito.*

Ich will diesen Esel verkaufen *nä oku be ta-a hä bunto hä-i-i.*

Ich will zwei Esel verkaufen *nä oku be ta-a vuyie bunto.*

Ich habe einen Esel verloren *nä ruy bunto ti beri.*

Ich suche meinen Esel *nä ruy bunto-o tung-va mä.*

Ich habe meinen Esel gesucht *nä bunto he-henyo ta to nung-va.*

Wo ist der Esel hingegangen? *ve-heni to-o bunto nayi-i?*

Wie alt bist Du? *henyo pä-ayo un kro-a-ä?* oder: *henyo pä-ya nyvó-a-yi?*

Was ist das? *hä-ay hä na-mo?*

Ich weiss es nicht *vo gi-han gina.*

Wie geht es dir? *hay ho-o mä?* oder: *hay-un kau-ä?*

Ich befinde mich wohl *ni-vrá o-omä* oder: *hi-uöle o-omä.*

Meine Pferde sind weiss *nari karayo tsa-igé mo.*
Die Pferde sind schwarz *kavayo fente.*
Ich habe gut geschlafen *hi-no uri huyoko.*
Guten Tag! *oseng-ge ti mo.*

II. Apache-Phraseologie.

(Von O. Loew.)

Ich habe drei Pferde *shi itkhli ,rage hö-tli,* oder: *shi hö-tli itkhli rage.*
Das Gras ist gut *tlö shö.*
Der Wind weht (ist) sehr stark: *nakate n'yul (oder nal) itchi.*
Er hat Fleisch *an pi-i-tsi hö-tli.*
Ich habe viele Steine *shi tse tkhlo-tash nil hö-tli.*
Er weiss nichts *i tu titsa takh.*
Er ist gut *an n'shö.*
Ich bin hungrig *shi -'nta-a si-tsä.*
Ich weiss (es) nicht *to tistsa tä.*
Das Wetter ist schlecht *-'nta haigo,* oder: *-'nta toshöla.*
Es regnet stark *tlä-o natl-ti.*
Dieser Berg ist sehr hoch *tsikhl n'tchä hi.*
Ich benöthige nichts *to ash-ti ta.*
Ich habe Tabak *shi nato hö-tli.*
Er hat ein Pferd *an itkhli hö-tli.*
Es ist sehr heiss *ku-istuk.*
Ich habe viele Leute gesehen *shish-i tau ratye.*
Ich bin ein guter Mann *ni shi 'nte ken ni-shö.*
Ich gebe dir Tabak *shi nato shné.*
Ich glaube, es ist sehr nahe *shi akh-a-ne n,se.*

III. Tonkawa-Phraseologie.

(Notirt von O. Loew im August 1872 auf der Tonkawa-Reservation unweit Fort Griffin, Texas.)

Ich sehe dich *shaya tchen rantch.*
Du siehst mich *naya ki yetchu.*
Ich esse Büffel (-fleisch) *aurush ye yakhanosh.*
Wo bin ich? *hetet-sha enusha?* wo bist du? *hetet-sha enuka?*
Wo war ich? *hetet-sha eta sha?* wo warst du? *hetet-sha eta ka?*
Wo ist er *hé-el hetet-sha enu ka?*
Wo war er? *hé-el he-uwan eta ka?*

Ich bin nicht im Hause *shaya yetsokhan ak enu-baha.*
Ich war im Quell-(wasser) *shaya akhu-elpan khakhaha.*
Ich war nicht im Quell-(wasser) *shaya akhu-elpan khakhabaha.*
Ich habe kein Pferd *shay akuenkha kapa yévu-esh.*
Das Messer in die Tasche stecken *halonkaikhakh oyuk shokua.*
Einen Baum ins Wasser stellen *akh helepuen toyo.*
Der Fisch lebt im Wasser *esvalan akh aye.*
Ich weiss es nicht *gin khenu.*
Ich und du gehen ins Haus *ken shaya tak-khono keshe.*
Eine Frau stirbt *ebakhu-eta ne vauva.*
Von Gift sterben *khana-nok ke rauva.*
Welches Pferd ist das deinige? *akuenkha nakhin aletelkua?*
Wie ist das Wasser? *akh aletetchelkua?*
Guten Morgen! *hos takh-shon enokh!*
Gute Nacht! *enokh ke-ish tcheikua!*
Es ist eine Woche (seitdem) *mishbakh e-e-ion kapai takh-shon.*
Es ist acht Tage *seketiesh etehnan tso.*
Ich habe keine Zeit *shai ka-tu lel.*
Vermuthlich, vielleicht *he-eva, he-uvan.*
Ich gehe mit dir *shaya naya tasha tanash.*
Er isst mit mir *helatla ketsha yakhau.*
Was isst du? *het-sho-olok yakha noka?*
Ich komme, dich zu sehen *eta ti-atche,* oder: *kakha ti-atche.*
Ich war nicht im Hause *shaya yétsokhan akon be.*
Wo bist du gewesen? *heteta eta ka?*
Ich habe kein Wasser *shai akh kapa yeshik.*
Ich habe nicht gut geschlafen *shaya enokh tchokhnobósh.*
Ich liebe nicht schlechtes Wasser *akh ikh keshkua tchapeno.*
Ich bin nicht krank *ka-a tchapeno.*
Ich gebe dir *eka-te van vontch.*
Ich danke dir *enokh a-ni.*
Du giebst mir *naya keko.*
Lebewohl! *enokh e-i anash!*

IV. Acoma-Phraseologie.

Folgende sechs, von Hrn. Loew notirte Acoma Sätze habe ich nach blossen Muthmassungen in einzelne Wörter abgetheilt:

Ich esse nicht: *sa tsi-nobs'- kono.*

Ich habe nicht gegessen: *sa tsi-nobs'- ko be.*

Lasśt uns essen! *sho tsau'-eta.*

Ich verstehe nicht: *sa ts'-ish kan.*

Heute ist es sehr heiss: *tek atómatse.*

Ich besitze Pferde: *tcho-me-e karayo ti-tsia hinome.*

WORTTABELLEN

DER

•

ZWÖLF SPRACHEN UND DIALEKTE.

7

No. 1.

	Isleta.	Jemez.	Moqui.	Tehua I u. II.	Apache.	Navajo.
1 Mann (vir)	sidnidú	shiotesh	taka	shenhim; se	nte	tine
2 Weib (mulier)	kleönadú	tiosh	cucte	krihia; *kui	estsann	estsunne
3 Knabe	ornodn	kiush	tchaio	eyé: eniu	ishkip	shi ke
4 Mädchen	opeôôdu	umpekale	manankia	eyonke; aniu	itin	eteke
5 Kind, Säugling	upiradu	king	tibush	ebile; epie	.	aucá
6 Mein Vater (vom Sohne angeredet)	penkaui	tà-é	i maa	tata; navi tarú	petṛa	shi tchin
7 Mein Vater (v. d. Tochter angeredet)		.	i ngua			
8 Meine Mutter (vom Sohne angeredet)	ingkea	yiä	.	; navi yia	mä	näshan ne
9 Mein Gatte	hin sunce-e	opèd	i co-ushingra	navi shú; nuvi tsú	shi a	sho tà
10 Meine Gattin	hin lleoce-e		i cucte	. ; navi tsú		sha al
11 Mein Sohn (v. Vater angeredet)	hin uce-e	mking	i ti	naci è; nari é	uhi sase	shi yi
12 Mein Sohn (v. d. Mutter angeredet)	.				.	se tse
13 Meine Tochter	.		i ti-i	naci eyonke; navi ä	shi tsi	
14 Bruder (mein älterer)	hin pace-e	baboye	i euca	bibi; navi parè	shi sta-ye	shi nai
15 Bruder (mein jüngerer)	.	ko-ö		.	shi tishe	se tsela
16 Schwester (meine ältere)	hin tole-e		i kokha	kàkà; navi parè	shi tè	she la
17 Schwester (meine jüngere)	.	.		.	shi tishe	etei
18 Indianer	taiödá	hĕ-ĩ	.	. ; o-uná	kin	
19 Volk	tä-ai	hĕ-ĩ		; t'ón	.	khä
20 Kopf	p'e	s'äsh	küte	pong; p'ú	si tsin	tsi tsin
21 Haar	p'a	fola	heni	p'ho; p'ú	si tsil	tsi
22 Gesicht	tchä-a	tsola	taihua	navi tchè; tse	si nĩ	né
23 Stirn	papfoa	cäpe	kala	navi ko; tchi-gó	täyiss	kalye
24 Ohr	t'akhloa	vashtye	nakoro	oye: ooyè	tcha	tchin

Apache, Wh.	Tonto.	Tonkawa.	Aroma.	Quéres.	Taos.	Diggers.	Utah.
inda, indar	mohace	aakon, akon	hitchiche	hitchiche, umo	shoyenem	ueta	taviits
issinna	makr	brkhurta	ko	kue	kirtuná	bûgta	masauvits
idin	h'me	akon-vükhonn	i-atch	i-uas	tasand	ueta-ela	aypets
tchargósha	h'me	.			kleand	bûgta-ela	nán tchitch
us-tnartshe; be-tsnrtshe	.	rúkhvan	oak	oak	oyuuná	ela	pi-sits
shi tár	gita	kolakakho-u	nayshtia	hasti	antomma-d	tata	nenai-mú
shi tár	.			'	.		nenai-mó
shi maír	titi		nayin	yaia	unkand	tchutchu	pi
shi kár	na vi		sa tche	sa tche	tuté	net vi	nina tanúpoa
shi árt; mohitne			sau kee	sau kre	nitomá	net bûgnu	
shi yá; shis ke	na manya		sa muté	sa muté	.	net gorash	tóats
id. id.	.						tónts
sil-así; shi-tsdr-tshe	vitye		sa maak	sa maak	amoroyé	net trhesh-bûgta	nina pa-tsits
shi kissen	ni ya		óma	sa tyo	papanás	leygut	nana po páritch
'	ni ya		.	.	.	.	nana tovikerum páritch
shi kár; shi tisya	gin ya		sa krits	sa krits	tutund	leygut	nana po pátch
'	.		.	.	.	.	nana tovikerum pátch
inda			kaunikome	.	saamaná	rintu	nüna
inda char			.	.	irre; sauarrhu	.	
vi tsitsin	ho	takè-i	tsi nashgain	nashgain	be-e	payok	tots
vi tsatsill	koranva	khak	hatchen	hatchan	kabayénrá	tamoi	totni hera
shi nístse	ho		hoauin	hoauin-han	kurira	gara	ko'rh
shintar	pola		shkop'	shko-op; hopin	.	tri	motiik
shi tchár	shwarga	rnatch-khaion	rnypin	yopen	taseahá	matat	nungka'vh

7*

No. 2.

	Isleta.	Jemes.	Moqui.	Tehuas I u. II.	Apache.
1 Auge	tchi	aesh	pu·shi	tchi; tse	intà
2 Nase	puãi	fose	yaga	tkhò; shiù	tchi
3 Mund	llamo	tie kra	bagnibué	shoko; ungra	itse
4 Zunge	yẽ	ẽ-il	lengi	heng; hữ	isad
5 Zähne	uẽ	kva	dama	rà:	go
6 Bart	adpa	táfa	sho-uitchimi	shobò; sovo	tara
7 Hals	k⁴aura	tota	krapi	yekõ; k⁴ẽ	iguas
8 Arm	ka	ha	ma-atà	ko; ko	gan
9 Hand	man	mãtash	makhde	mang; mà	latã
10 Finger (plur.)	ma kữ	mà	ma la tchi	mang kõ; mang ko	la shush
11 Daumen			makum la tchi	mang ko shoyo, ko shoyo; mang ku so	
12 Nägel (an Fingern u. Zehen)	ma shi-er	mà esho	shuki	màlye; manya	la gan
13 Leib	kaloave-e	kvã	tchunge	tu; tó-o	si tchi
14 Brust	po·aura	pelo	ta-uitska	ping; pĩ	kion
15 Bauch	tẽ	vadlo	buno	shiko; si	til
16 Brüste (weibliche)	.	.	bike	rala; gud	ibit
17 Schenkel	kõbe	veto	gashi	bo; po	tchat
18 Fuss	en	hõtesh	gũgữ	ững; à	kiè
19 Zehen	ẽ·kữ	ũtchuè	vokúkrekvóshi	ũng·kõ; ang·ka	kiè·shush
20 Knochen	ữ	hũ	hokiaroka	kñ·pekõ; pekhõ	itsin
21 Herz	bèa	pe-rl	uénangra	rà·kõ; pĩ	ùtchi

Apache, Wh.	Tonto.	Tonkawa.	Acoma.	Quéres.	Taos.	Diggers.	Utah.
shi ndár	yu	nemu-etan	shkana, ho anu	ho ana-an	tchehan	tumut	puy
si tché	hu	nimu-etch- khon	ruyshin	ruyshin	ohuy	sono	mürh
ni atáy	ya	kala	há-us	shi-ik	kukal	khol	temb
si tsárt	pala	nilkhrol	koatch	uatchin		tahal	augh
shigo; plur.: clar miga	yo	hentai-tchon	atsintcha	stia-atch	kukal-me	si	taua
shi targár	yanimi	kalok	stamusha	stamusha	sapana	montacke	munts, munts-ump
si káse	.		sh-kaui	sh-kaui	peskvaysó	tchiss	kurach
shi kún	ruyeboka	.	stsiumi	yomin	kralgoé	kh*rte	puer
shi kún	shola	nonton	sh-kamasti	sh-kamasti	mancná	semut	mǚ
shi lartsúse	shala gayte	eskhánön	sh-kama'-p'	sh-káma-tchatchi	vem	kahait	ma-siuch
shi lártcho				.	kculve	tchetchemuk	pe-emtom
shi lúrkon	shala huó	yotshan	sh-tsauitch	sh-tsauitch	petchalras	kahat	sitch
shi káru		.			seananá	tu-un	ningoch
si tstsé	ba		sh-kauitsi	sh-kauitsi	parule	tenen	sauvay
shi pit	yaga		sh-konatse	sh-konatse	teyand	teshle	pi-i; ta
shi bepá, epá	manona		.		kutchu	gänso	
shi tchut	bala		sh-kam	sh-kama	kiahea	ma-it	yu
shi ká	nanyo	áyon					namboch
shi kdesutse	mi gayte			.	.	maishlekhlcles	piemtom
ni tsin	kuérata	mikamon, ni-kamon-tchatao	hashgan	hashgashu, hashgin	tchuaralé	bak	
ni tché	ihusya	yatson	se-uinoshka	uinoshka	tchumovayé	porus	puí

No. 8.	Isleta.	Jemez.	Moqui.	Tehua I u. II.	Apache.	Návajo.
1 Blut	uga	ăba	ăngva	i-akou; ŭ	tikhl	tikhl
2 Dorf	natŭni			; o-unĕ		
3 Häuptling	uitlavedá	ful	mungvi	toyŭ; tuyó	natan	natani
4 Krieger	komniu	pala·fui	nagoiya	tibitahvm; akono·tuyó		
5 Freund	inpoeyva-e	ābo	ikvútsi	gi-ema: k'ema	shteke	sikis
6 Haus	nadhă	dŏyo	kihă	gi-ege; tihua	kŭva	ho-okhan
7 Büffelzelt	komŏ	pŏ	aba	bá';	.	yatirkhl
8 Kochkessel	boro	guita	shivatchkapla	kve-ushe-eo; koúkumbĕ		tsá
9 Bogen	huíre	ū	tiöhiá	enoke-ele; á	ilkŭ	arkĭ
10 Pfeil	tloa	shtiă	hohă	shu'; su	kŭ	k'a
11 Beil	shiakoa	hel	pikaivua	kuele; kuui		tchvnkhl
12 Messer	shiya	kishlye	puyu	tchi-iyo; tsiyo	pesh	pesh
13 Canoe	tlat-ĕ	tirtoba	vunashivu	pemehele; kof'hembe		tsena-rl
14 Moccasins	kăav	e-indne	totchi	ang;	sike	tkhĕ
15 Tabakspfeife	pe-rŭ	fui-tchash	kuitsingva	eyie; sako	nato·ntsĕ	nato·tŭ
16 Tabak	tle-e	tiŏye	lăva	shvi; sa	nato	nato
17 Himmel	navapuyŭ	vápă	tokbela	tooba; makŏa	yatilkhil	yatrkhlbhl
18 Sonne	toridá	p'ĕ	tahua	tang; panaendo	tchvna-ai	tchvna-ai
19 Mond	p'a-idá	p'a	muyiaue	b'ă; p'o	kliuua-ai	oltche
20 Stern	akhătlal	vahă	shohe	agayo; agoyo	sŏs	sŏ
21 Tag	tŭidá	bŏshur	pĕ-i	kevi; uitá	tchĭ	dis-tchi
22 Nacht	nŭidá	taha-ă	dăbki	natkelŏ; nukhŭ	tlĕ	tchahakĭ-rl
23 Morgen	tomdá	etale	kăb'o	taute; nutĕ	npe	apenta
24 Abend	kimicn	hŏmakye	mashivnhi	naki-eng; nate-t	oyă	e-i-ăgo

Apache, Wh.	Tonto.	Tonkawa.	Acoma.	Quéres.	Taos.	Diggers.	Utah.
dil	huala	henshon	màtse	màatse	tchuame	shak	pa'p
ko-uih-clar			kauaik	haastitch	paand	polakaua	kontan
nonton; nontärhe	matava	akon-qualo	hotsen	hotchen		tchekto	ntavh
		tchen-shomokh	kauai-pe	kauai-pe		klikopura	nauk-ntavh
shi gé; shàlman	nokhà	.	s'taugin'a	saugin	puiyu	shumana	tiguvh
ko-uih	niuvà	yetsokhinhi R. yétsokhan L.	itchini		tchamen	kauel, k'el	
ittilbu-ko-uih: bekóga-ko-uäh	.						.
pish-insar		.				bolok	timbuimbumba
ilté	hopo	.	shtiaka	huy-shtiaka	tsamen	kolsa	dats
kar	apa	.	istoa	ishto	.	nat	úh
àtcher		.	opkaun	oko.panúni	kvanhà	tchehamos	mipu-panum
pish-endaitse	akvà	hulonkui-khakh	hi-ishgay	hi-ishgay	tcheaunà	tobosh	uitch
anarele	.	.		.	tsamuno	toletelok	uvisng
kay	nayo		huishuim	huishuim	kiabenà	.	pats, pigtvats
nardósa		yatkhuan	aishkan	shiúko	tchakrap	halok	tsung
nátto	ova	bakhka	hámi	hámi	tsamen	lel	kóab
yadeklil	ok've	.	hóaka	hóaka	eltamenà	k'altse	tuumpayavh
dchugerni-ei	nyà	tagash	oshatch	oshatch	suta	sash	t'ab
klagoni-ei	h'lá	na-ashod	tauatch	tauatch	kanu	tchepetcha	maatauapits
ilsóse-e	amshé	taushe	shitit	shiki-it	batchista	tkhluyuk	putsivh
iskárdo	nasheta	etchnan	setchoma	sayitchu	tuiban	sane	tukvare
kláy-der; klágo; klá-	hepa	oa	kopsho	noyia	payanye	tchebue	tukvan
karyiélkar	hepateke	lukhshon	natchama	tchama	tuvan	hontchebe	uitchuk
			stchapka	tchap	nalopayane	kenoana	tavayákve

No. 4.	Isleta.	Jemes.	Moqui.	Tehua I u. II.	Apache.	Navajo.
1 Frühjahr	acrelui	temtemho	tamängra	tavente; laandé	tàyo	tà-go
2 Sommer	tà-uinidá	p°ĕ	dälan	yoketish: payoere	tunasnikho	shi-go
3 Herbst			teme-e	tetnoti;	.	
4 Winter	to-uinidú	tà-h°l	teme-e	tetnoti: tenure	khai-go	khai-go
5 Wind	uá-idá	loud	hùgangoi	và; uà	iltchi, n°yul	niyol
6 Donner	koanidá	tokei	ùmurgi	ikvetàla; guatà	itinti	ini
7 Blitz	opinidá	numkrá	daluipiki	tchikoeno; tchiuaáno	halátitlá	tsanithih
8 Regen	tloridá	tokà	yogi	ikva-à-à; tikuà	natlli	natlkin
9 Schnee	panidá	gcová	honau-ĕ°	kiĕ; ti-p°o		s°as
10 Feuer	paá-idd	yakvá	trrua	akà; p°á	kŏ°	kŏ°
11 Wasser	p°a	p°a	kui	p'-ŏ; p°o	to	to
12 Eis	p'-a shi-er	rasá	tolchá	tangkole; oiyi	.	tin
13 Land	num	ho°ng	tùrua	akang; nà	tkhlish	tLhlesh
14 Meer	p°a-illa	p°a-shtiyo	p°a-tĕba	; ok°uĕ	.	petil
15 Fluss	p°a-illa	p°a-kva		; p'ok°e	tŏli	
16 See	.			. ; p°ok°ue		
17 Thal	uipá	petä	peshe			nastla-alaknik
18 Prairie	pà-ai	ragi	teshkva	ako; akono	.	ni
19 Hügel, Berg	napyan	tota	tùtùkvi	nahĕkvi; kĕ-ĕ	kutilkŏ	
20 Insel		.		. ; poyare	tsikhlnasà	
21 Stein, Fels	hiau	kea-à	ú-u	ku; k°u	tse	se
22 Salz	pàtli	keakve	e-unga	ishung; anyà	ishĭ	ashi
23 Eisen	kuiyoa	ging	shiba	kue-eko; goáko	.	tse-pesh
24 Wald	nagai	tota	sikevi	te: nakana	tchĭ	t°is

Apache, Wh.	Tonto.	Tonkawa.	Acoma.	Quéres.	Taos.	Diggers.	Utah.
' .	petuvohoye	.	.		halo-itchevan	altebo	tamän
' shi·go	.		atimatse	kasha-it	haloanye	baabela	tats
'	.		k'ok	ko-ok	cuitoikve	khailana	yucan
' hi·go	atiulé		gumi·gaishtai	gaishtai	saofaikva	bomeshena	tom
' üiché	gavesili	yandan	guna·tchatch	notchtch	.	kaha	ne·er
' itindé	vooe	teleshvän	kämots	ka-aumots	tuve-uf	komoks	umune
' bekenárdoletchil	volabe	metan	pes-tuts	potcho-oishte	satchke	vailoka	varrenton
' nargölété	kivo	yumom	k°ats	ka-atcha	palamueñ	lohá	p°avay
' sars		masslokh·ĕlan	kauelata	kaucta-ata	.	yole	nevavay
¹⁰ kä	hoo	nakh-tchon	hagan	hagan	fakuámo	p'o	k'un
¹¹ tä, ton	aha	akh	tsits	tsits	ma-ané	mem	p'a
¹² te	.	nistekhon	kuistsiama	ha-auve	pa-ané	keke	p'a-kop
¹³ ingosón	mata	atch	ya-ai	yau-oni	napá	bo'm	tui
¹⁴ tä indchúle	.		shkakó	shkaukoyé	peasci·pa-ané	bohe mem	pá-are
¹⁵ tüle	hahele		tchuna	tchi-ina	pa·ampá	uokct	nukvint
¹⁶ tä indchúle	.	.			pa·apú	.	pá-are
¹⁷ güntel	.	hakuläno R.	.	.	kvaye·apú	khäb	yuach
¹⁸	.	hueu-meil R.	sinotsats	sinotsats	vaupu	al-khäb	.
¹⁹ tril	haltyäte	natun R. naton-khatána L.	godkh°	go-ote	be-an	poyuk	payach
²⁰ tiyárdestár	vuytaya	.	.		ma·ampú	altaba	
²¹ sa, sa·entchar	ouy	yeteikhan R. yatekhon L	henat-tyi	henaurt-tyi	ĕyan	son	timb
²² ishi	ishi	.	mina	mina	bakhle·enye	nükhlah	uách
²³ pesh			kamashgat-gh°	tchemushtai	sakvin	til	panáka
²⁴ tchil·clar		häleipen R. helepuen-tekhek L.	tchitchp°	tchitchupi	ba-an	bake	mauch

8

No. 5.

	Isleta.	Jemes.	Moqui.	Tehua I u. II.	Apache.	Savajo.
1 Baum	tli	poyelo	lestavi	pásha: nabésa	tsl	khai
2 Holz	ka-i, ka-i-tla	shti-é	kro-he	shong; tebé	tchish	tchish
3 Blatt	kai	hä-ä	shilakorue	ko-on; kña	tchiltutlishi	tatä
4 Rinde	tlä-kui	tatash	kholbuł	hŏ-kui (·kri); ū-ä		
5 Gras	nà-tli	fŏya	tushäga	tä; penyúrě	tkhlò	tkhlò
6 Fichte (pine)	ãi	kuan-tesh	terač	ta-u, ta-an;	.	te-stain
7 Mais	iya	po-ó	gä'ě	ko-ote; kŏ	natä	natä
8 Kürbis	p'a	muč, hanish	bakna	bó; pó	peikan	nayise
9 Fleisch	toa	kiune	shikri	to; piri	itsi	etsl
10 Hund	kuiyanidá	kiano	bugu	tchié; tse	litchane	khetcha-e
11 Büffel	sibilodá	totiesh	.		mokashi	
12 Bär	kñaidá	valo	honau-ě	. ; kič	shoah	shosh-in
13 Wolf	garidá	anyo	kueu-ě	kŏyo; kŭyú	mbá	maitso
14 Fuchs	torash-shū-udá	tonkano	ishau-ě	paien-á; humatuyé	.	maič
15 Hirsch, Reh	pĭ-idá	kialesh	tcheriu-ě	tong; pã, bã	.	tchate
16 Elenn	tu-u-uidá			. ; dil	.	
17 Biber	p'a-tchan			. ; oyo		
18 Hase	pe-uidá	o-ä	sovui	ku-eng; p'u	katchó	ga
19 Schildkröte	p'a-guara	apola	.	. ; oku	.	
20 Pferd	ganidá	kavayo	kauvayo	shaniya: kabayo, kavayo	tkhľ	tkhľ
21 Fliege	tchikuiron	fuya	tori	pŏ-oyo; shugó	tsª	bekashi

Apache, Wh.	Tonto.	Tonkawa.	Acoma.	Quéres.	Taos.	Diggers.	Utah.
tchil	i-i	helepuen	ki^ua	ki^ua	pololu	bohe·me	mauch
itsé, tchis	i-i	kué	k^uta	ko-ota	snané	tchus	ouch
disbitár	vila-shoa	khashe	ti-iskama	ti-iskama	sakulú	bale	nangach
sim-bekóga		.	nashi	uála		lane	sich
tchinárddeltchuse	vila	trúnikhon L. ueshon-eikhon R.	kupeomatsisi	aahannyitse-e	baané	tsaruk	okcich
indeltché			háni	haani	tsaan	oleme	ovomb
	yala	tullochinyaua	yaga	yaga	yaho		komñ-y
belkon			tán	tán	baa		
itsé	yemata	mashalcik R.	ishian^e	ishian^e	tauaná	nabtchile	tokoach
klintchiona	tsata	uku-en L. ekkuan R.	giya	giya	tsuden	kantishuku	saritch
gosetár	gunkata	aucush L. aucas R.			kanen		kuts
tsilgotchuá; shus	nakatya	nimtropan	kraya	krhay	keaná	uema	kuierant
bartchú	mbá		kagan	kagan	kalen	tcharova	yo-ovuts
.		bopnkhon			tovakhuli	hau	tavuntsits
pe		au			pe-anem	nob	tey
begóntale-bistcho	.				e-an	kolet	pare
			.		.	matokhl	parintch
kártcho	akolá		ti-et^gh	tiatna	piuvin	patkeles	tasakam, kaam
					iya		.
kle	khata	akhuen-kha	kacayo	kavayo	ka-avin	shuku	kavd
tánk	mburga	apin-shos R.	tsápi	tsáipi	tchi-in	kilit	mupitch

8*

No. 6.	Isleta.	Jemes.	Moqui.	Tehua I u. II.	Apache.	Navajo.
1 Moskito	puyun	tsokuye	.	. ; shugo-é	tchush	.
2 Schlange	pinun	pahalya	tchu-ash	pĕ-eyo; pányo	tkhlish	tkhlish
3 Klapperschlange	tcharal	kiapélo	.	. ; nampŏ	tkhlish lipă	tchetŭkush
4 Vogel	kashira	seye	tsi-i	tchi-e; tsi-ré	tlŏ	tsiti
5 Ei	b'agué	vătelö	nehŭ̄, neva	kua; gui	anite	tsitiyeshi
6 Federn	kiye	keată	homasha	k'ung; sufigă̄	itsa	t'a
7 Flügel	kiavu	keată-hoko	kva-kŭ̄	tche; kŭ̄kŭ̄	tsa	atad
8 Gans	guapunin	hă̄-la	păvuiga	hoping; .		na-rghi
9 Ente	apian	kintă	kroa-ko	ni-ilé; ozl	.	
10 Truthahn	totiron				tlo-isho	
11 Taube	paipatira	.	.	. ; palomo	.	.
12 Fisch	pŭ-ŭ̄-idă			. ; bŭ	piahl	
13 Name	kă-a		.			tenlyé
14 weiss	b'-atu-i	kiu-shulo	koltsa	tche-i; tsd-i	tle-kayi	sha-kai
15 schwarz	poni-i	hŏ-shu	koln'ri	pi-ingi; henl-i, fent-i	tikh-ikhl	tkhli-shin
16 roth	paimu-i	hŏ-shulo	bolang-bue	pi-i; pi-i	tli-tchi	tkhli-tchi
17 hellblau	shu-li-l	.	saskuan-bue	tcha-a-vuey; tsă-uay	tu-tlish	to-tlish
18 gelb	tcho-ri-i	ho-yo-shulo	gaska-vi	tche-i; tsé-yi	tli-tsu	si-tsu
19 hellgrün	baku-i	ma-yo-shulo	shche-vi	te; p'o-si-vi	to-tli-sha	te-nŭ-tlish

Apache, Wh.	Tonto.	Tonkawa.	Acoma.	Quéres.	Taos.	Diggers.	Utah.
1 sisnarlsóge	ila	enopkhalo L. anip-heila R.	.	.	ya-aten	yus	mŏ-ach
2 klise		senanda	shu-i	shu-u-i			tocach
3 klise-bitságol	luei	senand-okh			petchin	tlak	tovach
4 klo	tisha	enko-ola	kayátaniah	si-isek	suliná	tchil-tchil	vitchitch
5 begáys		halul R.	shui	shui	iyan	tkhluyut	nop°uch
6 itsúse	mata	.	hosin	hosin	ilap	tagos	vech
7 bitartsin	sha	.	siáta	si-iya	bi-and	an°	kuäch
8 achy			shiot			lak	avdnursk
9 nárúlnarsúse		.	vayos		pa-an	kutgat	tsigh
10 lisa-se; gásdchule	malya	emokhan	tsinu	tchi-ina	tchu-ulú		
11 kárgo		.	ho-oga	ho-oga		puygungobok	ayiuch
12 kloak	itye	escalan	shga-ash	shga-ash	cyaná	tche-rut	pagü
13 bis-zhe		.	ko-akashts			.	nia
14 klekie	'nshava	masslok	tchtsa-muts	ka-muts	atuná	khaya	tusága
15 deklil	'nya	kakho-o	mish-ts-s	mish-ts-s	funt-e	tcho-lo-let	tokvi
16 kletché, letché	kalyo	tchokh-samokh	ko-ugune	ko-ugane	fi-ku-lu	tete	angáre
17 doklise	aveshuce		ku-iahk	ku-ishk	fun-atsun	tsaro'-ge	savare
18 klitsüge	kuase	makik	ko-kauish	ko-otchimi	tchuli		uágare
19 klepárya	ilci	khatou	gshátim-atse	gsh°tim-atse	tchaikvai	tsaro	savare

No. 7.	Isleta.	Jemes.	Moqui.	Tehuas I u. II.	Apache.	Návajo.
1 gross	uatlamu-i	yabe-ē	cuepa	tchei; gàháyi	'ntch-kha	nitsas
2 klein	yuru-u	.	tchaio	hīyci; hīnyái	altscse	altchini
3 stark	kuámi-i	ra-ăn	cokala	akicle; nakië	ualgut	biteil
4 alt	ku-nuayi	rabä	ruć taka	she-eno; sento	hastī	khastī
5 gut	kuni-i	ra-ăn	lumáshin	oruabócimo; hi-uóte	'ushō	yato
6 böse, schlecht	ue-kun	.	totoyc	nahć; ni-era-bonomobć	'ntchō	ta-yashī-ta
7 jung	o-u-ade	öma	taka	shing; euuké	hàtlate	
8 todt	p'ayade	keapa	pćce	nayoko; natchú	tnntsð	asipkush
9 lebendig	ua-e	kve-e	tiyo	ino; nauámo	intá-hintá	
10 kalt	nashi-em	no-ðsh	yo-oho	natie; nati	gasgos	gosgasé
11 warm, heiss	nutliram	tchila	utăhā-ă	natchàra; natsh-ua	ku-i-stuk	kho-tsto
12 ich	nà (possess.: hiu)	ne	nŭ-ŭ (possess.: í)	nà(posses.: nari); nă	shi (auch possess.)	shi (possess.: shi, she)
13 du	ĩ	ungva	owi	ö-o; ō-o	ni	ni
14 er	uima	na-à	i-i	ne-i; ö-o	aguan	aige
15 wir	natchim-ba	nesh	itu mŭ	nà ĕ; nà e	nte	altso
16 ihr	tchim-ba ī	ni esh	ă ma-a'	ue into-a; ö-o	no-khi	
17 sie	tchim-ba	om esh	mi ua	o ĕ; nŭ	an khuán	tkhī
18 die-er	nun	orà	i-i	. ; hā-i-i		ti
19 jener	ua uim-hu	na-a	.		.	nurai
20 jeder, alle	tchim-ba	sho	sho shoyo mă	tĕgi: cayeke	.	sit altso
21 viel, viele	uayaun	ke-ela	shŭkh'-panta	ti-mayic; ra-iki, hekenya	shosh, tlào	okhai-yui
22 welcher? wer?	payŭ	keshel	haki	toa: tō-ă	lī	kha-te

Apache, Wh.	Tonto.	Tonkawa.	Acoma.	Quéres.	Taos.	Diggers.	Utah.
¹ entchár	vete	hauey	tsiya	mé·tsia	ya-á	bahe	avát
² arltsissáy	gutye	kúmosh, rókhatch	tsu-ish-ish	ro-oshkish	ya-atil	pet'el	mi·pitch
³ niltsile	gigye	.	shatchs	tchishats	kiarato	atésha	tentsigé
⁴ beytko: harstïen	eelhé	kosha	ha·stchitcha	me·tchitcha	tusli		nanap
⁵ intshú, inshú	kane	enokh ,	tauá-e	raua, rauá·tsq.	ko-ovap	tchala	at
⁶ dentchú	kalye	ikh	tsinasa	tchariaua	kelmo	tcheb·kala	kats·angva
⁷ ünnenargáre	ba	nosóss	múti·alsa	vi-itchilcha	osaslinä	brí-uinto	toreké
⁸ darssár; motúr	nevúye	.	ko-osto	ko-osto	piu	me·nel	i-aikve
⁹ atárhindúr: hindúr	noga	.	tsi-a-an	tsi-a-an	va·piu .	ma·rok·boha	pa·úne
¹⁰ güsekós	muni	niékhva	ga-ishtai, yom·atse	ga-ishtui	fluvica	tima	sti-i
¹¹ gü·setúk	tuye	takhon	atom·atse	ka-atche	klela	takícha*	uare
¹² shi; shidlto; darné	nya-a (possess.: ní, na)	shai	hinome	(possess. : ko, sh-)	e	ne (possess.: nel)	ne (possess.: nani)
¹³ inlárye	ma-a ·	nai	hishume	.	é	mi	e·um
¹⁴ ncúlto, inlón, din	kay-a	hé-el	hauipta, ishk			beya	ing
¹⁵ nohé		shai-bakh	hino		fonsa	ne·táro	tau (possess.: tami)
¹⁶ owán, inguán		nai-bakh		.	.	ka-at	yim
¹⁷ inlárye	.	hé-el-bakh				entommata	be·táro	mam
¹⁸ inlárye, darté	.		ti	ti		eo	intch
¹⁹ owhÿe			.			vauta	bobe	mare
¹⁰ tarumégar	payte·me	lum titna, lum tetiklon	hau-p*a ·	hau-p*a	tchu	ka-al	manune
¹¹ clar, clargo	nakota	ha-ash	tsigano	tsigano	peassé	buyia	avan
¹² hárdın, hartin			tsi	tsi		heket	hang

No. N.	Isleta.	Jemez.	Moqui.	Tehua I u. II.	Apache.	Navajo.
1 entfernt	khu-auay	yambā	haka	kà-i; gunyi	nisut	nisad
2 nahe	yauatin		ha-e-pú	he-rte; hl-re	akhane	aka-khatye
3 hier	nun	nono	yepe	nə; uá-ue	ntsàge	ti
4 dort	.	tobo	ayaka	oh°: yu-hú	akuyia	nlate
5 heute	yant'hü	kalashur	pü-ə̃	ney; bumo	ti-tchl	ti tchī
6 gestern	ukiyan	hombā	turoko	tchan-di; tsā-'nde	ini	atona
7 morgen	komdà	sedále	karo	tan-di: tá-'nte	eskàgo	eskàgo
8 ja	a-à	yi	orui	hoi; à	ha-au	au°
9 nein	intà-u	u	g°ai	yv; yo	à, to....ta	to...la
10 eins	uim°a	pü̃	shukh-ga	rui-i; rui-i	takhla	akhlai
11 zwei	uise	ruesh	lci	rui-ye; rui-ye	naki	aki
12 drei	batchoa	tā	pahio	poye; po-oye	fage	ka
13 vier	ue-an	ril	nale	shono; yóno	ti-l	tè
14 fünf	panto	pento	tchibute	pano; p°ano	ashtlà	astla
15 sechs	màtli	mieshtye	narai	shi; si	ustran	ustà
16 sieben	tcho-o	so-ula	tsange-e	tchè; tsè	ustuiki	sustait
17 acht	huére	fol	nanale°	kace; ka-abe	tsepı	sepi
18 neun	hōa	hol	pere	kreno: guano	ng-gostai	nastai
19 zehn	titehem	tà	pakte	tè-ə̀; tà-à	gutemon	nestua
20 eilf	ti-uim	tà-po	shukh-ga-a	tè-ə̀-rui-i; tà-à-rui-i	khla-tata	khla-tata
21 zwölf	ti-uise	tà-ruesh	lei-ga-a	tè-ə̀-rui-ye; tà-re-rui-ye	naki-tata	nake-tata
22 zwanzig	ui ti	ruesh-tà	shuna-tü	rui-u-tè-ə̀; rui-tà-à	nà-tin	nà-tin
23 dreissig	batchoa-ti	tà-tà	pai-pakte	poi-tè-ə̀; po-un-tà-à		kà-tin
24 vierzig		.	nale-pakte	shonen-tè-ə̀; yo-nan-tà-à	.	tè-tin

Apache, Wh.	Tonto.	Tonkawa.	Acoma.	Quéres.	Taos.	Diggers.	Utah.
1 enadru	tovayie	tchaudl	tié	tié	vata	gelel	ml
2 arhónda; arhón-e-ü	hibe	hátchin	hau-eko	hau-e-e		tchoke°	tsaratchirh
3 arká	ni-uáke		ti-i	.	ta-ata	á-uin	ire
4 inlárye	ni-ua ·	.	vayi	.	vauta		mava
5 detché	.	ke-tekhuon	vayi		turebau	bosonne	arh
6 attárder	.	tak-ash-tak	soa		.	lenda	kö-u
7 iskárgo	nyégvo	tak-so	naitchuma	natchuma, nakayo		hima	uitchik
8 ahó	ei	hé-hé	ha-a	.	h'ná	ho, omem	ürai
9 dotchedar, dutar	ome	aga	tsa		ho-end	el°o	kats
10 dar-clár	sisi	mishbakh	ishki	ishk	vemtem	ketet	sus
11 narké	uake	kita	tiuve	tio-ä	vayena	balel	vayinne
12 tárge	moke	mitish	tcheme	tchiam	bihio	banokhl	payin
13 ding-he	höba	si-kuil	tsian	giana	ve-an	tla-uit	tsu-in
14 ishkli	satabé	koskua	tama	ta-áma	uniau	tsan-nem	manigi-in
15 gústun	geshbe	si-kualo	sh-tsis	sh-tsis	mol-tla	se-banokhl	navayin
16 gússede	hoa-geshbe	se-kieshta	maitian	maitian	tcho	lolokhal	navaikevan
17 sapé	mo-geshbe	se-ketiesh	kogomish	kogomish	veli	se-tla-uit	vatsu-in
18 gústi	halseys	se-kueskuelo	mayuka	mayuka	kvia	ketet-elés	sumaruusu-in
19 gúniemün	uave	sikbakh	g°ats	g°ats	tagotamá	tikhales	tom-su-in
20 clarsártar	uave-shiti	sikbakh-vueshe	g°ats-ishka-sitchi	g°ats-ishka-sitchi	tavama	tikhales-ketet	sukspinkva
21 narkisártar	uave-uake	sikbakh-kita-i	g°ats-tiuve-sitchi	g°ats-tiuve-sitchi	tavana	.	vatspinkva
22 nar-tin	uake-uave	sikbakh-ala-kita	tiuve-g°ats	tiuve-g°ats	vai-tä	balel-tikhales	vom-su-in
23 tár-tin	moke-uave	sikbakh-ala-mitish	tsiame-g°ats	tsiame-g°ats	bihio-tá	.	payim-su-in
24 dis-din, dis-tin	.	.	tsian-aua-g°ats	tsian-aua-g°ats	venn-tá	.	tsu-in-su-in

9

No. 9.	Isleta.	Jemes.	Moqui.	Tehua I u. II.	Apache.	Návajo.
1 fünfzig	panto·ti	poto·kva·tà	tchibushiki·pakte	panen·tẽ-ẽ; panan·tà-à	ashtla·tin	astla·tin
2 sechszig	.	mieshtye·kva·tà	.	shi·gin·tẽ-ẽ; si·gin·tà-à	.	.
3 siebzig	tcho·o·ti	.	.	tche·gin·tẽ-ẽ; tse·gin·tà-à	.	.
4 achtzig	.	.	.	kave·gin·tẽ-ẽ; kavin·tà-à		
5 neunzig	.	.	.	kveno gin·tẽ-ẽ; guavin·tà-a	.	.
6 hundert	ti·uita·ti	tà·nao·kva·tà	pakte·shiki·pakte	tẽ·gin·tẽ-ẽ; ta·gin·tà-à	gutemon·tin	nestua·tin
7 tausend	mil	.	sum·mulé	mil; mil	.	.
8 essen	kukal	tekuelyo	nishni	tehuiyami; gangkó, huyio	ishà	ateshl
9 trinken	àsui	seshàsho	hi·ikon	taishomi; gasàn	ishilà	estlú
10 laufen	annàbe	meneso	vashikovi	te·ẽnovi; ó·à	elkhantash	akhratetilas
11 tanzen	afu·errè	tcho·oso	.	. ; oikhive	ishish	ateshish
12 singen	àitchà-ai	mostsa-ai	taolao	tokouami; gakhavra, gakau-ua	ilisha	kotetrakhl
13 schlafen	atchiabè	vatoko	pehue	oyokami; oyóku	ishkush	iteshkush
14 sprechen	atui	povehe-ota	ya-a-ata	ihilio; ohia	yaltile	yantl'ti
15 sehen	komui	vàmo-i	tàshta-a	hàgo: namore	teshi-i	tishī
16 lieben	.	.		. ; uità		
17 tödten	uhoi	ba-à	nina	ohei; vokhtvue	selkhl	niskhi
18 sitzen	hatlei	bata-à	gate-e	oshà-agé; osöge	nshid	nitá
19 stehen	akuin		naba	ouino; ambuésove	sisi	
20 gehen	hamī	porè	temue	teàto-oye; yaho	tutishá	inál
21 kommen	ha-ī	pa-è	bite	obo-à; oke-e	peniyil	.
22 zu Fuss gehen	.	.	kainang-go	. ; yaho	.	.
23 arbeiten	atoratai	vasa-a-à	temaya-ita	. ; yakhantoamé	naisit	.
24 stehlen	.	.	à-àyi	ishengà: yahànsamome, ensamome	.	anisl
25 lügen	kokontàma	.	atchata	iholià; m'hoyo	.	.
26 geben	y-aiyuda	.	dabki	natelu; nateyi	shne	.
27 lachen	hasudai	vagetno	nani	nabayi: opàka, obàka	.	tchotlo
28 schreien	atchiru	.	tchrle·uva	kainabai: naky-ī	.	.

Apacho, Wh.	Tonto.	Tonkawa.	Acoma.	Quéres.	Taos.	Diggers.	Utah.
1 esklár·tin	satabé·uave	.	tame·aua·g°ats	tame·aua·g°ats	unyau·tá	.	manigin·su·in
2 gústár·tin		.	.	motla·tá	se·banokhl·tikhalee	navam·su·in
3 gússć·tin		.	.	tcho·tá	.	navaikevin·su·in
4 sabí tin				veli·tá	·.	vatsum·su·in
5 gústar·tin	.		.	.	kvia·tá	.	.
6 günismár·tin	gutesnon·tin	sento	g'ats·aua·g°ats	g'ats·aua·g°ats	tá·tá	.	suks·ma
7 günismún·gunis·nár·tin	.		ishk mil	ishk mil	tatellá	.	tom·suks·ma
8 gardishdr	ma	yakha	nobsi	nobsi, tchup'e	kukal·burio	ba	teke
9 ishklár	hasi	khune	nieshgasi	nieshgasi	apátso	bula	ivi
10 hishgúl	viyame	.	ko·omitsa	ko·omitsa	kukveavea	kaisha	to·ok
11 insish	yema	.	ke·tset	ketset	.	tchuna	vi
12 itishól	shvate	hektau·e	koyot	koyot ·	yatahu	tchau·aua	kai
13 ish·hósh	shmú	tshokhno	sipat'o	sipat'o	uhukoa	khána	pui
14 yalté ·	kua·ue	etat·khono	gatsa	gatsa	etuhn	te·ene	umpare
15 indéshe	o·o	.	go'ksh	go°gtch	komuá	uene'	mai
16 sitchilgil	.	.	t'enese	.	.	.	asenti
17 sesté, insisk°	tave	yalona	ká·ut	ka·a·ut	hoyar	klama	pokai
18 intuir, ssćtar	oá	.	tchiyóya	.	el·lî	kenkhla·a°	kare
19 snése	ishkvi	.	tiakmitat	kaitatyi	.	alegaya	cumi
19 te; úkazhe	hánü	aina	kaumana	ka·u·ma	chuma·á	haru	pa·ánukve
11 ustri	miushyame	eta	haues·tsos	.	marchuer	.	.
12 hieh·shól	.		.	.	yuyeyá		pa·ave
13 narisit	kuenuvete		notansi		entchili		unik
4 iné. inése	.		kotshana	.	entlatiyá		i·ingi
5 klayltchú; móntir			koyupetch		enklatvatiyá		tucustere, mopuré
6 shónte			tchapk°	.	millitchukvea	.	nurupé
7 ishklo		tchatchaya	tanpayats		net·tumoyá		kicne
8 hitchug			gushgaits		kohehoá		yaré

.

ANMERKUNGEN ZU DEN WORTTABELLEN.

Abend. Meist durch die Begriffe dunkel, finster, Nacht ausgedrückt. Zu Digg. vergl. „Mond", zu Utah das arauk. *tharuya*, zu Tehua I „Nacht" im Tehua II und zu Tehua II: Kiowa *tchi*.

alt. Acoma und Quéres mit „stark" zusammengesetzt und also wohl unkräftig bedeutend. Moqui bedeutet entweder „stark jung", d. h. älter als eine Generation, oder *ruī* ist als Privativpartikel zu fassen. Tonkawa erscheint in ganz ähnlicher Form in der Zahl fünf. Tehua I bedeutet „nicht jung"; *shing* jung, und Tesuque *eno-u* nicht.

Antlitz. Wie im deutschen „Gesicht", im griech. πρόσωπον, nicht selten nach dem Sehorgan benannt. Zu dem Pueblo-Worte vergl. ü. Kiowa *ca-üpa* Antlitz, das wohl auch mit Digger, Utah und Taos *ku(-rira)* verwandt ist. Die shoshonischen Sprachen haben *hobi* Wih., *cobanim* Chemehuevi, *kore, kai-if* Comanche. Der Tinne-Sprachstamm hat Hoopa *hau-nith*, Apache *si-nī, shi ni* mein Gesicht, das im Dakota gl. *ite* lautet.

Arm wird durch dasselbe Wort wie Hand ausgedrückt oder zusammengesetzt in Moqui, Zuñi, Apache (White *kon*), Tehua I, Hoopa, Kizh, Cuchan, Kiowa, Aztekisch, Galibi und Chile. Das Tehua-Wort *ko*, das als Wortbestandtheil sich auch in Finger, Zehen, Bauch, Knochen, Hals und Stirn wiederfindet, muss die allgemeine Bedeutung von Glied und Extremität besitzen, ähnlich wie *tsi* in den Apache-Dialekten, und ähnliches gilt von *ha, ka* in den übrigen Pueblos. Zum Apache *gan, kon, khan* vergleiche das koltschanische *kun*; ä. *kap, kam* im Palih. Utah findet sich wieder in Comanche *pure* (gl. *pō, mbó* Guarani).

Auge. Eine Plural- oder Dualform enthält Digger *tumut*, wozu vergl. gl. Zuñi *tuna-auc*. Alle Pueblos haben *tchi*, s. Antlitz, v. Kizh *tsotson*, wozu gl. Chile *ge*, und zu Taos gl. Guarani *teça*. Moqui hat hier das shoshonische Wort:

10

Utah *pui*, Comanche *puile*, Wihinasht *pui*, Netela *pútum* (plur.). Die athapaskischen Sprachen haben folgende Ausdrücke: Chepéwyan *tenne·naw*, Taculli *nah, onow,* Sussee *se·noucoh,* Umpqua *nage,* Kenai *ss·naga,* Hoopa *hua·nah,* Návajo *hun·na,* Apache *'·ntä,* (*ndah* Jicarilla, *ngdá* S. Rita) wonach auch Kiowa *ta-ati* (Auge und Ohr), Quéres *ho·aná-an,* womit gl. *uün* im Chile. Etymologischer Zusammenhang zwischen Auge und sehen ist bloss in Apache-, Návajo-, vielleicht auch in den Quéres-Dialekten nachweisbar.

Bär. In den Pueblos der Stamm *ku-ai,* vergl. Utah und gl. Moxo *(ati-)curó.* Jemes hat Aehnlichkeit mit Comanche *uila,* Wich. *uira,* Dak. *rarank(-sika);* Apache *shosh* findet sich wieder im Taculli *süss* und im Chinook *siano.*

Bart. Das Shoshonen-Wort *mos, mush* tritt auf in Utah, in Comanche *mots,* im Digger *nua(·tseke)* Bart und *(ta·)moi* Haar, im Netela *mäs,* und in den Quéres-Dialekten. Ueber Tonkawa s. Mund. Tehua und Taos sind v. dem Zuñi *síponive* und dem Kiowa *senpo* und gl. mit *atasibo* im Galibi. Tonto gleicht Mojave *yubúme,* ä. Otomí *yoné* (Tonto *yo* Zahn, *ya* Mund). Zu Apache und Netela hat Hoopa die Parallele *hot·tah* mein Bart.

Bauch. Im Quéres dem Ausdruck für Brust sehr ähnlich. Utah *pi-i* und *pi* Milch scheinen in Verbindung zu stehen. Zu Moqui vergl. Kiowa *buh·-,* gl. Chile *pue* und Tehua II *bute* Sattel; zu *ta* Utah und *tö* Isleta gl. *tié, tebé* Guarani.

Baum. Häufig identisch mit Holz oder Wald, s. d. Digger enthält das Wort *bahe* gross (grosses Gewächs). Quéres berührt sich mit Azt. *quaui-tl* (sprich: *kauitl*) und Wichita *kank,* das Návajo mit denselben Ausdrücken und mit Dakota *kan,* sowie mit den Tonkawa- und Pueblo-Wörtern für Holz. Tonto *i-i* lautet im Cuchan *i-ish,* im Kiowa *ai.*

Beil. Ueber die archäologischen Folgerungen, die sich aus der Etymologie von Axt, Beil ziehen lassen, s. Begriffsbildung. Taos scheint sich mit Comanche *kovon,* Tehua I und II zu berühren, sowie mit Zuñi *kieli.* Zu Návajo vergl. *wi-ilkish* Blitz (Eaton), dem ebenfalls *tsa* vorgesetzt wird (Loew: *tsa·nillish*); wurde der Blitz als ein vom Himmel fallendes Beil betrachtet, weil er Bäume und Felsen spaltet und zersplittert?

Berg, Hügel. Stimmt in mehreren Sprachen mit Wald überein, weil im Südwesten nur die Berge bewaldet sind: Taos, Tehua II, Apache (*tsil* nach White), Moxo *simeno;* Guarani *caá* Berg, *caa-änä* Wald. Im Kiowa bedeutet *pi-eti* Berg und Thal zugleich. Das Hidatsa-Wort *amahami* bedeutet „Felsen der Erde, Landfels". Zu Tehua II und Quéres vergl. Kiowa *kiala-pa* Hügel und gl. *caá* Guarani, und zum Digger den Utah-Ausdruck, zu Jemes und Moqui das Pima-Wort *tóark* Berg und Moqui *tävua* Erde, Land, zu Tehua I Wichita *neyokaúti.*

Biber. Im Utah und Isleta nach dem Wasser *(pa)* benannt, an dem er lebt, wie auch lat. *bibrus* von *bevium*, einem spätlatein. Worte für Bach, Mühlgerinne, frz. *bief*, abzuleiten ist. Zu Tehua s. Ohr. Im Zuñi heisst er *piha*, im Návajo nach Eaton *tcha* (vergl. Isleta), im Dakota *kapa*, im Hidatsa *midapa* (von *midi* Wasser) im Taculli *tsa* (wie Náv.), im Chinook *ena*. In Neu Mexico sind mehrere Orte nach ihm *Las Neutrias, Las Nutritas* benannt.

Blatt (einer Pflanze). Oft mit den Ausdrücken Holz oder Baum zusammengesetzt, s. d. Zu Digger vergl. Azt. *allapalli*, von dem es wie durch Aphärese gebildet zu sein scheint.

blau. Im Apâche, Návajo und Utah, Digger und Tehua II, Cuchan, Dakota, Maya und Guarani mit grün fast oder ganz zusammenfallend. Tehua I ist identisch mit Kiowa *sáichai*, Acoma vermuthlich mit Comanche *puikhb*. Zu *fun-* im Taos vergl. Tehua: *hent-, fent-, funt-* schwarz. *Tlish* im Apache ist blau und grün, wohl aus *tlé* Nacht erweitert, das in „weiss" mit einer Privativpartikel zusammengesetzt ist und auch in „schwarz" aufzutreten scheint.

Blitz. Nach dem aztekischen *tlatlatsi* Donner zu schliessen, bedeutete das damit v. Apache *hatátitla* früher Donner; überhaupt sind die Ausdrücke für Blitz weit mehr schallnachahmend als die für Donner und einige mögen ursprünglich beides zusammen bedeutet haben. Zu Digger vergl. Zuñi *ultokai* und das chilenische gl. *huylürkün* blitzen.

Blut. Utah ist im Comanche *poshp*, Tonto im Zuñi *áte;* Moqui ist wohl mit Kiowa *um* verwandt.

Bogen. Zu Isleta und Utah vergl. v. Comanche *hoa-ate,* zu letzterem Cuchan *otiesa,* zu Taos Haus und ü. *tchám* im Palin: Bogen und Pfeil zusammen. Das Tonto-Wort lautet di. im Mojave *ipá,* gl. Chile *huepáll.* Zu Moqui vergl. Hoopa *tsiltahéh;* statt *tiáhiá* hat Simpson *awah.* Das Apache bildet als Verbum denominativum *selkhī* tödten, das Návajo *niskhi.* Zu Digger vergl. gl. Otomí *tsá.*

böse, schlecht. Privativformen von gut sind Isleta, Apache, Návajo, Tonto, Acoma, Tehua II, Digger. — Tonto lautet di. im Cuchan *halulk.* Zu Taos und Tonto vergl. gl. *kull* in der Kawitschen-Sprache.

Bruder (mein älterer Bruder). Viele amerikanische Sprachen, namentlich südamerikanische und mexicanische, unterscheiden den ältern vom jüngern Bruder durch ein eigenes Wort; hier findet diess nur beim Jemes, Utah und den Apache-Dialekten statt. Vermuthlich sind oder waren besondere Privilegien an die Altersstufe geknüpft. Die Apache-Form bei Eaton: *shin-ni* und Návajo *shi-naye* bei Whipple erinnern stark an Tonto *ni ya.* Tehua I *bi* oder *ri* entspricht dem *va* im Moqui und dem *pa* im Isleta. Zu Acoma vergl. *u-mo* Mann im Quéres, zu Jemes und Taos das v. Kiowa *papie,* Tehua II berührt sich mit Kizh und Netela. Nach

White unterscheiden die Coyotero-Apaches nicht zwischen älterem und jüngerem Bruder und Schwester und der Plural von Bruder und Schwester lautet *ilkisso*.

Bruder (mein jüngerer Bruder). Die Altersstufe ist im Utah am deutlichsten ausgedrückt, da *toreke* jung bedeutet. Im Heve heisst älterer Bruder *rátsqua*, jüngerer *róngua*; diess wird auch in den altaischen Sprachen (z. B. im Magyar) unterschieden. Zu Jemes vergl. Kind im Jemes und Schwester in Moqui und Tehua.

Brust. Vier Pueblo-Sprachen haben denselben Wortstamm, der einigermaassen dem von Kopf gleicht. Vergl. *ba* im Tonto mit *ba* Otomí. Statt Utah *sau-ray* hat Simpson *pay*, vergl. Comanche *pitsi* weibliche Brüste, wovon *apitsii* Brustwarze, *opitchtsi* Milch.

Brüste, weibliche, meist durch ein von Brust ganz verschiedenes Wort ausgedrückt; letzteres ist wohl meist, wie im Hidatsa, gleich Euter. Zu Tonto vergl. gl. *manati* im Galibi, zu Moqui Comanche *pitsi*, zu Taos gl. Kechua *kinchuy*.

Büffel. Mit Taos *kanen* und Tesuque *kö* berührt sich Kiowa *kol*, das vermuthlich den dicken Hals des Thieres hervorheben soll (Kiowa *k'-coul* Hals). Auch im Jemes, Tesuque und Utah ist Hals das Etymon dieses Thiernamens. Im Comanche heisst er *kukhts* und eine Abtheilung von Utah heissen *Kulsa-lfkara* oder Büffelesser, wonach vermuthlich unser Utah-Wort *kuts* in *kuls* abzuändern ist. Zu Tonto vergl. man „Bär", zu Jemes die Caddo-Ausdrücke *tonaha*, *táak*, *tó-unaha* und *dorl* im Wichita. Die Dakotas nennen ihn *tinta pte*, das Rind der Prairie. Simpson hat für Návajo *ayanne*, White für Apache *gotselár*, Loew *mokashi*, wovon die „Moccasins" stammen, ein Wort, das vielleicht von den östlichen Stämmen, den Irokesen oder Algonquins, den Tinné zukam. Die Tupis nennen eine Büffelart *tapýra* Kuh.

Büffelzelt, s. Haus; für Isleta s. Krieger (vielleicht Ursprung des Namens der Comanches).

Canoe (Boot). Enthält im Taos, wie Tabak, Bogen und Haus, den Begriff Holz, in mehreren Sprachen nur den letztern, wie im Isleta. In andern Sprachen bedeutet das dafür gewählte Wort Höhlung, Baum, gehöhlter Baum (bei uns oft „Einbaum").

Daumen. Enthält häufig die Wörter Finger und Hand. Im Digger giebt es zwei Formen, eine reduplicirte, und eine mit *sem* Hand componirte *(kom-sem)*. Da die Indianer meist mit dem kleinen Finger zu zählen anfangen, so entspricht der Daumen der Zahl fünf. Apache *lar-tcho* bei White bedeutet „dicker Finger".

Donner. Schallnachahmende Wörter liegen hier nicht deutlich vor. Das Tonkawa-Wort bezeichnet einen Gewittersturm; Tonto lautet di. im Mojave *vikata*, Quéres ist mit Digger und mit Comanche *tomojuke*, gl. Galibi *kono-meru* zu vergleichen. Siehe Begriffsbildung.

Eis. In einigen Sprachen das Etymon „Wasser" enthaltend. Zu Moqui vergleiche das Zuñi-Wort -'tchathle. Zu Utah vergleiche Acoma kopsho Nacht, vermuthlich so benannt, weil das Wasser gewöhnlich Nachts gefriert.

EI. Im Digger ist der erste Wortbestandtheil aus tchil Vogel entstanden. Vergl. Tehua huu, guá, Tesuque ou-a mit Isleta, Moqui, und toù im Moxo. Im Taos vergl. Ei mit Schildkröte.

Eisen. Ueber diesen für Culturgeschichte höchst wichtigen Begriff siehe Begriffsbildung. Zu Utah vergl. den Ausdruck für Beil im Moqui, sowie das gl. chilenische pañilhue. Enthält häufig das Wort Stein, Fels und findet sich in Messer und Beil wieder. Das Cuchan-Wort n'yermaro ist möglicherweise aus span. hierro entstanden. Zu Acoma vergl. Dakota maz-ikeeka. Im Tupi gilt itá für Eisen und Fels.

Elenn, von den Amerikanern moose, moose-deer genannt; Cervus canadensis. Entspricht dem europ. Cervus alces, engl. elk, franz. élan. Taos e-an vielleicht vom franz. élan; Tehua II dd, Tesuque ta, gleicht sehr dem engl. doe Reh, ags. da. Die Dakotas nennen das Thier heraka und upan, die Hidatsa den Moose apatapá, d. h. „Weichnase", die Hoopa tonuhē, die Apaches nach White: begostáli (-bistcho), letzteres einen männlichen Hirsch bedeutend.

Ente enthält in Isleta und Taos das Element „Wasser", das auch in „Gans" sich findet. Das Aztekische hat für Ente die Triplication tlalalacatl.

Erde, Land. Die shoshonischen Formen sind Utah tui, Wihinasht ti-ip, Moqui tùvua, wozu Zuñi sóvi, Azt. tlan, titlan, tlalli, gl. Chile tue zu vergleichen ist. Apache vergleicht sich mit Hoopa klitch(-üh) und mit dem ä. Azt. tlalli, Isleta mit Tehua II, Taos, Hidatsa ama, und gl. mapu im Chilenischen, nono im Galibi. Kiowa hat pai für Sonne und Erde, vergl. Taos napá, das „Erdewasser", „Erde und Wasser" bedeuten muss. Tonto mata heisst im Cuchan omút, im Mojave amata und die Dakota-Vocabel ist maka.

essen. Häufig nach dem vornehmsten Nahrungsmittel, Fleisch, Hirsch, auch nach Mund (Taos) als Verbum denominativum gebildet, s. d. Zu teke (Utah) vergl. Jemes; Wihinasht atuku Mahlzeit, Kiowa atóhi essen, zu Tonkawa Azt. tlaqua, zu Apache und Návajo: Cuchan asáo, atchámam, zu Isleta Kizh krakh, krua. Vergl. auch Begriffsbildung. Quéres besitzt zwei Ausdrücke für essen: tchup'e und nóbsi: Ich habe gegessen tchu-mi so be; ich habe nicht gegessen tso te nobs' ko pa; ich werde essen she nobsi; ich werde nicht essen tso te nobsh kin.

Farbenbenennungen. Da die Indianer dunkelblau und dunkelgrün oft durch „schwarz" bezeichnen und einzelne Stämme sogar gelb und grün mit einem und demselben Ausdrucke belegen, so wurden für unser Wortverzeichniss die Ausdrücke hellblau und hellgrün gewählt. Doch diess verhinderte nicht, dass wir dafür z. Th. Ausdrücke erhielten, die an schwarz oder dunkel streifen. Haben wir aus der

Unbestimmtheit der Ausdrücke auf Mangel an Sprachmitteln zu schliessen (der
alte Deutsche sagte auch *rôtes gold*), oder herrscht bei den Indianern ein Grad
von Farbenblindheit vor, wie es ja auch bei uns Individuen giebt, die bloss hell
und dunkel, aber keine Farben mit Deutlichkeit unterscheiden können?
Wiederkehrende Endungen, die z. Th. „Farbe" bedeuten, finden wir in *-i*
Isleta, Tehua, Hidatsa *-ri, -bue* im Moqui, *-shu, -shulo* im Jemes, *-tchi, -tsu* in den
Apache-Dialekten, *-shara, -shuve* im Tonto, *-are* im Utah, *-a* im Dakota, *-palli*
und *-tli* im Aztekischen. Der Endung *-tchi* in den Apache-Dialekten liegt vielleicht *tchi* Apache Wald, Baum zu Grunde. Eine Vorsilbe *ka-, ko-, ku-* findet
sich im Quéres vor. Die Farbennamen sind meist zweifache, oft dreifache Composita.

Fels, s. Stein. —

Feuer. Dieser für Sprachvergleichung wichtige Begriff findet sich in den
vorliegenden Sprachen durch zwei Wortstämme, *pa(po)* und *ko(ho)* wiedergegeben.
Pa findet sich bei den Pueblos, Kiowas und Diggers, *ko* in den Tinne-Sprachen,
im Yuma-Sprachstamm (Tonto *ho-o*, Mojave *dra*), im Tehua I, Jemes, den Quéres-
Dialekten und den shoshonischen Sprachen: Utah *k'-un*, Comanche *kuina*; Zuñi
(ma-)ki, dem Tonkawa *(nakh-)tchon* und wenn Moqui *téwa* aus *tékua* entstanden
ist, auch hier. Die Tinne-Sprachen des Nordens und Südens liefern folgende
Uebersicht: Chepéwyan *kkon*, co-*unn*, Taculli *conn, kone*, Sussee *kü*, Dogrib *cun*,
khun, Tlatskanai *χtane*, Umpqua *χong*, Hoopa *koh*, Atnah *tkchon*, Ugalenzisch
takak; — Apache v. S. Carlos und Návajo *kö, ku*, Jicarilla *cone*.

Fichte. Zu Quéres vergl. gl. *pehuen* im Araukanischen.

Finger. Meist mit dem Worte Hand, im Digger mit Arm zusammengesetzt, s. Hand und Arm. Im Moqui und vielen andern Sprachen heissen die
Finger die Söhne der Hand, s. Begriffsbildung. Das Tonto-Wort lautet im Cuchan
salche sérap; *sérap* bedeutet fünf, denn Mojave hat dafür *karabk*, Hualapai:
halábuk.

Fingernamen sind in einzelnen Sprachen für Erkenntniss des Ursprungs
der Cardinalzahlen von Wichtigkeit und G. Gibbs empfiehlt sie in seiner „An-
weisung" den Sammlern von Wortverzeichnissen. S. Digger und Apache-WW.,
Seite 88 und 89, sowie die Art. Finger, Daumen, Zehen, Zahlwörter.

Fingernägel, s. Nägel.

Fisch. Vergleiche die grosse formelle Aehnlichkeit im Isleta mit „Elenn"
und im Taos mit Ei und Schildkröte. Zu Utah vergl. Comanche *bek, bekut*, zu
Tonto: Cuchan *atchï*, Shoshone *ag-hai*, zu diesem Dakota *hogan*; *tchĕ-* in Digger:
tcho-rut erscheint auch im Namen des Störs. S. Anhang z. Wortverzeichniss.

Fleisch. Die Tehuas verbinden den Ausdruck „essen" stets mit dem Ausdruck „Fleisch" *pivi*, das in Folge des Alternirens des Consonanten auch in *tiri*

(ivi) übergeben kann, s. Tehua-Phraseologie. Zu *piri* vergl. *pi* Hirsch in den Pueblos, *pi* Brust und Herz im Tehua II. Ebenso findet sich *nab-* im Digger wieder in *nobsi* essen und in *nob* Hirsch, weil letzteres Thier das meiste Fleisch lieferte. Zu Moqui und Quéres vergl. Zuñi *shile*, zu Jemes Kiowa *ki*, Dakota *konika*, zu Isleta: Taos, Tehua I und Dakota *tado*. Zu Apache, Návajo und Tonto vergleiche das Wort für essen; auch im Comanche bildet *teshkap* Fleisch das Wort *teshkaro* essen; das Aztekische hat *naka* Fleisch, *tlaka* essen.

Fliege. Zu Quéres vergl. gl. *tchube* im Moxo, *tchuspi* Kechua, zu Utah: *mlpitch* (klein). Tonkawa ist Hausfliege, während *apin-killin* eine grüne, rothe etc. Fliege bezeichnet.

Fluss. Isleta aus *pa* Wasser und *uatla* gross componirt, wie Meer. Zu Jemes und Digger vergl. Wihinasht *(ana-)hukva*. Tonto *hahele* heisst im Cuchan *havitl*, *ha-véel*, Mojave *hávil*, Netela *huáni*. Das Wichita hat *hat*, Comanche *hono*.

Freund. Ueber *k'-ema* Tehua II als Etymon des Jemes-Stamm-Namens s. die Notizen über Begriffsbildung. Das Utah-Wort bedeutet den Freund als Hausgenossen (Tehua II *téhua* Haus, s. d.); Moqui hat Parallelen im Zuñi *(kiayi)* und im Kiowa *(-'tsah)*. Zu Tonto vergl. di. Mojave *n'yithl*. Statt Freund sagen die Indianer nicht selten Vetter, wie sich denn die Lipans die Vettern *(haits)* der Comanches nennen.

Frühling. Das shoshonische *ta* Sonne findet sich mehrfach, sogar in den Apache-Dialekten vor. Zu Tehua I vergleiche das Dakota *wetu*, zu Apache das Kiowa *tu'-*.

Fuchs. Dem Wolfe ähnlich benannt im Návajo, s. Wolf. Zu Tehua I vergl. Kiowa *(al-)pagö-i*, zu Moqui, Kizh und Netela *tshol*, *tsot* Wolf, Hidatsa *ihoka*.

Fürwörter, besitzanzeigende. Zum Theil identisch mit den persönlichen Fürwörtern, zum Theil mittelst Suffix aus denselben verlängert, z. B. Utah *ne* ich, *nani* mein. In vielen Sprachen wird „mein" den Benennungen der Theile des menschlichen Körpers und der Verwandtschaftsgrade stets präfigirt. Das Návajo-Possessiv „mein", *ho-*, *hot-*, *hol-* ist auch ins Quéres übergegangen, vergl. die Namen der Körpertheile.

Fürwörter, persönliche. Eine Anzahl Indianersprachen besitzt drei Arten derselben: absolut stehende, die gewöhnlich eine längere Form zeigen; solche, die Subjecte eines Satzes und mit Verben verbunden sind, und Suffix- oder Objectfürwörter, meist in Verba, nicht selten auch in Nomina incorporirt. Von den letztern haben wir hier fast bloss Andeutungen in der „Auswahl von Sätzen". Für die erste Person gilt fast durchweg in Westamerika *na*, *ne*, *nú* in den verschiedensten Modificationen, selbst in Südamerika (Moxo *nuti*, Kechua *ñoca*); im Dakota gilt dafür *mi*, in den Apache-Dialekten, Tnpi und Chile *shi*, im Tonkawa *shaya*. Die zweite Person differirt schon bedeutend in den einzelnen Sprachen, noch mehr die dritte, die oft durch „dieser, jener" ersetzt ist. Die Personen des Plurals werden auf die verschiedenste Weise durch „Menschen", „alle", „diese" u. s. w., die entweder allein stehen oder an den Stamm des Singulars angefügt werden, gebildet. Zu der 3. Person Pluralis im Taos vergl. „Vater". — Im Apache bezeichnet nach White *inlárye:* dieser, dort, du, sie (3. Pers. Plur. Nom. und Acc.), welches letztere auch *dar-té* heissen kann. *Onán* und *inguán* bedeutet er, ihn, ihr, euch. Die Apaches weisen gewöhnlich mit dem Finger auf den oder die in Rede Stehenden hin.

Fuss. Tonto enthält in der Endsilbe das shoshonische *yu* Schenkel, Zuñi *oyin* und im Stamme *namb*, Simpson *namp* Fuss, vergl. gl. *namun* Bein und Fuss im Chile. Moqui entspricht *guá* im Otomí, und *ko-egen* Füsse im Comanche.

Gatte. Wie andere Verwandtschaftsgrade wird auch dieser fast stets mit mein verbunden; diess Fürwort steht voran, ausser im Jemes und Taos. Fällt mehrfach mit Mann (*cir*) zusammen; im Digger ist *ri* aus *néta* abgekürzt, im Utah stellt *-taaŭ-* das *tavúts* dar. Zum Moqui *iro* vergl. *irara* mein Bruder.

Gattin. Ebenfalls mit mein verbunden und häufig mit Weib zusammenfallend. Tehua II gebraucht für Gatte und Gattin denselben Ausdruck, Isleta verwandelt *kleó-* in *-tlcó*. White hat im Apache zwei Ausdrücke: *shi-át* und *mohéze*, er bemerkt indess, dass ein Apache von seiner eigenen Gattin als *shi-árt*, von der eines Andern als *be-árt* spricht.

gelb. Moqui und Tonto sind ähnlich dem Cuchan-Worte *aquésyne*, Apache dem Zuñi *thlútsinna*, Návajo dem Dakota *tsi*, Hidatsa *tsi, tsidi.* Tonkawa *makik* bedeutet auch Gold. Beim Utah vergl. roth und gelb, beim Quéres und Isleta, Kiowa *córta*.

gehen. Zeigt in einigen Sprachen Aehnlichkeit mit „laufen" und „zu Fuss gehen", „reisen". Zu Utah vergl. Jemes *pocé*, zu Quéres Taos, zu Tehua I Dakota *ya-iyaya* und Caddo *yoyá* reisen, zu Fuss gehen (dasselbe im Taos).

Gesicht, s. **Antlitz.**

Gras. Das Taos-Wort ist „Wald" mit angehängter Endsilbe *-é*. Zu Isleta vergl. Baum, zu Moqui Tehua I, zu Tehua II Zuñi *péve*, zu Digger *tsaro* grün, zu Tonto *vila* Mojave *itchi-rila.*

grün. Zu Isleta vergl. weiss, zu Tehua I *te* Dakota grün, Gras und blau, Kiowa *tula.* Im Utah wird *savare* für grün und blau gleichmässig gebraucht, im Apache wird blau und grün, blau und roth, im Taculli schwarz und grün nicht selten verwechselt. Angesichts solcher Beispiele eines Mangels an genauerer

Unterscheidung der Elementarfarben können wir schwerlich umhin, einen Grad von Farbenblindheit bei gewissen Indianerstämmen anzunehmen.

gross. Dem aztekischen Worte *huey, vey, veypul* sind offenbar verwandt Tonkawa, Moqui, Heve *tavei*, Tehua I *tehey*, Tehua II. *gáháyi*, Digger *bahe* (Wihinasht *parain*), Tlaskaltekisch *gue-huey*. Tonto scheint dagegen zu Utah zu gehören, vergl. gl. Hoopa *ūr-klauk*, Guarani *abá*, Chile *ruta*.

gut. Tonkawa vermuthlich Privativform von *ikh* schlecht, böse, vergl. Comanche *apanátchke* gut. Zu Návajo vergl. *atchta* im Wichita und *yato* Návajo.

Haar (d. h. Kopfhaar) meist vom gleichen Wortstamme wie Kopf gebildet. Aehnlich wie im Griechischen *κεφάλαιον* von *κεφαλή*, Lat. *capillus (capit-lus)* von *caput*, so bildet sich im Pima *pi-muk*, im Dakota *pa-hin* Haar von *monk* und *pa* Kopf. Zu *pa-hin, hin* vergl. Moqui *heni*, zum Utah- und Apache-Wort: Hoopa *tsévok* und Otomí *xi*, Aztekisch *tsun-tli*. Im Quéres ist -*tchan* in ha-*tchan* das -*gain* in „Kopf"; ebenso *khak* im Tonkawa das Comanche *pap* Haar. Das Taos-Wort enthält das spanische *cabellos* Haare. — *ho* „mein" im Quéres ist dem Návajo entlehnt *(ho-, hot-, hol-* etc.). Im Tonto geht *ho* Kopf in *ko(-rauva)* Haar über.

Hals. In den Pueblos *k'-ẽ, kau, kra*, das v. scheint mit Shoshone *kriö*, Kiowa *k'-coul*, Utah *kuravh* (Simpson: *kolf*) mit Zuñi *ki(-sind e)*, ä. mit Aztekisch *quechtli* (sprich: *ketchtli), kul* Quiché. Jenes erinnert an Comanche *toichk* und gl. Dakota *dote, tahu*; Návajo an Mojave ä. *humák* (und an engl. *neck*). Ueber Moqui *krapi* s. Bemerkungen zu Moqui-Sprache.

Hand. Nicht etwa aus einer roman'schen Sprache geborgt, sondern fast allen Sprachstämmen des Westens von Nordamerika gemeinsam ist *ma, má* Hand. Diess Wort findet sich nicht bloss in den Pueblo- und shoshonischen, sondern auch in den Nahuatl- und sonorischen Sprachen und selbst das Kechua in Perú hat *maki*. Aus dem Shoshonischen: führe ich an: Wihinasht *imái (mai* Finger), Comanche *mashpu* mit sonorischer Substantivendung *(massil* Finger), Netela *na-ma*, Kizh *a-man* Hand und Arm, Utah, s. d., Kiowa *mórta*. Ferner Azt. *ma-itl, to-ma* Hand, *ma-pilli* Finger, *ma-ca* geben, d. h. einhändigen. Taos berührt sich mit Comanche *neana* Arm. Tonto ist di. v. mit Cuchan *sálche* und *la* hängt vielleicht mit dem Tinne: Apache *latá, ldá, u'la*, Návajo *llah, la*, Hoopa *(hol-)lah* zusammen, das auch im Taculli, Dogrib, Tlatskanai, Umpqua und Atnah *lah* lautet. Digger *semul* ist Plural von *sem* und diess erinnert an Yuma *serap* fünf (Finger); *sem* tritt auch in Digger *tsan-sem* fünf auf.

Hase, Kaninchen. Quéres unterscheidet zwischen *tétgh'-* Kaninchen und *tyatna* Hase.

Haus. Entschieden verwandt mit Digger ist Azt. *calli*, Tlaskaltek. *uu kil* Haus, das auch im Acoma-Wort für Ortschaft auftritt. Moqui scheint mit Heve *quil* sich zu berühren. Das Tehua II-Wort gab diesem Pueblo-Stamme seinen Namen. Aus der Vergleichung der Taos-Wörter Haus, Bogen und Holz geht hervor, dass *tcha-men* Haus zuerst zeltartige Baracken bezeichnete, welche auf Gerüsten gebogener Aeste ruhten, wie die Comanches noch jetzt in solchen Hütten wohnen. Aehnliche Bemerkungen knüpfen sich an Dakota *tipi* und an das Pueblo-Wort *aba, ba'-* Büffelzelt, das jetzt in Neu Mexico sich in Dorfnamen vorfindet (Abo, Abiquiú), während die Endsilbe *-ovi* in den Namen der Moquidörfer von dem Yuma-Worte *habi* Berg herzuleiten ist. Das Guarani-Wort *og* bedeutet eigentlich Dach. Die Comanches nennen ihre Zelte *tótsak*, die Büffelzelte span. *casa* Haus. Acoma scheint das Wort *-titch* in Quéres *ha-as-titch* Ortschaft zu enthalten. Zu diesem Worte vergl. man den Namen des Acoma-Pueblo *Hasatch* und folgenden Satz aus der Quéres-Sprache: Ich will ein Haus sehen tau atchin nû k'stse. Das Tonkawa-Wort bedeutet Schlafstätte.

Häuptling. Die kriegerischen Stämme des Nordens verbinden mit diesem Ausdruck einen andern Sinn als die friedliche Urbevölkerung des Südens. Zu Tehua vergl. man Kiowa *tangúa*, Comanche *tákuimno*, Aztek. *tecutli*, zu Apache und Utah: Hoopa *nehakt-ahé* und zu den Quéres-Wörtern Umpqua *chöschcke* und Yuma-Cuchan *cohóte*, dessen zweiter Bestandtheil Zuñi *hóite*, Jemes *hĕ-ĭ* Volk enthält. Der Tonkawa-Ausdruck bedeutet „Flinten-Mann".

Herz. In Jemes und Tehua II gleichwie Brust; im Utah fast wie Auge, vergl. gl. Chile *pinque*, zu Jemes gl. Guarani *pia-á*. Tonto lautet im Cuchan *i-éie*, im Mojave *i-iwá* mein Herz. Tonkawa im Kizh *a·shûn*, im Netela *shûn*.

hellblau, s. blau.

hellgrün, s. grün.

heute, im Tonkawa vom Worte Sonne gebildet; ebenso „morgen".

Himmel. Das Tehua II-Wort *okúa* Wolke findet sich wieder in Tehua II *makóa*, Kiowa *kiácoh*, Tonto *okre*, scheinbar auch in dem Quéres-Worte. Der Begriff „blau, himmelblau" findet sich in keiner der vorliegenden Sprachen im Ausdruck Himmel wieder. Die Schlusssilben im Taos-Worte ä. Cuchan *ammai*.

Hirsch, Reh. Die Pueblos und Apaches haben *pi, ki*, womit vermuthlich *pivi* Fleisch im Tehua II zusammengesetzt ist. Zu *au* im Tonkawa vergl. *aucash* Büffel; zu Tonto, Moqui und Kizh *shukat*, Netela *sûkot, sûkmal*. Zu Digger vergl. Fleisch und essen, zu *te* in Návajo *tey* im Utah.

Holz. Oft identisch mit Baum, Wald, im Isleta mit Baumblatt. Denselben Wortstamm enthalten wohl Tehua I, Taos, Tesuque *(sö)* und Kiowa *sáos*. Eine Combination von Tehua II und Utah scheint Zuñi *thléloere* zu sein. Ueber Tonto und Tonkawa s. Baum.

Hund. Taos, Tehua, Tesuque *tsai,* Kiowa -'*ntse-i-o,* sowie Utah, Tonto und Comanche *(tsari)* enthalten denselben Wortstamm, vermuthlich mit dem Grundbegriffe des Saugens, da das aztekische *tchitchi* Hund und saugen bedeutet (das Wichita hat *kitcha,* das Zuñi *vatsta).* Im Sanskrit, Griechischen, Lateinischen und Deutschen ist der dem Worte zu Grunde liegende Begriff der des Trächtigseins (gr. πύων schwanger sein). Ein anderes aztekisches Wort, *izcuintli,* berührt sich mit Isleta, Jemes und Digger. Moqui *bugu,* bei Simpson *poku* steht für sich allein da. Die Tinne-Ausdrücke stehen dem Azt. *tchitchi,* Heve *tchutchi* nahe; das Hoopa hat *shlúnh,* das Taculli *slcing, czling;* vergl. gl. Dakota *shunka.*

Indianer. Dieser oben unter Begriffsbildung abgehandelte Ausdruck fällt sehr häufig und nothwendigerweise mit Mann zusammen. Im Jemes heisst *hĕ-ĩ* · sowohl Volk als Indianer und ist identisch mit Zuñi *hó-itc,* das dem Cuchan-Worte *cohóte* zu Grunde liegt. Das Taos-Wort ist zu vergleichen mit Mann und Körper in derselben Sprache. Digger *rintu* findet sich im Namen der Uintahs, Acoma *kauatk-ome* im Namen des Pueblo Acoma wieder; *kau* ist gl. dem aztekischen *calli* Haus. Utah scheint mit Tehua II denselben Stamm zu besitzen, Apache *inde,* -'*nte,* Cuchan *met-epí-ie,* Pima *ho-up* enthalten sämmtlich den Begriff Mann (im Pima *hui*[-*ta*]). Im Tesuque heisst der Indianer *iaembi,* im Caribe *calina, galibi,* was den Namen zum Volke geliefert hat und in den Guarani-Sprachen *abá* „Mensch, Mann, Person, gross, Creatur und Indianer."

Insel. Im Taos aus *ma-ané-pu* entstanden und also Wasserland bedeutend. Der Begriff Wasser liegt auch in Tehua II und Tesuque, sowie im Lateinischen *insula* für *in salo,* in der Salzflut.

jung. Oft als Mann, junger Mann gebraucht (Jemes, Moqui) oder als Knabe (Tehua, Kiowa). Zu Utah vergl. Moqui und Kiowa *tuquoil.*

ı **Kind, Säugling.** Im Utah soviel wie „Mutter-Kleines", *pi-sits,* im Maya durch denselben Ausdruck wie Fleisch wiedergegeben *(ba-ak).* Zu Návajo vergl. gl. Kechua *huahua,* zu Digger Kiowa *talyí,* zu Taos Comanche *o-unha.* Im Taos und Isleta, wird Knabe und Mädchen durch Betonung der Endsilbe markirt. Zu Tehua I *cbile* vergl. gl. Cuchan *hatlpit.*

klein. Es giebt mehrere Privativformen von gross: „gross-nicht" z. B .Taos und Digger, welches letztere sich mit Azt. *pinton, tepiton* berührt. Zu Utah, das in den Verwandtschaftsgraden auftritt, vergl. Araucanisch gl. *pitchi.*

Knabe. Häufig durch „klein, jung. junger Mann" wiedergegeben; im Kechua und Guarani ist es desselben Stammes wie Weib (*huarma, cunũmĩ* von *huarmi, cuñd* Weib). Zu *huarma* vergl. Tonto *h'-mé,* Mojave *húmar,* Cuchan *hermái.* Digger bedeutet kleiner Mann, wenn Tepeguana *ali* Knabe v. mit *ela* ist. Zu Tehua II vergl. klein, jung und chilenisch *hueñi.*

Knochen. *kŏ*, *hŭ* waltet in den Pueblos vor, womit man gl. Dakota *hu*, *huhu* vergleiche. Zu Moqui stellt sich Netela *no-huksen*, mein Knochen, zu Digger das gl. Quiché *bak*, Maya *bak*.

Kochkessel enthält in einigen Sprachen den Begriff Eisen (Moqui, Tehua I), Apache, Návajo *tsa*, *sar* ist di. v. mit Hoopa *(hai-)tsa*, vermuthlich auch mit Wihinasht *tsidi*, Kiowa *-'tsu*.

Kopf. Diess Wort stimmt in vielen Sprachen mit Kopfhaar und Antlitz überein und der eigentliche Pueblo-Ausdruck dafür ist *p'-o*, der shoshonische *tso* (Utah *tots*, Comanche *tsopigh*), der auch ins Jemes übergegangen zu sein scheint, und der Tinne-Ausdruck *tsin* (Taculli *tsa*, *thie*). Dakota hat *pa*. Zu Tehua vergl. man Kizh *apoan*, zu Tonto *ho*, Moqui *kŭtc*.

Körper (Rumpf, engl. body). Zu Digger vergleiche Tehua I, II und Zuñi *télonde*, zu Taos Mann, Indianer und Volk; „Hand" für die Endung *-ana*.

Krieger. Enthält in mehreren Sprachen Häuptling als Wortbestandtheil, im Isleta vielleicht sogar die Endsilbe in Tehua I *i-akom* Blut, die sich möglicherweise auch im Tehua II-Wort für Krieger findet. Stammt der Name der Comanches vom Isleta-Wort *kamnin* Krieger, *komō* Büffelzelt, verbunden mit einer Substantivendung, die diese Völkerschaft als Krieger hinstellen würde? Vergl. das Acoma-Wort mit dem für Ortschaft und Indianer. *pala(-fui)* Jemes scheint auch im Digger *pola(-kaua)* Ortschaft vorzukommen.

kühl. Tonkawa *alsokh* bildet *alskhauan* Nord, Nordwind, *alsokhaua* kühl werden, abkühlen.

Kürbis. In einzelnen Sprachen mit Kopf, im Tehua auch mit Wasser zusammenfallend. Der Name des Pueblo Sándia bei Santa Fé, Neu Mexico, bedeutet „Wassermelone."

lachen. Vergl. Návajo mit Tonkawa und siehe Begriffsbildung. Der Frosch heisst im Návajo *tchatlo*.

lieben. Ueber diesen für Indianer etwas abstracten Ausdruck s. Begriffsbildung. Utah *asenti* ist das Spanische *asentir* übereinstimmen, wovon *asiento* Vertrag, vielleicht auch das Cuchan-Zahlwort *asiéntie* eins.

Mädchen. Entweder gleich wie „Knabe" lautend, oder wie „klein, jung, junges Weib, meine Kleine." Im Digger und Tehua I aus Knabe durch Anhängung von *-ela* jung, *-ke* weiblich gebildet. Zu Návajo vergl. Zuñi *áleshtoki*, zu Apache Kiowa *matung*. Zuñi bildet überdiess noch *ki-áhtsaki* aus *ki*, *okia* Weib und *aktsaki* Knabe. Das von White angeführte *tcharkosha* stimmt mit Taculli *tchekias*. Für Tehua II siehe Knabe.

Mais. Zum ersten Theile des Utah-Wortes vergl. Tehua *kŏ*, das im Moqui Holz bedeutet, zum zweiten Zuñi *mirc*. Gleichen Ursprungs sind die Ausdrücke in Isleta, Moqui, Quéres, Taos und Tonto, vielleicht auch Tonkawa *yaua* und alle scheinen sich mit Aztekisch *(lla-)yolli* zu berühren. Apache, Návajo *natá* heisst Kiowa *étah'-l*, im Wichita *tais*. Einzelne Sprachen haben ganz verschiedene Ausdrücke für junge und für reife Maisstengel, Maiskolben, Körner etc.

Mann *(vir)*. Die Pueblo-Sprachen haben dafür *se*, *she*, *si*, das Moqui und Quéres *(u-mo)* das Wort „jung", also junger, kräftiger Mann. Isleta *siänidd* findet sich ä. im Kiowa *kiän'-i* wieder. Mit Tehua und Acoma *(tche)* vergl. gl. *che* araucanisch und *atchane* Moxo, mit Digger *uéta* Pima *huitd*, Araukan *huenthu*, mit Utah *laráts* Zuñi *oátsi*, *átsi*, mit Tonkawa Comanche *atchpe* und Quéres *hatch(-tche)*, sowie Quiché *atchi*, Aztek. *oquichtli*. Tonto gleicht gl. *nyche* Otomí. Das Tinne-Wort *nti*, Taculli *dini*, *dinay* findet sich fast in allen Tinne-Sprachen wieder und hat Anlass zu dieser Benennung des Sprachstammes gegeben, welche dem von einem fremden Volke geborgten Namen „athapaskisch", der überdiess nur einen einzelnen unbedeutenden Stamm bezeichnet, entschieden vorzuziehen ist. *'-nte*, bei White *inde*, findet sich im Apache und dieser zufällige Gleichlaut veranlasste gewisse Sprachgelehrte, die Heimath der Apaches in Indien zu suchen, die den Namen Indianer mit Recht verdienten! In südafrikanischen Sprachen heisst Mann ebenfalls gl. *'ntu*, im Plural *ba'-ntu* und dieser Umstand gab zur Benennung: *Ba'-ntu*-Völker, *Ba'-ntu*-Sprachen Veranlassung.

Der Ausdruck für Mann findet sich häufig in Gatte, Knabe, wir und Indianer wieder; die Tonkawas hängen ihn an die Benennungen zahlreicher Geräthe und Theile des menschlichen Körpers (als *-khon*, *-shon* etc). Ueber die zahlreichen, aus dem Worte Mann gebildeten amerikanischen Völkernamen s. Indianer und Begriffsbildung. Die Návajos nennen sich *ténuai* Männer, die Apaches wurden von Yuma-Stämmen *épatch* Männer genannt.

Meer. Häufig durch „grosses Wasser" ausgedrückt, s. Begriffsbildung. So hat *pá-are* im Utah, dem *pará*, *paraná* in den Guarani-Sprachen ähnlich lautet, eine von Simpson überlieferte Parallelform *og-vashbe*, entstanden aus *ayo* Wasser und *avái* gross. Dasselbe bezeichnet Isleta und Digger. Zu Tehua II vergl. Fluss, See und Wolke. — Mehrere amerikanische Sprachen an der Küste des Stillen Oceans nennen das Meer, wie Isleta: Salz, Salzflut, griech. ἅλυς, lat. *salum*; das engl. *main* bed. „gross" (ahd. und ags. *megin*); *tä-indchule* Apache bedeutet „Wasser-viel".

Messer. Ueber die Bedeutsamkeit der Ausdrücke für Messer für indianische Culturgeschichte s. Begriffsbildung. Mehrere enthalten den Begriff Eisen oder Stein. Zu Tehua I, II vergl. Kiowa *tlik-ho*, zu Tonto di. Mojave *dque*, gl. *qhuay* Otomí. Utah ist di. *huig* im Comanche, *wihi* im Wihinasht *átchindi* im Zuñi. Apache Wh. *endase* bedeutet „lang".

Moccasins, Ledersohlen, Schuhe. Zu Isleta vergl. ä. *mókuovi*, zu Moqui Kiowa *túti*, zu Tonto di. Mojave *(húm-) niora*. Die Sioux fertigten ihre Schuhe oder Sandalen aus Holz, wie *kan* in Dakota *kan-hanpa* beweist.

Mond. Der iu vielen Sprachen, z. B. im Tonkawa, auch den Monat und Moutag bezeichnende Ausdruck für dieses Gestirn lautet häufig: „Nachtsonne, Nacht-wandelnde-Sonne" s. oben „Begriffsbildung"; hie und da wird auch mit geringer dialektischer Abänderung das Wort Sonne selbst dafür verwandt, wie im Tehua *p'-o*, *b'-ō*. Der Begriff Nacht findet sich z. B. im Digger und im Apache. Die shoshonische Wurzel *ma*, *mu* findet sich im Moqui *muiyau-e*, im Utah *ma-a* *(-taua-pits)*, Comanche *mea* Halbmond, *mushe* Mond, Kizh *mōar* (Wichita *muar*). Sprachverwandt mit derselben ist das aztekische *metsli* und Pima *massar*. Tehua *p'-o*, Jemes *p'-a* und Isleta bilden ein Wort für Jahr: *ponio* (Tesuque) und haben Parallelen im Kiowa *pa* und im Palin *pö*. *tau-* im Quéres findet sich im Utah wieder und scheint Nacht zu bedeuten. Eigenthümlich ist *kana* Taos, das sich bloss mit *tsáná* im Otomí berührt. Das Apache-Wort ist gl. dem Digger *kenoana* Abend; das anlautende *kli* ist *tlē* Nacht. Von nördlichen Tinne-Sprachen haben Hoopa *hotleh hwah*, Taculli *chaolchu-ssa* Nachtsonne. Die Yuma-Sprachen haben: Tonto *h-lti*, Cuchan *huth'lya*, *hullyár*, vergl. gl. *kilja* Kechua: Mond, Monat.

Der Mond wird von einigen südlichen Stämmen als ein über der Sonne, die so häufig Dürre und Misswachs erzeugt, stehendes Wesen höher verehrt als diese; andere betrachten beide Gestirne als Geschwister, die sich fortwährend zu erhaschen suchen, und noch andere glauben, beide Gestirne seien in der That ein und derselbe Weltkörper, wesshalb auch beide mit demselben Worte benannt worden sein mögen. Auch Jägerstämme verehren den Mond mehr als die Sonne, da er ihnen nach dem Schiller'schen: „der Mond ist unsere Sonne" zu ihren nächt-lichen Zügen leuchtet.

Morgen. Häufig den Begriff Nacht (Digger, Tonto, Dakota, Kiowa, Cuchan) enthaltend, wohl in privativem Sinne. Taos entspricht dem Zuñi-Worte *tērani*, Acoma und Quéres dem Worte Tag im Acoma.

Moskito. Tonkawa enthält im zweiten Worttheile *kala* Mund, womit ver-muthlich der Stachel gemeint ist.

Mund. Zu Tonkawa *kala*, das eine ziemliche Anzahl Composita bildet, vergl. im Obigen „Begriffsbildung" und füge zu den dortigen Derivaten noch *kánoshan*, Mexicaner, bei; als meist bärtige Leute wurden nämlich die Mexicaner von einigen Stämmen des nördlichen Texas nach dieser Eigenthümlichkeit benannt (Tonkawa *kalok* Bart, Schnurrbart: „was um den Mund ist"). Die Yuma-Dialekte haben Tontoy *a*, Mojave *ia*, Diegeño *a*; Quiché und Palin *tchi*; die Dakota-Sprache i, i̇-. Im Shoshonischen findet sich Wihinasht *tupa*, Kizh *a·tóngin;* Comanche *tupe* Lippen; vergl. Utah. Tonkawa gleicht Taos und Digger, und das Taos-Wort für essen ist Denominativum von „Mund‟ wie lateinisch *manducare*, französisch und italiänisch *manger, mangiare* von *maxilla, mala.* Essen ist nicht selten Denominativum von „Fleisch‟, s. d. — Das Digger-Wort hat das Compositum *khol·tseke* Augenbrauen, Schnurrbart gebildet, vergl. Bart. Bei Quéres vergl. auch Lippen im Wortanhang.

Mutter. In den meisten hier behandelten Sprachen mit mein verbunden. Für Mutter braucht der Sohn ein anderes Wort als die Tochter im Moqui, Guarani, Chilenischen und andern Sprachen. *Ma* und *na* sind die einfach und gedoppelt vorkommenden Grundformen in vielen Sprachen, doch variiren, wie Lubbock, Origin of Civ., zeigt, die Wörter für Mutter weit mehr als die für Vater. Pueblos: *yta, yaia* gleicht ganz dem *ya* in Bornu, dem *iya* in Kanem, Centralafrika und dem *ya* in Siam. Zu Návajo vergl. gl. Quiché *nan*, zu Tonto, Zuñi *sila;* im Návajo ist das besitzanzeigende „mein‟ incorporirt. *Nay* im Acoma „mein‟ ist das contrahirte Tehua-Wort *navi.* Utah *pi* ist im Wihinasht und Comanche *pia; titi* im Tonto scheint *tata* Vater nachgebildet zu sein.

Nacht. Das shoshonische Wort (Wihinasht *tokano*, Utah *tukvan*) ist auch ins Jemes übergegangen und scheint „sonnenlos‟ zu bedeuten. Ist oft identisch mit dunkel, finster und erscheint nicht selten als Wortbestandtheil in „Mond‟. Zu Quéres vergl. ä. aztekisch *yoalli*, zu Tehua II Kizh *ya-uke*, *ya-uket*, zu Utah gl. Kechua *tuta.* Tesuque steht mit *kuriri* ohne Vergleichpunkte da, doch ist diess vermuthlich eine Privativform von *tari* Tag.

Nägel (an Fingern und Zehen). Häufig mit Hand zusammengesetzt. Das Digger-Wort ist von demselben Stamme gebildet, wie Arm und Finger und ist gl. Otomí *za*, Hoopa *lakets.* Vergl. Quéres mit Zuñi *shaúntchiove* und die Endung *-itch* Quéres mit dem Utah-Worte, zu Tonto di. Mojave *sakulyahó.*

Nase. In den Quéres-Dialekten Plural- oder Dualform mit *tuy* zwei. Oft findet sich Wortähnlichkeit mit Antlitz, Ohr, Kopf u. s. w. Tonto *hu* findet sich di. wieder in Diegeño *hä*, Mojave *ihu*, Cuchan *hö-tche, hos,* gl. in Chile *yu* und Taos. Isleta gl. mit Dakota *poge, puta.* Die shoshonischen Dialekte zeigen Utah *muvh,* (Simpson *mahvetah*), Comanche *mu-ule*, Wihinasht *moni* und ä. Kiowa *mau-cón.* Digger berührt sich mit gl. *tsám* Quiché, Tehua II mit den Tinne-Sprachen (Hoopa *tchu*).

Ohr. Acoma, Quéres und Digger haben Plural- oder Dualformen und solche sind wohl auch noch in andern dieser Vocabeln enthalten; in den Pueblos bedeutet *tuy* zwei, *vuy·pin* also „Zwei-Ohr‟. Das Moqui- und Tonkawa-Wort ist shoshonisch, sonorisch und aztekisch: Utah *nang(·ka'-vh)*, bei Simpson *nink*, Comanche *nak, naki;* Pima *pi-na-auk*, Heve *nacat;* Aztek. *nacaz-tli, to-nacaz (naca* Fleisch) Tlaskaltek. *nakáz* und findet sich selbst im Dakota *(noge-) nakpa* wieder. Der Tonkawa-Ausdruck lautet wörtlich, wie bei vielen Körpergliedern und Geräthen Aehnliches sich findet, „Mannes-Ohr". Tonto lautet im Cuchan di. *smeitl.* Tehua findet sich im Diegeño gl. *ayon* wieder und bildet das Wort *oyo-kami* schlafen, d. h. „auf dem Ohre liegen" und Tesuque *ohiō* Biber, wegen seines Winterschlafes. — Návajo ist v. mit Hoopa *tchewe*, Apache gl. mit *ceça* im Tupi.

Ordinalzahlen. Nur die entwickeltern Idiome unterscheiden äusserlich die Ordinal-, Distributiv- u. s. w. Zahlen von den Cardinalzahlen Das Mutsun hat für 4 *utsil*, für der „vierte" *utsituhas;* das Heve in Sonora für 3 *reidum*, „dreimal" *reis*, „der dritte" *ré-ietze*, Ablativ von *reidum*.

Ortschaft (Dorf, Ansiedlung, Stadt). Acoma, Digger und Utah enthalten vermuthlich das aztekische *calli* Haus (in *kau-, ka-*), Apache *kouáh-clar* bezeichnet: „viele Häuser"; Isleta enthält das Wort Volk, Nation. Den Namen *Acoma* aus *kanaikome* habe ich anderswo erklärt, s. d.

Pfeil. Mit Jemes vergl. Moqui *tiöhiá* Bogen, mit Isleta die Quéres-Wörter. Digger *nat* enthält vielleicht die Wurzel der Apache-Wörter für Häuptling: *natan, nalani;* über aztekisches *mitl* Pfeil, *miqui* sterben s. Begriflsbildung. Zu Tonto vergl. *pi-ark* Comanche und di. v. *n'yepxi* Cuchan, zu Moqui gl. *hui* Guarani.

Pferd. Fast durchweg, auch in Südamerika, mit dem spanischen *caballo* benannt, weil erst durch die Europäer importirt. Die Comanches brauchen zuweilen dafür, doch selten, *puke*, vergl. Digger *shuku.* Apache gleicht ziemlich dem Worte für Gras.

Prairie. Enthält wohl im Quéres den Begriff Wasser; im Digger das Wort Thal und erscheint im Tehua II auch in dem Worte Krieger: „Feldführer" (?) Das Taos-Wort gleicht sehr dem peruanischen *pampa*, diess wieder dem Tupi-Worte *péba (ibi péba)* Ebene. Keine Vocabel in den verglichenen Sprachen zeigt Aehnlichkeit mit „Gras".

Regen. Einige Sprachen enthalten, wie Utah, das Wort Wasser, aber meist mit verschobenen Consonanten. Zu Tonto vergl. di. Mojave *kúbara*, Aztekisch *kiuitl*, zu Jemes Shoshone *tomsa*, zu Tehua Moxo *tiquibö.*

Rinde (Baumrinde). Zu Tehua I und Quéres vergl. Kiowa *toucoi*, zu Moqui „Blatt", zu Isleta Baum und zu Jemes *(hopitch-)tapoa* im Comanche, wo *hop, hop'-tch* Eiche bedeutet. Digger *lane* findet sich im Taculli *la* wieder. Das Apache- und Kechua-Wort wird auch für Thierhaut, letzteres auch für Leder gebraucht.

roth. Zu Tehua I vergl. Comanche *pissap* und schwarz *pi-ingi*, zu Apache Comanche *etsatch*, zu Jemes Zuñi *shilora*, welches auch blau im Isleta nahe steht.

shulo im Isleta und Jemes muss „Farbe" bedeuten, bezeichnete aber wohl ursprünglich eine bestimmte Farbe.

Salz. Salz und Meer sind im Isleta gleich benannt. Das Digger-Wort ist in seiner Aussprache bloss durch Zeichen wiederzugeben und ahmt gleichsam die krampfhafte Contraction des Mundes nach, wenn man eine tüchtige Ladung Salz einführt. Die Quéres-Indianer hörten von der Ausbeutung desselben aus steinsalzhaltigen Formationen, denn sie benennen es mit dem spanischen Ausdrucke *mina;* auch das Utah-Wort lehnt sich an Zuñi *ave* Stein (*mave* Salz), obwohl es in Utah viele salzhaltige Seen giebt. Zu Tehua II vergl Comanche *önahap* und zu Tehua I das Moqui-Wort. Hidatsa setzt Salz mit dem Begriffe Erde, Dakota und Isleta mit Wasser, Jemes mit Stein zusammen. Zu Apache, Návajo, Tonto und Tehua I vergl. Cuchan *e'sithl.*

Schenkel (Bein). Utah berührt sich mit Zuñi *oyin* und Tonto (*nan-)yo*, Fuss, die Apache-Ausdrücke mit *tchek* im Quiché, Isleta *kö* und *köbe* mit Dakota *hu, huha,* sowie mit gl. *cupi* Guarani, Digger mit Aztek. *metztli.*

Schildkröte, enthält im Isleta und wohl auch im Jemes das Wort *pa* Wasser. Tonkawa *nashish* bezeichnet eine Schildkröte aus dem Genus Chelonia, englisch *terrapin.*

Schlange. Tonkawa und Quéres sind ähnlichlautend mit Kiowa *saonf.* Das Apache-Wort, verglichen mit *tkhlö* Gras, bedeutet wohl das „im Grase Kriechende". — *Pe, po* erscheint öfters in Schlangennamen.

schlafen. Das aztekische und sonorische *kotchi,* Comanche *cutso* scheint im Tonkawa, vielleicht auch im Apache und Digger nachzuklingen. Zu Tonto vergl. Dakota *ishtima,* zu Návajo Comanche *itepe,* zu Utah *pui* (Diphth.), Moqui *pehue.* Zu Tehua II s. Ohr und Biber.

schlecht, s. böse.

Schnee. Zu Tonkawa vergl. den Ausdruck für „weiss"; zu Isleta: Zuñi *üpinaive,* zu Utah, das nicht vom spanischen *niece* stammen kann, Wihinasht *nivaari.*

schwarz, gewiss oft identisch mit dunkel, finster. Roth liegt darin im Tehua I, schwarz in roth im Jemes. Zu Utah vergl. Comanche *tokhobts,* Wihinasht *tuhuk (-witya)* und gl. Moxo *tiquixoó.* Tonto lautet in Cuchan *n'yulk,* Tonkawa kommt auch in „Vater" vor, warum, ist schwer zu enträthseln. — Apache *tkhli* scheint schwarz oder eher dunkel zu bedeuten, vergl. Aztek. *tlillic,* das aus der Entfernung dunkel erscheinende Gras der Prairien, *tkhlö* und das Pferd als Thier von meist dunkler Hautfarbe *tkhlish.*

Schwester (meine ältere Schw.). In einigen Sprachen an Mädchen, in andern an meine Gattin, mein älterer Bruder erinnernd. Im Utah ist *pitch*

11

offenbar aus *pávitch* zusammengezogen. Drei Sprachen unterscheiden zwischen älterer und jüngerer Schwester. Ueber das Apache-Wort siehe Bruder.

See (Landsee), im Utah wie Meer, im Taos: „Wasser des Flusses". Zu Tehua II vergl. Zuñi *kiátulinne* grosses Wasser, von *kiáve* Wasser, *thlanna* gross.

sehen. Zu Taos und Utah vergl. Isleta, zu Digger und Tonto Zuñi *uná.*

singen. Zu Taos vergl. Zuñi *téna-u,* zu Utah Acoma, Tehua I und II, und Aztek. *cuica.* Davon der Name des Coyote-Wolfes, s. Begriffsbildung.

Sohn (mein S.). In fünf Sprachen mit Knabe identisch, im Jemes auch mit *king* Kind. Im Návajo und in südamerikanischen Sprachen braucht der Vater einen andern Ausdruck dafür als die Mutter. Das Isleta-Wort ist nur *di.* vom Taos-Worte für Tochter abweichend Utah *tó-ats* entspricht völlig dem *taváts* Mann, da der Sohn dazu berufen ist, einst das Haupt einer Familie zu bilden. Zu Tonto vergl. Cuchan *hómaie* und Moqui *manauhia* Mädchen; zu Utah Kiowa *atúa,* Comanche *itue, nertúah,* Wihinasht *itue.*

Sommer. Heisst häufig entweder „Sonne" (Jemes, Kechua) oder „heiss" (Acoma, Quéres) oder ist mit einem dieser beiden Begriffe zusammengesetzt. *-go* im Návajo und Apache scheint Zeit oder Jahreszeit anzudeuten.

Sonne. Die Benennung dieses von vielen Indianerstämmen göttlich verehrten Gestirns ist für die Genealogie der Sprachen besonders wichtig. Wir haben hier besonders zu unterscheiden zwischen dem shoshonischen Worte *ta,* dem unstreitig das sonorische *tash* urverwandt ist, und einem Stamme *satch,* der sich vielleicht aus obigem *di.* entwickelt hat, vermuthlich aber an die Tinne-Sprachen anknüpft. Daneben giebt es für Mond und Sonne noch einen Yuma-Stamm *n'ya* und einen Stamm *p'-e, b'-o,* der auch in Kopf und Kürbis auftritt und wegen der runden Gestalt beider, vielleicht auch weil man sich Sonne und Mond als belebte, denkende Wesen vorstellte, vom Kopf auf diese Gestirne übertragen wurde. Shoshone *ta* findet sich, *di.* abgeändert, in Tesuque *ta,* Tehua I, Tehua II *(pansen-)do,* Moqui *tahua,* Isleta *to(-ridá),* Ileve *tu-ui,* Utah *ta'-b,* Comanche *tabi, (tabikan* Tag), Shoshone *tava,* Kizh *tamet,* *ta-amet,* Netela *temil, témet.* Das Tonkawa *tagash* lehnt sich mehr an die Pima-Form *tash* als an die shoshonische; das Aztekische hat *tonatiuh,* Tlaskaltekisch *tunal* von *tona* warm sein, wärmen. Der Stamm *satch* findet sich im Quéres, Taos und Digger. Die Tinne-Form lautet im Hoopa *hwah,* im Taculli *sá, tsa,* im Apache *tchuna-ai,* nach Henry *skimai,* nach White *dehugerni-ei;* Die Yuma-Dialekte haben: Cuchan *nyatch,* Mojave *nyats,* Tonto *nyá,* und damit sprachverwandt scheinen Zuñi *yá(-tokia)* und Otomf *hiadi. p'-e* findet sich bloss im Jemes und im Kiowa *pai.*

In vielen Sprachen findet sich Sonne in dem Ausdrucke für Tag und Sommer wieder, vergl. Isleta; bei den Delawares heisst die Sonne der Tagesmond.

Auffallend ähnlich mit dem Quéres-Worte lautet Moxo *saatcke*, das sowohl Sonne, als Tag und Sommer bedeutet. Mehreres hierüber s. unter Begriffsbildung. Sonnenverehrung findet sich häufiger bei den Völkern des Nordens als bei denen des Südens, indem die Sonne bei erstern durch Wärme segensreich wirkt, bei letztern oft Dürre und Hungersnoth hervorbringt. Auch von den ackerbauenden Völkern wird sie häufiger verehrt als von den Jäger- und Fischervölkern.

sprechen heisst im Tonkawa „zu einem Manne kommen" und etwas Aehnliches scheint sich auch in andern Sprachen zu finden. Zu Taos vergl. v. Isleta *atui* und Kiowa *emtümki*, zu Moqui gl. Dakota *ia; eya*.

stark. Zu Moqui vergl. die Tehua-Dialekte (Tesuque *nokia*) zu Apache Taos, Digger und *cut* im Kiowa, zu Acoma und Quéres das Wort „Sonne".

Stein, Fels. Isleta, Jemes, Moqui und Tehua I, II und Tesuque *ku* sind etymologisch ein und dasselbe Wort und auch Zuñi *áre* ist wohl durch Aphaerese aus *káre* entstanden. Das shoshonische Wort heisst Utah *timp*, Wihinasht *tipi* (daher vielleicht Dakota *tipi* Haus*) und ist verwandt mit dem sonorischen *tet* (Heve), *hotië*, *jötē* (Pima) sowie mit Aztek. *tetl*, plur. *teme*. Gl. ist *taubu* im Galibi. Pima berührt sich auch mit den Quéres-Ausdrücken. Zu Tehua vergl. gl. *kaka* im Kechua und *cura* im Chilenischen. Die Tinne-Gruppe hat *tse* im Taculli, *tse, se* im Apache und Návajo, das auch ins Digger *son* und Kiowa *'-ts'-u* übergegangen zu sein scheint und, sowie Tonkawa *(ya-)lekhon*, dem Aztekischen am nächsten steht. Tonto lautet im Cuchan *oeī*; Taos berührt sich nahe mit Dakota *inyan* und mit Salz *anyā* im Tehua II (s. Salz). — Apache *sa entchar* bedeutet „grosser Stein" (Wh.)

Stern. Tonkawa scheint eine Nebenform von *tayash* Sonne zu besitzen, vergl. Kiowa *ta*, Comanche *ta-artch* mit der shoshonischen Wurzel *ta* Sonne. Moqui und die Apache-Ausdrücke scheinen sprachverwandt, vergl. Kizh *suon*, Netela *suol, shul*, Wihinasht *(patu-)tsura* und das Utah-Wort. Taculli *klum* weicht von dem Apache-Ausdrucke ab. Quéres und Taos lassen sich mit gl. *tstse* Otomí, Aztek. *citlali*, Tlaskaltek. *sital*, Tehua II mit Maya *ek* vergleichen. Statt unseres Utah-Wortes hat Simpson *qualantz*, vergl. *(tu-)kvan* Nacht.

Stirn. Im Tehua II ist *tchi-gó* „Gesichtsbein, Gesichtsknochen", was sich durch Vergleichung von Knochen, Arm, Finger, Hals in Tehua I, Tehua II und Tesuque ergiebt; im Tehua I wäre *navi-ko* demnach „mein Knochen". Fände Moqui *kala* sich nicht im Návajo *kalye* und im Comanche *kai, ne-kayi* wieder, so könnte man versucht sein, es für lautverschobenes spanisches *cura* Antlitz zu

—

*) Aehnlich wie Aztek. *tepetl* Stadt von *tetl* Stein

halten. Quéres ist di. v. mit Utah *ko'-r* Antlitz, s. d. Das Digger-Wort hängt mit Kiowa *ta-úpa* zusammen.

Tabak. Von den behandelten Sprachen besitzt nur eine das europäische Wort Tabak, das selbst wieder aus Westindien stammt: das Tonkawa; Wichita hat *wéco*. Mit Gras ist Verwandtschaft nur in Isleta und Jemes anzunehmen; Dakota setzt das Wort wie Taos mit dem Begriffe Holz zusammen. Zu Tonto vergl. di. Cuchan *a-órbe*, Mojave *a-úba*, zu Acoma *pa*, *pahm* im Comanchischen. White führt unter Rauchtabak zwei Apache-Formen an, worin *l* mit *d* alternirt.

Tabakspfeife. Wohl meistentheils das Wort für Röhre. Im Jemes und den Apache-Dialekten dasselbe Wort wie in Häuptling (warum?); in diesen bedeutet *nato* auch Tabak und wie aus Maiskorn *natá* zu schliessen, Gewächs oder kleineres Gewächs. *Tsé* als Endung bedeutet Stein und deutet, also wohl auf irdene, gebrannte Pfeifen, oder auf solche, deren Kopf aus Stein gefertigt war. Vergl. ausserdem Utah mit Moqui.

Tag. Enthält in den meisten Sprachen das Wort „Sonne" (oder Licht), das nicht selten auch in „Sommer" enthalten ist. Utah und Taos finden sich wieder in Wihinasht *tavino*, Comanche *tabikan*; Moqui nähert sich lautlich Kiowa *hi-u*, welches Licht bedeutet (für Tag gilt *kinth-pa*). Jemes ist wohl sicher aus französischem *bonjour* entstanden; *punchau*, im Kechua: Sonne, Tag, Sommer lautet sehr ähnlich.

Thal schliesst meist als Etymon „Fluss, Wasser" in sich; im Zuñi heisst *péve* sowohl Thal als Gras. Moqui berührt sich mit Jemes und dem Kiowa *pi-eti.*

Tochter (meine T.). Theils mit Mädchen, theils mit Kind übereinstimmend; im Moqui wie Sohn mit angehängtem -*i*. Im Zuñi und Digger sind die Wörter von merkwürdiger Länge Zu -*tsits* im Utah vergl. *tsi* in Apache. Im Heve nennt der Vater seine Tochter *márgua*, die Mutter *witsgua.*

todt. Der Form nach im Digger ein Privativum von *ma-* in „lebendig". Vergl. Isleta mit Moqui, Taos und Kiowa *petó.*

tödten vergl. Isleta mit Tehua und Taos, zu Moqui Zuñi *aýina*, zu Quéres, Utah und Moxo *cupacò.*

trinken ist nicht selten Verbum denominativum vom wichtigsten Getränke, dem Wasser, vergl. Begriffsbildung. Zu Tonto vergl. Cuchan *hasúe*, zu Utah Comanche *hibig.*

Vater. In den meisten behandelten Sprachen mit dem Pronomen mein verbunden. Der Sohn braucht ein anderes Wort als die Tochter im Moqui, Guarani, dem Araukanischen und vielen andern Sprachen. *Tata* oder *papa*, *ta* und *pa* sind die Grundformen für diesen Begriff in den meisten Sprachen aller Welttheile und finden sich (s. Lubbocks Origin of Civ.) in unendlich vielen Abänderungen wieder. Der Tehua-Form *tata* könnut am nächsten *tä-ĕ* im Jemes, *tati*, *teta* Aztek. *(tetakvuan* Eltern), Quiché *tat*, Palin und Digger *täta*, Zuñi *tátchu*, Dakota *ate*.

Vogel. In den meisten Sprachen mit *si*, *tsi*, *tchi* wiedergegeben und im Digger onomatopoetisch redupliziert. Apache findet sich wieder im Hoopa *klokca·yau* „Fischfänger"? vergl. *kloke* Fisch. Zum Acoma vergl. Kiowa *kúato* und Comanche *kuina-a*.

Volk (Nation). Im Kechua „Männer", im Apache -'*nto tlä* viele Indianer (Návajo *khä*, vergl. „viele" *o-khai·yui)*. Der Isleta-Ausdruck ist wohl identisch mit dem von Tehua II.

Wald. Häufig ein und dasselbe Wort mit Holz und Baum, oder damit zusammengesetzt, im Taos gleich Berg und im Tonkawa „Berg-Baum". In Neu Mexico, Arizona und Umgegend sind fast nur Berge, und auch unter diesen bloss die höhern bewaldet.

warm, heiss. Tonkawa vielleicht Etymon des Wortes für Sonne *tagash?* vergl. Morgen *takhshon* und Digger *tak-tcha'*- heiss. Zu Utah stellt sich gl. *tihurè* im Moxo.

Wasser. Bei diesem wichtigen Worte lassen sich hier 3—4 verschiedene Wortstämme unterscheiden, von denen *p'-a*, *p'-o* sich in drei Pueblos und im Utah und Comanche findet. Das Quéres-Wort erinnert an Pima *suéti*, Taos an Digger, Moqui *kut* an Zuñi *klave*. Das Tonkawa- und Yuma-Wort (Cuchan *ahá*, Mojave *áhha*, Diegeño *ahá* und eine bei Buschmann vorfindliche Utah-Form *ogo* sind verwandt mit Aztek. *atl* Wasser. *Pa* ist shoshonisch, denn es findet sich im Kizh als *bar*, im Netela als *pal*, im Wihinasht, Comanche und eigentlichen Shoshone als *pa* vor. Die Tinne-Sprachen ergeben endlich folgende Blumenlese: Chepéwyan *tu*, *to*, *tto*, Taculli *tou*, *tu*, Kutchin *tchu*, Dogrib *to*, *tu*, Umpqua *tχo*, Hoopa *tanan*; die Kenai-Sprachen: Atnah *ttä*, Inkilik *tu*, Inkalit *te*, Ugalenzisch *kaja;* Apache (und Návajo) *to*, nach White *tu*, *son*. Kiowa hat ebenfalls das Tinne-Wort *('-tä)* angenommen.

Weib *(mulier)*. Die Pueblo-Sprachen stimmen fast durchweg überein; Digger und Tonkawa mit *behhia* Otomí. Mit Tonto ist v. Kiowa *mayi*, mit Tehua I Wichita *káhak* mit Moqui ä. Comanche *ru-ete*, mit Apache gl. Hoopa *tsa(-mestla);* Huronisch und Moxo s. oben. Zu Quéres stimmt Kiowa *koh'*- Mutter, *ki-üng* Weib, Zuñi *okia*. Wie für Mann, herrscht auch ein und dasselbe Wort für Weib in allen Ba'-ntu- und in vielen Tinne-Sprachen vor. Die sonorischen Sprachen haben *ubi*, *uba*. Im Utah entspricht Simpson's *naijah* Weib dem *payah* in S. *toe-on-payah* Mann; Weib steht überhaupt häufig für „weiblich" (und Gattin), wie Mann für „männlich". Weibliche Thiere bezeichnet Apache nach White mit *beárde*.

weiss. Zu Návajo, Tehua und Tonkawa vergl. Schnee, zu Acoma und Moqui Comanche *tokhlsa* und Utah.

Wind. Grosse Aehnlichkeit zeigen im Isleta Sommer, Winter und Wind. Zu Utah vergl. Comanche *ne-ait,* zu Digger Aztek. *ehcatl.* Zu Tonkawa *yandan* gehört *yenlan-auvei* Süden, Südwind, d. h. „grosser, heftiger Wind," die sog. Gulfbrise.

Winter häufig nicht vom Herbste unterschieden. Auch die Germanen kannten den *herbist* nicht als eine besondere Jahreszeit, sondern rechneten ihn nach seiner Bedeutung „Ernte" zum Sommer. Im Tehua 1 und Acoma mit „kalt" zusammenfallend, nirgends mit Wind oder Schnee, ausser vielleicht im Jemes, wo *tá-k'-l* mit Kiowa *tu* zu vergleichen ist, das zugleich Winter, Frühling und kalt bedeutet. Zu Utah vergl. *tina* kalt Digger.

Wolf. Einzelne Sprachen unterscheiden genau zwischen dem eigentlichen Wolfe und dem kleinern, durch sein klägliches, ganze Nächte hindurch andauerndes Geheul bekannten Coyote-Wolf; über beide s. Begriffsbildung. Das Apache-Wort *mbú* (nach White *bar-tchú)* findet sich auch im Tonto und in verwandter Form im Pima *páhu,* Kiowa *báo* Fuchs; das Taculli hat *yess,* das Aztek. *coyotl* Wolf. Vergl. zu Tonkawa das Kiowa-Wort *(al-)pagö-i.* In den Thiernamen dieser Sprache findet sich mehrfach die Endung *-on, -an.* Die Tonkawas verehren den Wolf und wenn derselbe je den Namen des Fuchses führte, so könnten sie nach Jemes *tonkano* Fuchs *(anyo* ist Wolf) benannt worden sein. Vergl. übrigens die einleitende Bemerkung zu Tonkawa.

Zähne. Im Taos mit „Mund" componirt, und vermuthlich v. mit dem Jemes- und Apache-Worte. Moqui *dama* ist shoshonisch, vergl. Wihinasht *tama,* Shoshone *tangva,* Comanche *ne-tam* mein Zahn, Utah *taua,* nach Simpson *tong.* Vergl. gl. Aztekisch *tlantli,* Tupi *tánha. Si* im Digger berührt sich mit ä. Kiowa *zun,* Otomí *tsi* (Singular). Apache *dar-méya* White, bedeutet viele Zähne (wohl aus *clar-méga* verschrieben?).

Zehen. Enthält meist den Wortstamm von Fuss und im Apache und Tonto die Endsilben von Finger. Im Utah lautet es wie Daumen und *tom* findet sich auch im Worte zehn, wie im Deutschen. Návajo hat dieselbe Endung wie Jemes und Aztek. *xo(-pilli)* scheint mit Isleta v. zu sein. Dem ersten Theil im Moqui ist ä. Comanche *(tasse-)rueke.*

Zunge. In Moqui und Tehua scheint Zunge nicht dem spanischen *lengua* entlehnt, sondern einheimisch, vermuthlich shoshonisch zu sein; Zuñi *hón(-inna),* Kiowa *den;* Kizh *a-tónyin* Mund, *a-nóngin* Zunge. Daneben existirt indess in den shoshonischen Sprachen Utah *augh,* das auch Gefässe bedeutet, die aus den Hörnern von Utah-Schafen gedrechselt werden; Wihinasht *eyho,* Comanche *ek,* Quiché (ä.) Maya *ak, aák,* Palin *ruák.* Návajo *tso* vergleicht sich mit gl. Dakota *reji,* Tonto mit di. Mojave *ipailya,* Cuchan *pulche, puilche* und mit ä. Aztek. *nenopilli.*

ZAHLWÖRTER.

Die Bezeichnungen für zeitliche, arithmetische und geometrische Grössen und die damit in Verbindung stehende Zählmethode lassen uns einen tiefern Blick als manche andere Begriffe in den Culturzustand eines Volkes thun. Die Anfänge arithmetischer Kunst sind es, die uns hier besonderes Interesse bieten, und da die weit vor aller Geschichte zurückliegende Entstehung unsrer indogermanischen Zahlwörter noch nicht bei jedem derselben mit Sicherheit nachgewiesen wurde, so mag ein Blick auf tieferstehende Völker uns wenigstens einen Anhalt bieten, wie Zahlwörter gebildet wurden.

Wenn von Forschungsreisenden behauptet wird, es gäbe Völker, deren Zählsystem die Drei nicht übersteige, oder die „nicht fünfe zählen können", so ist dadurch nicht ein Mangel an Kenntniss arithmetischer Grössen bezeugt, sondern diese Stämme wenden eben bei den Numeralien fast einzig die Gebärde der Zählung an den Fingern an, die sie dabei hoch emporhalten, und manche wissen die Wörter für diese Zahlen gar nicht. Diese Zählmethode geht aber meistens bloss bis zwanzig und oft heisst schon „viel", „zahllos", was über drei, fünf oder zehn geht. Trotz ihres Mangels an den höhern Cardinalzahlen wissen aber die Südafrikaner und Brasilianer sehr gut, wie viel Stück und sogar welche Stücke Vieh ihnen aus einer Heerde von 200—300 fehlen. Die Antwort auf die Frage: „Wie viel Raum nehmen die von euch mitgebrachten Pferde ein?" geben dem Brasilianer allein die Idee von einer Anzahl Pferde; Zahlwörter thun diess nicht.

Die natürlichste Zählmethode, auf die auch unser decimales Zahlsystem basirt ist, ist die nach Fingern an Händen und Zehen an Füssen. Das Zählen nach 5, 10 und 20, oder die quinäre, decimale und vigesimale Zählmethode, ist denn auch die von den meisten Völkern angenommene, und diese drei sind im Wesentlichen eins. Es hat sich aber daneben eine quaternäre, nach vieren zählende eingedrängt, die nicht selten mit der quinären Hand in Hand geht, oft aber sie unterbricht oder gar selbst aus der binären, nach zweien zählenden entstanden ist. Die binäre entstand wohl daraus, dass nach Händen gezählt wurde; die quaternäre aus dem Zählen nach Händen und Füssen, in vielen Fällen aber aus dem Weglassen des Daumens beim Zählen an den Fingern, indem man mit dem kleinen Finger zu zählen anfing. Die Zählung nach Drei bei den Brasilianern schreibt sich von dem Zählen der Fingergelenke her.

Die einfachste oder binäre Zählmethode findet sich am ausgeprägtesten bei australischen Völkerschaften vor, und mittelst derselben können auch höhere Zahlen erreicht werden. Am Cap York wird gezählt wie folgt: 1 *netat*, 2 *naes*, 3 *naes netat*, 4 *naes naes*, 5 *naes naes netut*, 6 *naes naes naes*. Schon etwas entwickelter

ist die Zählmethode der Australier am Unterlaufe des Murrayflusses, welche 1
mit *ryup*, 2 mit *politi*, 5 mit *ryup murnangin* eine Hand, 10 mit *politi murnangin* bezeichnen. Die Abiponen in Südamerika kommen selten dazu, über drei zu
zählen und 1—3 zählen sie wie folgt: 1 *iñibara*, 2 *iñoaka*, 3 *iñoaka yekaini*.
Für die 4 dient ihnen der Fuss des Strausses, der 4 Zehen besitzt: *geyènkñalè*;
für 5 dessen fünffarbige „schöne" Haut: *neènhalek*; 5, 10, 20 drücken sie mittelst
Hand und Fuss aus.

Zählsysteme, worin die 2 die verdoppelt gedachte 1 ist, sind nachweisbar
im Chinook: 1 *tlcht, eght*, 2 *mak-ust* (der Rest, wie es scheint, quinär zählend),
in der Sprache der Blackfeet-Piegans: 1 *tokescum*, 2 *nar-tokescum* (3 *noho-kescum*);
im Tehua, vermuthlich auch im Isleta.

Systeme, worin die quaternäre Methode mittelst Zählung von 4 Fingern mit
Ausschluss des Daumens rein und ohne Beimischung des Quinärsystems durchgeführt ist, sind etwas selten. Die Indianer bei Sa. Barbara in Californien zählen
wie folgt:

| 1 *pakâ*, | 2 *excoi*, | 3 *maseja*, | 4 *scumu*, | 5 *ytipaca*, |
| 6 *ytixco*, | 7 *ytimasge*, | 8 *malahua*, | 9 *upax*, | 10 *kerxco*. |

Durch *yti-* wird somit das Aufnehmen der andern Hand angezeigt.

Sehr häufig findet sich dagegen, dass die 4 zur Bildung oder Zusammensetzung des Wortes für 8 gedient hat und dass dieser Rest einer wohl ältern
Zählung nach vier mit der spätern Fünfer- oder Zehnerzählung combinirt wurde:

Taculli 4 *tingkai, tinggi*,	8 *alketlnga, ölkilinggi*.
Chinook 4 *sakit*,	8 *satkin, stutkin*.
Piegan 4 *nesiceum*,	8 *nar-nesiceum*.
Hidatsa 4 *tópa*,	8 *dopápi*.
Suaheli (Südafrika) 4 *enne*,	8 *nane*.
Moqui 2 *le*, 4 *nale*,	8 *nanalc-'*.
Isleta 2 *uise*, 4 *ue-an*,	8 *huére*.
Taos 2 *rayena*, 4 *re-an*,	8 *eeli*.
Digger 4 *lla-uit*,	8 *se-lla-uit*.
Utah 4 *tsu-in*,	8 *ra-tsu-in*.
Yuma-Cuchan 4 *tchapóp*,	8 *tchip-huk*.
Tonkawa 2 *kika*, 4 *siquit*,	5 *se-keticsh*.
Heve 4 *navoi* (2 *gos*)	8 *gosnávoi*.

Auch ὀκτώ, octo, acht ist auf diese Weise entstanden, denn die älteste
Form *ashtâu* ist eine Dualform, also Verdoppelung von vier. Dieses 2 × 4 = 8
würde sich in den amerikanischen Sprachen noch weit öfter zeigen, wenn dieselben

nicht so oft Zahlen aus unverwandten Sprachen von Nachbarstämmen angenommen hätten, wie diess z. B. im Acoma und Quéres der Fall zu sein scheint. Einige Zahlformen zeigen auch bloss Reste und Trümmer ihrer frühern Gestalt, wie Buschmann mehrfach nachwies. —

Eines der deutlichsten Beispiele einer rein durchgeführten quinären Zählmethode gewährt das Aztekische, wie folgt:

1 *ce, cem,* 2 *ome,* 3 *yey,* 4 *naui,* 5 *macuilli,*
6 *chica-ce,* 7 *chic-ome,* 8 *chic-uey,* 9 *chicu-naui,* 10 *matlactli.*
20 *cem-poualli,* 40 *ome-poualli.*

In anderer Weise zählten die Chibcha- oder Muysca-Indianer in Neu Granada:

1 *ata,* 2 *bosa,* 3 *mica,* 4 *muyhica,* 5 *hisca,*
6 *ta,* 7 *cuhupqua,* 8 *suhusa,* 9 *aca,* 10 *ubchihica,*
11 *quihiha ata* (Fuss eins), 20 Fuss zehn oder ein Häuschen *(gueta)*, 40 *gueta bosa.* Das Zählen nach Zwanzigen ist noch bei den Franzosen üblich: *quatre-vingt* 80, *quatre-vingt-dix* 90, *quinze-vingts* 300 und die Engländer zählten früher nach *scores* = 20: *fourscore, fivescore* etc.; beide Nationen erbten diess von den Galliern. — Viele aussereuropäische Völkerschaften sagen dafür Hand und Fuss, Hände und Füsse, Mann, oder Person. —

Consequent durchgeführt ist die Quinärzählmethode im Zuñi, sowie im Tonkawa, worin *se* von 6—10 vermuthlich das Yuma-Wort *serap* (wie Tonto 5 = *salabe*) Hand oder ein ähnliches Wort ist; daneben hat jedoch auch die Quaternärmethode die Hand im Spiele gehabt. Zu einer vollständigen Quinärreihe fehlt im Tonto bloss 9, im Digger 7 und 9, im Utah 8 und 9. Die 2, namentlich aber die 3 *(bihio, punye, paio, payin* etc.)' lauten in sehr vielen westamerikanischen Sprachen' durchaus ähnlich. Im Tehua scheinen alle Zahlen von 6—9 aus einer Nahua-Sprache genommen und gekürzt zu sein. Die vigesimale Zählmethode kommt in keiner der in diesem Werkchen behandelten Sprachen vor.

Eine Zahlenreihe, worin 2, 4, 6, 8 dasselbe Wortelement *ra, cu, gu* enthält, ist die der Insel Tobi oder Lord North's Island im indischen Meere. Fische werden in folgender Weise gezählt:

2 *gwimul,* 4 *vamul,* 6 *cacrimul* 8 *cacrimül.*

Beim Zählen von Cocosnüssen werden dagegen folgende Zahlen gebraucht:

2 *gwi,* 4 *vao,* 6 *ca ra* 8 *tiu* (?).

Und so giebt es, namentlich in Polynesien, an der amerikanischen Küste des Stillen Meeres und in Westafrika (Yoruba) zahlreiche Völkerschaften, welche je nach Qualität und Aussehen der gezählten Gegenstände, verschiedene Endungen den Cardinalien anfügen.

Solche Decimalreihen, in denen keine einzige Zahl die Elemente einer niedrigern enthält oder enthalten hat (die Zahlen werden oft stark verkürzt und verstümmelt) giebt es wohl kaum und selbst in der indogermanischen Zahlenreihe ist $10 = 2 \times 5$. — Eine Reihe, worin ein solcher Zusammenhang höchstens bei 5 und 6 bemerklich ist, ist die des zur Selish-Familie gehörenden Nisqually:

1 *dutcho,*   2 *sale,*   3 *khlekhw,*   4 *bös,*   5 *tsaluts,*
6 *dzelachi,*   7 *tsöks,*   8 *t'-kàtchi.*   9 *hwoul,*   10 *paduts,*   20 *salàchi.*

Auf dem Duodecimalsystem scheint die Zahlenreihe von San Luis Obispo im Südtheile des Staates Californien zu beruhen. — Auf der dortigen Insel Santa Cruz ist $12 = 3 \times 4$, und $13 = 12 + 1$.

Zur Vergleichung mit unserer Worttafel geben wir nachstehend noch einige amerikanische Zahlenreihen, worin sich arithmetische Operationen beobachten lassen, wie: $2 + 2 = 4$, $4 \times 2 = 8$, $5 + 1 = 6$, $5 + 2 = 7$, $10 - 1 = 9$, $10 - 2 = 8$ etc.:

	Zuñi.	Wichita.	Cuchan.	Otomi.
1.	*topintai,*	*chàosth,*	*sin, asiëntie,*	*n-nrá,*
2.	*quilli,*	*ritch,*	*harik,*	*yoho,*
3.	*hàhi,*	*tauë,*	*hamuk,*	*hiû,*
4.	*àhwitai,*	*talkvttch,*	*tchapóp,*	*go-oho,*
5.	*àpte,*	*esquanëtch,*	*serap,*	*kyta,*
6.	*tòpa-likkia,*	*kéhash,*	*humhuk,*	*rahtò,*
7.	*quilla-likkia,*	*kéofitch,*	*pathkayr,*	*yohtò,*
8.	*hia-likkia,*	*kìvtaua,*	*tchip-huk,*	*hiàhtò,*
9.	*téna-likkia,*	*saokìnte,*	*humkamuk,*	*gythò,*
10.	*astém-hlah,*	*eskirriavash.*	*sahhuk.*	*rëta,*
20.	*quillika nàstem-hlah.*	.	.	*n-rahtë.*

	Maya.	Kiowa.	Telamé.	Here.	Pima.
1.	*hun,*	*pàiko,*	*tòl,*	*sei,*	*yumako,*
2.	*ca,*	*gia,*	*caquiche,*	*gotum,*	*kuak,*
3.	*ox,*	*pào,*	*acutlcappay,*	*veidum,*	*raik, beik,*
4.	*can,*	*laki,*	*quichà,*	*nauoi,*	*kɪ-ik,*
5.	*ho, koppel,*	*ònto,*	.	*marqui,*	*huitas,*
6.	*uac,*	*mosso,*	.	*vusani,*	*ptchu-ut,*
7.	*uuc,*	*pàntsa,*	*quetté,*	*seniovusàni,*	*chava,*
8.	*uaxab,*	*iàtsa,*	.	*gosudvoi,*	*kikig,*
9.	*bolon,*	*cohtsu,*	.	*vesmàcoi,*	*muutchiko,*
10.	*lahun,*	*côkhi,*	*zoe.*	*macoi.*	*ustima,*
20.	*hun-kal.*	*inthkia.*	.		*kuku-vistima.*

Návajo (nach Eaton).	Hoopa.	Hidatsa.	Dakota.
1. lláhi,	klerunna,	duétsa,	ranji,
2. naki,	nani,	dópa,	noupa,
3. tá,	kakin,	dámi, nari,	yamni,
4. tí,	inkin,	tópa,	tópa,
5. éstla,	trolla,	kihu,	záptan,
6. hustd,	hustan,	akáma,	shakpe,
7. sustsél,	hukit,	shápua,	shakorin,
8. tsaipt,	kénim,	dopapi,	shadogan,
9. nastái,	nukustau',	durts-api,	napciranka,
10. netsnd,	minitluk.	pitika,	rikeenma.
20.	.	dopá-pitika.	

Bei den Sprachen der Worttafel lassen sich folgende Lautähnlichkeiten hervorheben, wobei manche der schon im Vorigen angeführten übergangen sind:

1. Tonkawa und Jemes vergl. mit Kiowa *páko*, Sa. Barbara *paká*. Digger und Taos scheinen reduplicirte Formen zu sein.

2. In den meisten Pueblos *ruy*, vergl. eins. Tonto lautet im Mojave *havíka*, im Pima *kuak*. Zu Utah vergl. Wihinasht *cahaiu*. Digger scheint reduplicirter Plural zu sein.

3. Utah fast gl. Wihinasht *pahaiu*, Jemes *ta* dem Wichita *tawé*. Tonto lautet im Cuchan *hamuk*.

4. Zu Digger vergl. Kiowa *laki*.

5. Tonkawa scheint mit *kosha* alt zusammenzuhängen; der kleine Finger, an dem vielleicht die Fünf abgezählt wurde, heisst bisweilen der Zauberer, Hexenmeister, das „Alterchen". Alle Utah-Zahlwörter endigen auf *-in*.

6. Im Digger = 2 × 3 = 6. Vergl. Taos mit Isleta und Jemes und Tonto mit Dakota *shakpe*. Moqui gleicht völlig *nauoi* 4 im Heve.

7. Zu Apache vergl. Kizh *huatsa-kabea*, zu *hoa* (*-geshbe*) im Tonto, *whawa* im Cuchan, zu Digger das Zuñi- und Hoopa-Wort.

8. Tonto lautet im Mojave abgekürzt *múka*. Zu Apache vergl. das Cuchan-, zu Isleta das Zuñi-Wort.

9. Zu Taos vergl. Kizh und Netela *kabea*, das dort 7 und 9 bedeutet. Im Digger ist es eins von zehn, im Utah „nahe-zehn"?

10. Im Utah wird *tomsuin* in den Decaden zu *suin* abgekürzt, das Taos-Wort wird zu blossem *tá*, und ähnliches geht in Isleta, Jemes und den Apache-Dialekten vor.

ANHANG.

1.

RÜCKWIRKUNG DER AMERIKANISCHEN AUF DIE
EUROPÄISCHEN SPRACHEN.

Dass die europäischen Sprachen auf den Wortschatz der amerikanischen
Ursprachen von Einfluss gewesen sind, zeigt schon ein flüchtiges Durchgehen der
Wörtersammlungen einzelner Nationen und Stämme, die mit Weissen in Verkehr
getreten sind. Unter den hier behandelten Sprachen zeigt besonders das Tehua
zahlreiche Spuren davon. Dagegen haben seit der columbischen Entdeckung auch
die amerikanischen Sprachen nicht unbedeutende Spuren ihres Daseins in dem
lexicalischen Vorrathe europäischer Sprachen niedergelegt, von denen wir hier
einige namhaft machen wollen:

Aus der Sprache von Hayti, die jetzt völlig erloschen ist: *mahiz* Mais,
Maiskorn; *manati* Lamantin, eine grosse Cetacee; *piragua* Pirogue, langes, schmales
Boot; *tabaco* Tabak, bedeutete aber ursprünglich die Tabakspfeife; *zubana,
sarana* Savanne, Steppenebene; *urican, urogan, furican* Orkan, engl. *hurricane.*

Aus der Galibi- oder Cariben-Sprache: *canawa* Kanoe, Boot (im Dakota *canwala,* von *can* Baum); *picayune* eine Scheidemünze (¹/₄ Mark); *picaninny*
Mestizenkind, vom Tupi *pixuna* schwarz, dunkel und dem spanischen *niño*
kleines Kind.

Aus den Guarani-Sprachen (Guarani, Tupi oder Galibi): *tapýra* Kuh,
Ochs, Büffel, Tapir; *mbarigui* (Moskito, von *mberú* Fliege), das französische *marin-
gouin;* *jaguára* Jaguar, amerikanischer Tiger *(Felis onça)* im Tupi für den Hund
und grössere Thiere gebraucht; *uguará* bedeutet im Guarani Jaguar, Bär, Wolf,
Fuchs etc.; *acuti* Guarani, Hase, Kaninchen, Aguti; *Tupi-nambu,* Name eines
brasilianischen Tupi-Stammes, aus dessen Gebiet eine Erdbirne, Erdartischoke, fran-

zösisch *topinambour*, ausgeführt wurde; *akatchu* im Tupi der Acajoubaum, englisch *cashéw (Anacardium occidentale).* Ein Tupi-Wort ist wohl auch *mahágoni*, und derselben Sprache gehören noch viele andere Namen von brasilischen Exportgewächsen an. —

Aus der Kechua-Sprache von Perú: *pámpa* Ebene (im Tupi *pebu, ibi pebu); chacra* Landgut, Grundbesitz; *puma* amerikanischer Löwe; *urcu paco* Alpaca-Widder; *llama* Llama; *huanacu* Guanacu; *huanu* Guano, Dung, Vogelmist.

Aus dem Aztekischen (Mexico): *ocelotl* Ozelot (*Felis pardalis L.*); *tomatl* oder *tumatl* Paradiesäpfel, Frucht von *Lycopersicum esculentum*, englisch *tomato; Jalapa* Name einer mexicanischen Stadt: Jalappen-Wurzel; *caca-uatl* Cacaobaum, *Theobroma cacao L.* (enthält in der Endung das aztekische *kauitl* Baum); *Cacao* Chocolade.

Aus den Algouquin-Sprachen (Delaware, Massachussetts, Mohegan u. s. w.) stammen *Wigwam, Tomahawk, Pow-wow, Sachem, Sagamore, Squaw, Pappoose, Wampum, Moccasins* und Redensarten wie: auf dem Kriegspfade wandeln, die Friedenspfeife rauchen, die Streitaxt begraben. —

II.

CHINESISCH-AMERIKANISCHE WORTPARALLELEN.

Ohne die Absicht, daraus weitgehende ethnographische Schlüsse ziehen zu wollen, übermittelte mir Hr. Oscar Loew, als ein Kenner des Chinesischen und Japanesischen, folgende chinesisch-amerikanische Sprachparallelen, welche schon durch ihre beträchtliche Anzahl auffallen:

Ohr	Chinesisch	*yi;* Tehua *oye, o-oye*, Diegeño *ayon.*
Nase	-	*pi;* Isleta *puai*, Dakota *puic.*
Bart	-	*so;* Tehua *shobó, soro*, Galibi *(ata-)sibo.*
Hand	-	*shau;* Tonto *shala*, Hidatsa *sháki.*
Fuss	-	*keuk;* Apache, Návajo *kié, ke.*
Zehen	-	*keuk-tchi;* Návajo *ke-tchu.*
Wade	-	*(keuk-)nong-to;* Tonto *nanyo* Fuss.
Blut	-	*hüt:* Tonto *huata*, Kechua *(ya-)huar.*
Knochen	-	*kvat-tau;* Tonto *kuevata.*
Vater	-	*atá;* Tehua (und andere Sprachen) *tata.*
Mutter	-	*amá;* Apache *má.*

Freund Chinesisch *pong-yau*; Isleta *(in-)pory(-ra-c)*.

Sonne   -   *(yat-)tau*; *ta* in den shoshonischen, sonorischen und Pueblo-Sprachen.

Regen   -   *yü*; Moqui *yogi*.

Feuer   -   *fo*; Tonto *ho-o*, vergl. Taos.

Gras   -   *tsó*; Digger *tsa(-ruk)*, vergl. Apache.

Farbe   -   *shik*; Jemes *shu-lo*.

gut   -   *ho*; Tehua II *hi-uo-te*.

zwei   -   *i*; Tehua *vuyie*, Isleta *uise*.

sieben   -   *tsat*; Návajo *(sus-)tsit*; Tehua *tché*.

neun   -   *kau*; Tehua *kveno*, Isleta *hõa*.

ich   -   *ngo*; Pueblos etc. *nä, ne, nü-ä* etc.

du   -   *ni*; Apache und Návajo *ni*, Tonkawa *naya*. —

(Eisen *tomoro* im Mandschu, Moxo *tumoré*.)

III.

FELSENINSCHRIFTEN INDIANISCHEN URSPRUNGS.

Versuche künstlerischen Strebens, wenn sie auch noch so roh und ungeschlacht erscheinen mögen, bieten uns, sofern sie von Naturvölkern herrühren, kein geringes psychologisches und archäologisches Interesse dar. Sie geben uns Anhaltspunkte für ihre Culturgeschichte und lehrreiche Vergleichspunkte für die unserer eigenen Urahnen.

Dass die frühentwickelte Kunstproduction der Nahuatl-Stämme (Azteken, Tolteken, Tlaskalteken etc.) einen Einfluss auf die hier zu betrachtenden Anfänge plastischer Kunst gehabt habe, kann weder bejaht noch verneint werden, vermuthlich wirkte sie aber doch durch ihr Beispiel. Auch die sogenannten Moundbuilders in der Missisippiebene besassen indess künstliche Geräthe, trotzdem bei ihnen an Zusammenhang mit Mexico kaum gedacht werden kann. Ihre langgezogenen Erdwälle bieten nicht selten im Grundriss das Bild eines Vierfüssers oder einer Schlange dar. Die originellen Malereien der Dakotas auf Schildern, Zelten, Leinwand sind wohl durchaus urwüchsig. Schoolcraft hat eine ziemliche Anzahl derselben, und auch aus andern Stämmen, in seinem Sammelwerke abgebildet und mehrere finden sich auch copirt bei Sir John Lubbock, the Origin of Civilization.

Die erstere der hienach abgebildeten Felseninschriften fand O. Loew am 27. Juli 1873 ganz zufällig auf, als er südöstlich von den Moqui-Mesas, etwa 15 Miles von Tsitsúmovi und Obiki entfernt, sich auf kurze Zeit von den übrigen Mitgliedern der Expedition absentirt hatte. Er copirte die Inschrift auf der Stelle. Dieselbe misst 5′ in der Länge, 3′ in der Höhe und ihr unterster Rand ist 6 Fuss über der Bodenfläche, wo Wasser zu Tage tritt, erhaben; sie ist an einer flachen Stelle der bröcklichen Sandsteinfelswand eingemeisselt worden und durch eine halbrunde Vertiefung vor dem Einfluss des Wetters geschützt. Vermuthlich war die tümpfelartige Quelle der Grund, dass die Inschrift gerade dort angebracht wurde. Die Umrisse der höchst drastischen Figuren sind mit Sorgfalt etwa ¼ Zoll tief in dieser Weise: ▚▚▚▚▚▚ eingegraben. Loew hält es nicht für unmöglich, dass die Inschrift einmal mit röthlicher Deckfarbe bemalt war, obwohl das Gestein selbst schon eine röthliche Naturfarbe besitzt. Ein aus Holz geschnitztes und bemaltes Bild, dem in der Inschrift voranstehenden vollkommen ähnlich, erhandelte er später im Tehua-Dorfe auf einer der Moqui-Mesas. Er ist der Ansicht, dass dieser „Gliedermann" ein Götterbild darstelle. Was die Mehrzahl der Figuren darstelle, ist durchaus unklar und chronologische Anhaltspunkte sind nicht aufzufinden, es sei denn, dass man in dem Flügelthiere der ersten Reihe einen Hahn erblicke, ein Thier, das erst seit Ankunft der Spanier nach Amerika gebracht wurde; ist es jedoch ein Truthahn *(turkey)*, der im westlichen Continente ureinheimisch ist, so kann die Ausmeisselung der Inschrift vor 500 oder 1000 Jahren stattgefunden haben. Die Figur nach dem Hahn hält Loew für einen Bär, die fünfte in der zweiten Reihe ist wohl ein schwangeres Weib. Loew sieht in dem Bildwerke die Darstellung eines Schöpfungsmythus mit Aufzählung der einzelnen geschaffenen Creaturen, doch befinden sich Figuren dabei, welche nicht wohl Organismen darstellen können, z. B. der „vierfache Dreschflegel" in der untern Ecke links, wohl eine Standarte mit vier Scalps, und die Kreuze, die wohl Gestirne andeuten sollen.

Ich halte diese ideographische Inschrift für die Darstellung eines Kriegszuges oder einer Jagd, welche in der Nähe jener Quelle stattfand, und betrachte die Mehrzahl der Figuren als Totems der Theilnehmer oder der Stammeshäuptlinge. Dass nebenbei eine Handlung dargestellt sei, ist wohl möglich, aber wohl schwierig nachzuweisen. Da die Totems oder Namensabzeichen fast bloss bei Stämmen des Nordens üblich sind, so rühren diese Sculpturen wohl eher von Tinne- oder Shoshonen-Stämmen als von Pueblo- oder südlichen Indianern her. —

Das zweite Bild stellt eine Felsinschrift an der Mesa Pintada, einer 150′ hohen senkrechten Sandsteinwand, dar, welche in der von Schluchten durchschnittenen Steinwüste etwa 100 Miles nördlich vom Pueblo Zuñi gelegen ist. Die Inschrift ist etwa sechzehn Fuss lang und läuft in einem einzigen Streifen fort, der jedoch in unserer Abbildung der bequemern Darstellung halber in drei gleichlange Abschnitte getheilt wurde. Hr. Franz Klett, ein Theilnehmer an der Wheeler'schen Expedition, copirte das Bildwerk im Sommer 1873 und veröffentlichte dasselbe im Popular Science Monthly; die Figuren sind dort, wie in unserer Tafel, in ¹/₁₈ der natürlichen Grösse dargestellt. Klett schreibt die Inschrift den Zuñis zu. Dieselbe beginnt rechts oben bei *a*, geht in der ersten Reihe bis *b* weiter und verfolgt dieselbe Richtung in den zwei nachfolgenden Reihen. In der untersten sieht man einen Fluss neben einer Einzäunung, und einen mit Bogen und Pfeil bewaffneten Reiter, dessen Pferd auf die Zeit nach Ankunft der Europäer hinweist. Es ist hier wohl sicher ein Jagdzug dargestellt und die erlegte Jagdbeute wird aufgezählt. Bei Schoolcraft Band V. S. 70, Tafel 32 ist ein auf ein Schulterblatt von der Hand eines Comanche gemalter Reiter dargestellt, der mit dem obigen die grösste Aehnlichkeit besitzt.

Der 3. Band der Explorations and Surveys von Lieut. A. W. Whipple, Washington 1855, giebt folgende Darstellungen von künstlerischen Versuchen der Indianer im Südwesten:

Vom Rocky Dell Creek, zwischen den Ausläufern der Llanos Estacados und dem Canadianflusse. Figuren aus Felseninschriften (Pictographs) am Pa-inte-Creek, etwa 30 Miles westlich von den Ansiedlungen der Mojaves. Einiges vom Inscription Rock bei El Moro, unweit Zuñi; ausführlich von Capt. Simpson beschrieben und mit den dortigen indianischen und spanischen Inschriften bildlich dargestellt. Ojo Pescado, uralte und bloss indianische Inschriften. Arch Spring bei Zuñi, vermuthlich auf Montezuma bezüglich. Indianische Götzenbilder und Gefässscherben. Die angeblich von Montezuma erschaffene Wasserschlange (Tafeln 28. 29. 30. 36 und flgd. 45.)

Weitere Inschriften finden sich an den Felswänden zwischen Willow Springs und Fort Wingate, Neu Mexico, und an den Wänden der Estufa in Jemez, letztere mythologischen Inhalts. Wie der Name besagt, enthält der Pueblo Pintado, ein Ruinenfeld im Návajo-Lande, im Thale des Rio Chaco, bemalte Inschriften. Man vergleiche zu diesem Abschnitt ausser Simpson namentlich O. Loew's Reisebericht in Petermann's Mittheilungen 1874, S. 405., und J. R. Bartlett's: Explorations and Incidents in Texas, New Mexico etc., New York 1854, 2 Bde., ein Werk, worin mehrere Steininschriften abgebildet sind. —

I. Felsinschrift südöstlich von Tsitsimovi, Arizona.

II. Felsinschrift an der Mesa Pintada.